Adrian Langenscheid

TRUE CRIME FRANCE

De vraies affaires criminelles

Adrian Langenscheid

TRUE CRIME FRANCE
De vraies affaires criminelles

A propos de ce livre :
Le « True Crime » est un genre littéraire, apparenté au journalisme, tout droit venu des pays anglo-saxons. Il relate les grandes affaires criminelles, au plus près des faits réels.
Tueurs en série glaçants, drames familiaux tragiques, enlèvements dramatiques, tortures ignobles et sévices impitoyables, vous allez découvrir, ou redécouvrir, dans les dix-huit nouvelles choquantes qui suivent des crimes réels qui se sont déroulés en France.
Vous serez captivé, abasourdi, sidéré, bouleversé, et remettrez en question tout ce que vous pensiez savoir sur la nature humaine.
La vie écrit des histoires horribles et ce livre vous les raconte. Plongez, dans le monde époustouflant de vrais crimes bien réels !

A propos de l'auteur :
Adrian Langenscheid est l'auteur de la série de livres à succès True Crime International. En tant qu'expert passionné de vrais crimes, et depuis son premier best-seller *True Crime Germany* et ceux qui ont suivi *True Crime USA* , *True Crime England* et *True Crime Sweden*, Adrian est cité à l'égal des grands auteurs spécialistes du crime en Allemagne que sont Harbort, Benecke ou Tsokos. Tous ses livres sont devenus des best-sellers au-delà des frontières de l'Allemagne. Le cinquième livre de la série suit le remarquable succès de ses prédécesseurs. Avec sa femme et ses enfants, Adrian vit à la lisière de la Forêt-Noire, dans le Bade-Wurtemberg.

Impression

Les auteurs: Adrian Langenscheid, Dr. Stefanie Gräf, M.A., Franziska Singer, Hannah Thier, Lisa Bielec, Marie van den Boom, Amelie Petzel, Tim Elser, Alexander Apeitos, Eva Hartmann

ISBN: 978-3-98661-006-7

Rédaction: Hannah Thier, BA

1ère édition novembre 2020

© 2020 Stefan Waidelich, Zeisigweg 6, 72212 Altensteig, Allemagne

Imprimerie: Amazon Media EU S.A.R.L., 5 Rue Plaetis, L-2338, Luxembourg

Image de couverture: © Canva (canva.com)

Conception de la couverture: Pixa Heros, Stuttgart

Contenu

Préface

Les deux dernières années m'ont réservé beaucoup de surprises. Sans grandes attentes et par passion pour le vrai crime, j'ai publié les livres *True Crime USA, True Crime England* et *True Crime Sweden* après mon premier succès *True Crime Germany*. Ensuite, les événements se sont enchaînés. En quelques semaines seulement, mes livres sont devenus des best-sellers. Des mois plus tard, tous les livres figurent toujours sur la liste des best-sellers de True Crime, grâce à leurs nombreux lecteurs. Ils ont été traduits en anglais et en espagnol et mis en musique sous forme de livres audio.

Ce succès inattendu et la réaction du public m'ont rendu humble. Aussi parce que, en regardant en arrière, notamment mes deux premiers livres, je ferais certaines choses différemment. C'est ma passion d'écrire et de publier des livres. Mais je suis aussi très conscient que cela n'aurait pas été possible sans vous, chers lecteurs. Mes remerciements vont donc à vous également. Les petits auteurs qui n'ont pas de gros budgets de marketing ni d'éditeurs derrière eux sont souvent dans l'impossibilité d'être découverts par le public, à moins qu'ils ne soient soutenus par des personnes qui laissent des critiques honnêtes. *True Crime France* , est le cinquième livre de la série. C'est avec gratitude que je vous le dédie, ainsi qu'à tous ceux qui ont participé au succès de cette série grâce à leurs achats, leurs réactions et leurs critiques. Merci !

Adrian Langenscheid

Introduction

Je connaissais ce regard. C'était celui d'un prédateur assoiffé de sang. Mais quand ses yeux se sont fixés sur moi, j'ai vu qu'il avait perdu la tête. Il se tenait à quelques mètres au-dessous de moi, prêt à franchir la dizaine de marches qui nous séparait à grandes enjambées dans un accès de rage. La dernière fois, il s'était assis sur un corps sans défense et l'avait martelé irrépressiblement avec ses poings pendant un long moment. Nous avions dû l'arracher de son adversaire. Maintenant, peut-être le même sort m'attendait-il.

Ce qui s'est passé ensuite et pourquoi j'ai agi comme je l'ai fait, je suis incapable de le dire et ma réaction me laisse perplexe encore aujourd'hui. Lorsque ce robuste adolescent s'est élancé vers moi pour me donner le premier coup de poing, j'ai fait face en l'agrippant et je l'ai tenu fermement. Alors qu'il me frappait, je lui ai chuchoté à l'oreille : « Ce n'est pas un problème, je t'aime toujours ». Il m'a frappé trois fois puis il s'est effondré. J'ai vu dans ses yeux qu'il était revenu et que le prédateur était parti.

Mon travail dans ce foyer pour mineurs délinquants remonte à longtemps, mais ce moment est resté gravé dans ma mémoire. Le « prédateur » a un nom et une histoire. Anton est né d'une mère toxicomane et a été accueilli très tard dans une famille qui ne pouvait pas avoir d'enfant. Mais parfois des miracles se produisent. Une fille est née dans la famille et Anton n'y était plus le bienvenu. Ils l'ont ramené dans le foyer pour enfants. Un an avant qu'il ne vienne me voir, il avait trouvé la seule personne qui s'occupait de lui dans la vie, une éducatrice du foyer, morte d'une crise cardiaque dans le salon du centre éducatif.

Anton est aujourd'hui un adulte. Il mène, pour autant que je sache, une vie stable. Un autre membre du groupe âgé de 18 ans a été condamné à la prison pour coups et blessures. Je me demande parfois ce qu'il serait advenu de ces garçons s'ils avaient toujours eu quelqu'un à leurs côtés pour leur murmurer gentiment à l'oreille: « Je t'aime bien quand même. »

Il n'existe pas de bonne méthode pour savoir comment les gens deviennent des criminels. La vie n'est pas en noir et blanc. Elle est toute en nuances et ce sont souvent des nuances de gris. Les victimes d'aujourd'hui deviennent les criminels de demain - mais pas toutes. En tant qu'auteur de romans policiers, je suis souvent profondément affecté par ce dont les gens sont capables. «Comment en sont-ils arrivés là ? » est une question qui m'obsède. Ces actes auraient-ils pu être évités, et si oui, qui avait le pouvoir de renverser ce terrible destin et à quel moment ? Beaucoup de ces questions restent souvent sans réponse. Par exemple : d'où vient le mal ? Les religions extrême-orientales enseignent que le bien et le mal forment une entité inséparable. Les grandes religions monothéistes mentionnent la Chute de l'homme, par laquelle le mal serait entré dans le monde, et le psychologue probablement le plus célèbre de l'histoire, Sigmund Freud, a attribué les cruautés du genre humain à un instinct de mort. L'existence du mal est indéniable et aucun genre n'offre un aperçu aussi profond des abysses de l'âme humaine que les récits de vrais crimes.

Les vrais crimes ne sont pas des histoires inventées. C'est l'horrible réalité à laquelle vous serez confronté dans les dix-huit chapitres suivants. Une réalité plus dérangeante que n'importe quelle fiction. Un portrait douloureux de ce dont les humains sont capables. Dans ce livre, je vous présente de nouvelles histoires criminelles issues, cette fois, de la France pittoresque. Parce que la vie heureuse « Comme Dieu en France » se termine aussi. Parfois trop rapidement et souvent de manière horrible. Il s'agit de récits authentiques sous forme de nouvelles, racontant des faits qui se sont réellement produits - et il n'y a pas si longtemps. On pourrait écrire un livre entier sur chaque cas, accompagné d'analyses psychologiques approfondies, mais ce n'est pas mon intention. Les histoires courtes sont comme un orage soudain. Avant que vous ne réalisiez, c'est fini. Ce qui reste est un bref moment rempli de questions existentielles. Ce sont des crimes en version courte qui vous font réfléchir. Laissez-vous maintenant entraîner dans les profondeurs de l'esprit humain avec son lot de meurtres, d'abus en tout genre, de nécrophilie, de cannibalisme, d'enlèvements, de chantage, de manipulation et un vol sensationnel complètement différent. Vous serez stupéfait comme je le suis.

Chapitre 1

La seringue

C'est le soir et il fait déjà nuit quand ils lui tendent une embuscade, juste devant sa maison de Scheidegg sur l'idyllique lac de Constance. C'est un paisible quartier de banlieue allemande où vivent les plus aisés. Mais ce soir-là, ce paradis bucolique va s'effacer pour un médecin respecté et renommé.

Tout d'un coup, le docteur Dieter Krombach, est entouré de trois hommes. Avant qu'il ne puisse dire un mot, on le bouscule, on l'agrippe, on tente de s'emparer de lui. Désespérément, cet homme vieillissant qui porte des lunettes et est toujours impeccablement habillé, se défend contre ses mystérieux agresseurs mais ceux-ci le frappent brutalement, le blessant même au visage. Alors, le médecin cesse de résister, il sait que les hommes ne le lâcheront pas. Attaché et bâillonné, il est traîné sans défense jusqu'à une voiture. Les agresseurs le poussent dans le coffre.

Le docteur Dieter Krombach s'affaisse, impuissant, sans comprendre ce qui lui arrive. Une question trotte dans sa tête : que lui veulent ces trois-là ? Leur a-t-il fait quelque chose ? Quelqu'un les a-t-il engagés ? Quelqu'un qui aurait choisi cette nuit du 17 au 18 septembre 1982 ! Qui oserait faire ça ? Pourrait-il s'agir de l'homme qui le traque et le harcèle depuis si longtemps ? Mais il n'oserait jamais faire une telle chose... pense-t-il. Cet homme ne peut pas lui faire ça ! Le docteur ne comprend plus rien, il se rend seulement compte que le conducteur semble connaître son chemin à travers le quartier de Lindau. Puis c'est l'autoroute. Il fait nuit, les minutes s'étirent en heures. Dieter Krombach vient d'être enlevé.

Le trajet sur l'autoroute dure une éternité. Lentement mais sûrement, un soupçon germe dans l'esprit de Krombach. S'il vous plaît, pas la France ! Tout sauf la France ! Qu'est-ce qui se passe ? Il commence à comprendre que seul celui qui le poursuit peut être derrière tout ça. Personne d'autre n'aurait de raison de le faire venir dans ce pays. Mais jamais le docteur n'avait pensé que le petit comptable inoffensif organiserait un enlèvement. Jamais !

Pendant ce temps, les kidnappeurs continuent leur route sans s'arrêter. Leur destination est Mulhouse en Alsace. Ce n'est pas encore l'aube, car le trajet depuis le lac de Constance a duré à peine trois heures. Mais tout cela fait partie du plan. La voiture s'arrête enfin devant le palais de justice de Mulhouse. Dieter Krombach, sans défense, est traîné hors du véhicule et allongé sur le sol devant le tribunal. Cela fait également partie du plan. Le commanditaire souhaitait que l'Allemand soit déposé devant le bâtiment, à un endroit bien visible, afin qu'on le découvre au petit matin. C'était de la plus haute importance. Sans plus tarder, les kidnappeurs remontent dans la voiture et laissent l'homme ligoté et bâillonné derrière eux, impuissant.

Allongé là, il réalise qu'il n'y a plus d'échappatoire possible. Cela le met-il en colère ? Est-ce que quelque chose qui ressemble à du désespoir germe en lui ? C'est le moment le plus sombre de la vie de Dieter Krombach. Le docteur n'était plus tout jeune, il avait déjà beaucoup vécu. Mais cette situation a dû être terrible pour cet homme, par ailleurs très sûr de lui. Ce n'était toutefois que le début, car ce qui allait suivre allait, non seulement le mettre à l'épreuve, mais aussi impacter les relations franco-allemandes. Tout ça parce qu'une mort, survenue 30 ans auparavant, n'avait toujours pas été expiée.

Dieter Paul Christian Krombach est né le 5 mai 1935. Il est le fils aîné du couple Walter et Marianne Brendler. Il grandit dans un milieu favorable. Son père, qui a servi comme officier de la Wehrmacht pendant la Seconde Guerre mondiale, a travaillé comme avocat pour le ministère des finances et est même devenu conseiller du gouvernement. Sa mère est femme au foyer.

Enfant, le petit Dieter est considéré comme un garçon intelligent et talentueux. Il passe ses examens de fin d'études avec facilité et obtient une place convoitée pour étudier la médecine à Francfort-sur-le-Main, où il décroche son doctorat. Mais cela ne suffit pas à ce jeune médecin ambitieux. Il part en Suisse, à Zurich et suit une formation en cardiologie. L'homme est blond, toujours bien habillé, il a des lunettes, des lèvres fines. Il est déterminé, il sait se faire valoir et atteindre ses objectifs. Les femmes, qui aiment son physique agréable et ses manières charmantes, tombent à ses pieds.

Krombach est un gagnant - et se voit probablement comme tel. Il a une préférence pour les femmes plus jeunes. En 1963, ce médecin interniste de 28 ans entame une relation avec Monika Hentze. L'adolescente de 15 ans tombe éperdument amoureuse de lui, à tel point qu'elle ignore toute prudence. Peu de temps après Monika est enceinte, mais elle décide de se faire avorter. Les deux amants poursuivent leur relation et Monika est de nouveau enceinte. Apparemment, Krombach ne se préoccupe pas trop de contraception. Enfin, en novembre de la même année, le médecin qui a presque le double de son âge, épouse la jeune fille. Rapidement, une fille puis un fils naissent.

Le séjour à Zurich est marqué par des turbulences croissantes au sein du jeune couple. Et puis neuf ans plus tard, l'incroyable se produit : en octobre 1969, Monika meurt après une longue et mystérieuse maladie. Elle n'a que 24 ans. Normalement, c'est un coup dur pour un mari, surtout lorsqu'il se retrouve avec deux jeunes enfants. Mais Krombach surprend tout le monde. Il se remarie à peine dix mois plus tard, en 1970, et part avec sa nouvelle femme au Maroc où il est embauché comme médecin par le consulat allemand de Casablanca.

Un départ providentiel ? En effet, la mort mystérieuse de Monika Krombach occupe entre-temps le bureau du procureur. Les proches, profondément choqués, ne comprennent pas pourquoi cette jeune femme en bonne santé est brusquement tombée malade jusqu'à être paralysée sans pouvoir prononcer un mot. Le mari et médecin a-t-il joué un rôle dans cette affaire ? Après tout, il avait violemment frappé sa jeune femme à plusieurs reprises. Mais finalement, le bureau du procureur général arrête l'enquête.

Pendant ce temps, le second mariage de Krombach échoue également. Il se console avec diverses aventures jusqu'à ce qu'en 1974, dans son entourage, il croise Danielle Gonnin. Dieter Krombach s'éprend immédiatement de la Française, qui s'installe dans son quartier avec son mari André Bamberski et leurs deux jeunes enfants Kalinka et Nicolas. Le médecin l'assaille littéralement de déclarations d'amour et elle finit par succomber à son charme et à son insistance. Mais l'infidélité de Danielle ne passe pas inaperçue. André est furieux, il essaie de discuter avec Krombach puis ramène finalement sa petite famille en France. Là-bas, à Pechbusque près de Toulouse, Bamberski pense que sa femme est à l'abri de son amant allemand. Mais peu de temps après, Krombach se présente et fait de belles déclarations d'amour à Danielle. Elle est la femme de sa vie et il ne la laissera plus jamais partir - et Danielle succombe à l'attraction du séduisant médecin.

André Bamberski n'a aucune chance contre ce rival entêté qui, sans aucun scrupule, va finir par lui voler sa femme. En 1977, Danielle se sépare d'André et devient la troisième épouse de Krombach. Ils déménagent ensemble avec les enfants de Danielle à Lindau, au bord du lac de Constance, où il a pris un emploi d'interniste et de cardiologue.

Dans les années qui suivent, une lutte acharnée pour la garde des enfants s'engage. Au début, le père a la garde de Kalinka et de Nicolas, mais Danielle s'y oppose, car André est revenu vivre à Casablanca. Finalement, Danielle est autorisée à emmener les enfants en Allemagne ; André Bamberski revient alors en France pour se rapprocher de Kalinka et Nicolas. Les enfants, qui sont nés et ont grandi à Casablanca et ne parlent que le français, ont beaucoup de mal à trouver ses marques sur le lac de Constance. Tout ici est trop étranger pour eux. Ils souffrent et n'arrivent pas à se faire des amis. Pour leur bien, leur mère accepte finalement en accord avec son ex-mari de les ramener en France en septembre 1982. Bamberski est ravi, il planifie probablement l'avenir avec ses enfants bien-aimés. Enfin, ils vont être à nouveau ensemble, comme avant, quand les jours étaient plus heureux !
Mais rien ne va se passer comme prévu.

Lorsque l'appel arrive au centre d'urgence du district de Lindau sur le lac de Constance, le matin du 10 juillet 1982, une ambulance est immédiatement envoyée à Scheidegg. Les secouristes et le médecin des urgences savent seulement qu'un médecin a demandé une ambulance. Sa belle-fille ne va pas bien. Il a déjà tout essayé lui-même, mais il a besoin d'aide sur place, et vite. Un peu plus tard, l'équipe est sur les lieux. Un homme les attend. C'est le docteur Dieter Krombach. Il conduit directement les secours dans la chambre de sa belle-fille, ouvre la porte et les fait entrer. Les urgentistes voient beaucoup de choses, mais ce qu'ils vont voir ce jour-là, dans cette maison située dans un cadre idyllique, ils ne l'avaient pas prévu !

C'est une chambre typique d'adolescente. Des posters sur les murs, un bureau, un placard et un lit. Un lit froissé, la couette déchirée est sur le sol. Mais ce n'est pas cela qui bouleverse tant les secouristes. C'est la jeune fille qui est allongée sur le lit. Ils s'attendaient à tout, à une adolescente en pleurs, hurlant de douleur, se tordant, en hyperventilation. Mais pas à ça ! Parce que compte tenu de leur expérience, ils savent immédiatement ce qu'ils ont devant eux.

La mort !

La jeune fille de 14 ans pour laquelle ils sont venus gît immobile et raide sur son lit froissé. Sa peau est couleur de cire, ce qui montre clairement qu'elle est morte. Sa mâchoire inférieure est tombée, sa bouche est béante. Immédiatement, les secouristes se mettent au travail et examinent le corps. Il y a peut-être un pouls ? Il y a peut-être une chance de réanimation ? Mais la vie de la jeune fille s'en est allée. Kalinka est morte au cours de ses dernières vacances d'été.

Les secouristes remarquent que la peau de son visage est légèrement bleutée. C'est là qu'intervient le docteur Krombach. Le médecin soupçonne sa belle-fille de s'être étouffée dans son propre vomi. Il affirme avoir essayé de la réanimer en lui faisant deux injections, mais il était déjà trop tard. Ça doit être terrible de perdre un enfant comme ça. Même si tout semble avoir été fait pour l'empêcher. Les secouristes n'ont plus rien à faire ici. Ils quittent enfin le lieu d'un terrible drame familial, où une jeune fille a été arrachée à la vie bien trop tôt. Ils acceptent sans broncher l'histoire de Krombach, même si elle soulève quelques questions...

Comme le veut la routine, la police locale s'adresse alors à l'interniste et cardiologue respectés. La déclaration versée au dossier est étrangement « pleine de trous », d'autant plus étonnant que Dieter Krombach est considéré comme un médecin expérimenté dans ses domaines de compétence. Il affirme avoir été surpris parce que Kalinka avait dormi inhabituellement tard ce matin-là. Il est donc allé dans sa chambre à 10 heures pour vérifier qu'elle allait bien. Là, il l'a trouvée sans vie dans son lit. Bien que la rigidité cadavérique se soit déjà installée, le médecin a fait tout ce qui était en son pouvoir pour sauver sa belle-fille - il a désespérément injecté des médicaments dans son cœur et sa jambe inférieure afin de la ranimer.

Peu à peu, d'autres détails apparaissent au cours de l'interrogatoire. Krombach déclare que la jeune fille de 14 ans s'était déjà plainte d'un « malaise » la nuit précédente. Afin de l'aider, il lui a fait une piqûre à base de fer. L'adolescente blonde, qui ressemblait beaucoup à sa mère, s'est également plainte de difficultés à s'endormir, raison pour laquelle il lui a fait une injection de sédatif tard dans la soirée. Mais à ce moment-là, personne ne se demande pourquoi l'adolescente de 14 ans a été médicamentée de la sorte. Personne ne met en doute les actions du docteur. Personne ne remet en cause ces informations. La police ne doute pas que Krombach dise la vérité et qu'il ait voulu sauver sa belle-fille. C'est pourquoi ils ne font pas appel à la police judiciaire qui, normalement, intervient toujours dans les décès douteux. De l'avis des policiers chargés de l'enquête, tout est clair et sans ambiguïté. Ils n'ont aucune objection et - sur l'insistance de Krombach - font transporter le corps de Kalinka directement à la morgue sans autres investigations.

La nouvelle du décès a dû être un choc pour les parents de Kalinka. C'est toujours terrible pour des parents lorsque leur enfant meurt sous leurs yeux. Mais dans ce cas, subitement et sans préparation, c'est une jeune fille en bonne santé qui disparaît à l'aube de sa vie. Inimaginable. Son père, André Bamberski, qui vit dans la lointaine France et se réjouissait de pouvoir enfin tenir à nouveau ses enfants dans ses bras, souffre énormément.

C'est peut-être sur son intervention que le parquet de Kempten ordonne désormais une enquête sur ce décès. Le corps de Kalinka est autopsié par deux pathologistes à l'hôpital municipal de Memmingen le 12 juillet, deux jours après sa mort. Les conclusions sont déroutantes.

Les deux experts parviennent à déterminer l'heure de la mort de Kalinka ; elle a dû mourir entre trois et quatre heures du matin car la rigidité cadavérique était déjà présente lorsqu'elle a été trouvée. Le point décisif cependant, la cause de la mort, ne peut pas être clairement établi. Toutefois, le médecin du tribunal du district Höhmann et le médecin-chef Dohmann relèvent dans leur rapport plusieurs points qui frappent André Bamberski d'un coup de poignard lorsqu'il les lit.

En ce qui concerne les médicaments que le docteur Krombach aurait administrés à des fins de réanimation, les experts médico-légaux déclarent : « L'administration d'autres médicaments à des fins de réanimation à une personne déjà atteinte de rigidité cadavérique semble grotesque. » En outre, ils qualifient « d'étrange » le choix des médicaments (un psychostimulant, un glycoside cardiaque et un antiarythmique) et les emplacements des injections (veines et cœur).

Mais c'est loin d'être toutes les incohérences. Car quelque chose d'encore plus étrange est également noté : les médecins légistes mentionnent dans le rapport d'autopsie que Krombach est venu les voir directement après la dissection et a voulu leur parler - ce qui est très inhabituel. Au cours de la conversation, le médecin avait fait remarquer à ses collègues « qu'une exposition excessive au soleil en faisant de la planche à voile pendant la journée pourrait également avoir causé le décès ». Les deux médecins légistes ont définitivement écarté cette hypothèse. La mort de la jeune fille n'était certainement pas le résultat d'un coup de chaleur !

Les pathologistes expriment également et clairement des doutes quant à l'injection de Cobalt Ferrlecite la veille de la mort de Kalinka, d'autant plus que Krombach leur donne soudainement une version légèrement différente lors de sa visite. Alors qu'il avait parlé aux policiers d'un malaise de la jeune fille, il dit maintenant que Kalinka n'était pas satisfaite de son bronzage. C'est pour cette raison qu'elle avait reçu une injection à base de fer. Les légistes ont-ils secrètement souri à cette version ? En tout cas, dans le rapport d'autopsie, ils ont écrit sans équivoque : « Cette injection ne doit certainement pas être considérée comme la cause de la mort, mais elle ne permet pas non plus d'intensifier le bronzage. » Plus tard, Krombach affirme que Kalinka souffrait d'anémie. C'est pour cette raison, qu'il lui a injecté une préparation à base de fer. Qu'est-ce qui est vrai ?

André Bamberski, le père de Kalinka, a-t-il tressailli en lisant les passages relatifs à l'examen des parties intimes de sa fille ? Ces conclusions, sèchement formulées, ont dû être insupportables pour le père de l'adolescente. Car elles indiquent le pire. Lors de l'examen, on trouve une blessure dans la zone de la vulve, près de l'anus, d'un centimètre de long. Il est clair qu'elle a été infligé par la force. Il y a une substance grasse et blanchâtre dans le vagin... Mais il se passe une chose incroyable : bien qu'il y ait maintenant suffisamment de soupçons, la zone génitale de l'adolescente n'est pas examinée de plus près, et il n'est pas précisé si la substance blanchâtre pourrait être du sperme. Le rapport ne mentionne pas non plus si l'hymen de Kalinka était intact ou non.

Ces informations laconiques et incomplètes scandalisent André Bamberski. Pour lui, cela ne peut signifier qu'une chose : le docteur Dieter Krombach a d'abord violé sa fille, puis a tenté de le dissimuler. Mais le mari de son ex-femme continue de se faire passer pour un innocent et un médecin respectable.

Bamberski ne lâche pas prise. Il parvient à imposer des examens complémentaires pratiqués par trois médecins. Cependant, ceux-ci ne font que confirmer que la cause exacte de la mort de Kalinka ne peut être déterminée. Un pharmacologue émet l'hypothèse que l'injection de Cobalt Ferrlecite pourrait avoir été la cause du décès. Comme ses prédécesseurs, il écarte la possibilité que ce médicament ait pu l'aider à bronzer ou qu'il puisse être utile dans le cas d'une suspicion de déficience sanguine. Au contraire, il souligne explicitement la dangerosité de ce produit qui ne doit être administré qu'en position allongée, après un repas et sous surveillance médicale. Parmi les effets secondaires potentiels qu'il énumère figurent une baisse de l'activité cardiaque, un essoufflement, des nausées et des vomissements. Comment se peut-il qu'un cardiologue et interniste expérimenté ne tienne pas compte de cet aspect ? Comment est-il possible qu'il garde une telle drogue dans une maison où il y a des enfants ?

Stupéfait et indigné, le père assiste à la clôture de l'enquête par le parquet de Kempten. Une enquête qui avait d'ailleurs commencé de manière très hésitante, cinq semaines après la mort de sa fille, le 17 août 1982. Et ce malgré le fait qu'il y ait tant d'incohérences autour de la mort de Kalinka. Les procureurs pensent-ils que son beau-père a simplement été dépassé par la situation ? Soupçonnent-ils une faute professionnelle ? Ou bien sa réputation l'emporte-t-elle sur les préoccupations des experts ? Encore plus étrange : personne ne juge nécessaire de jeter un coup d'œil au passé de Dieter Krombach. Une erreur, comme cela s'avèrera plus tard.

La clôture de l'enquête est comme une gifle pour André Bamberski. Personne ne veut donc voir la vérité ? Après avoir consulté les résultats de l'autopsie, il est sûr de savoir ce qui s'est passé exactement dans la nuit du 9 au 10 juillet : Dieter Krombach a dû violer et tuer Kalinka. Peut-être voulait-il couvrir le viol ou peut-être a-t-il mal évalué les effets de la drogue ! Pourquoi les forces de l'ordre ne comprennent-elles pas l'évidence a dû se demander sans cesse ce père désespéré ? Est-ce que personne ne veut voir ? Pourquoi le docteur est-il épargné ? Contrairement à lui, son ex-épouse Danielle Bamberski, maintenant mariée à Krombach, reste fidèle à son second mari malgré les nombreuses questions sans réponse. Elle ne se séparera de lui qu'en 1984 quand son grand amour éternel se sera évaporé. Dieter Krombach a de nouveau des liaisons avec des jeunes femmes. Le divorce définitif n'aura lieu qu'en 1989.

André, lui, n'a plus qu'un seul objectif : éclaircir les circonstances exactes de la mort de sa fille. Il veut la justice ! A son avantage, Kalinka est enterré en France. En 1985, Bamberski obtient l'autorisation de pratiquer une seconde autopsie. Pour lui, il est capital que les parties génitales soient à nouveau examinés en détail. Trois ans ont passé. Il espère que des indices permettant de clarifier les choses pourront être trouvés. Le père de Kalinka croit toujours qu'elle a été violée.

Le 4 décembre, les restes de l'adolescente sont exhumés. Bamberski attend fébrilement le résultat de cette nouvelle autopsie, mais… l'examen est impossible - les organes génitaux de Kalinka sont absents. Le père est sous le choc ! Pourquoi ne sont-ils plus là ? Si, d'une part, on soupçonne qu'ils se sont déjà décomposés, d'autre part, le bruit court qu'ils ont été retirés peu après l'autopsie en Allemagne et qu'ils ont étrangement disparu. L'affaire devient de plus en plus mystérieuse.

Le fait est qu'étant donné qu'aucun prélèvement de sperme n'a été effectué, l'enquête est au point mort. Il n'y a aucune preuve de viol. Que se passe-t-il ? Comment se fait-il qu'il y ait autant de négligences et de bizarreries autour de la mort mystérieuse de la petite Française ?

C'est un sérieux revers pour André Bamberski qui espérait tant de la nouvelle autopsie, et ce n'est pas le dernier. En 1990, le tribunal régional supérieur de Munich confirme en dernière instance l'abandon de l'enquête sur l'affaire. La poursuite intentée par le père biologique est également rejetée. Mais le Français ne cède toujours pas. Il continue à chercher des moyens de traduire Dieter Krombach en justice - et il les trouve. Bamberski profite d'une particularité du droit français selon laquelle tout étranger, où qu'il soit dans le monde, qui commet un crime contre un citoyen français peut être poursuivi par la justice française. Kalinka Bamberski était resté citoyenne française !

Les choses bougent car les magistrats de Paris butent également sur les bizarreries de l'affaire Kalinka Bamberski. En conséquence, des accusations sont portées contre le docteur Dieter Krombach devant la cour d'assises de Paris. Le motif : suspicion de meurtre avec préméditation. L'accusation soupçonne, sur la base des preuves disponibles, que Kalinka a été tuée pour dissimuler un crime (peut-être un viol ?). Dans la capitale française, l'affaire est regardée d'un tout autre œil qu'en Allemagne et l'intention est de traduire l'auteur en justice avec une sévérité impitoyable. À ce stade, personne ne se doute que cette affaire aura des conséquences interculturelles et mettra à rude épreuve les relations franco-allemandes.

Le 5 juin 1993, Krombach reçoit à son domicile de Lindau en Allemagne, une citation à comparaître en personne devant le tribunal de Paris. Une demande de dommages-intérêts lui est également signifiée. Mais Krombach se croit manifestement à l'abri et ignore les lettres du parquet de Paris. Bien qu'il existe un mandat d'arrêt contre le médecin pour le forcer à témoigner, celui-ci ne peut être exécuté que sur le sol français. Krombach se moque-t-il de ces poursuites ? Se sent-il en sécurité en tant que citoyen allemand ? Seuls ses avocats se présentent à l'audience principale dans la capitale française pour représenter leur client. Mais le tribunal réagit vigoureusement, en interdisant aux avocats de comparaître au nom de leur client et en déclarant également que leurs plaidoiries ne sont pas recevables. Par conséquent, le procès se déroule sans Krombach ni ses avocats. Le 9 mars 1995, le médecin est condamné par contumace à 15 ans de prison pour violences volontaires ayant entraîné la mort. En outre, la cour d'assises de Paris condamne également Krombach à verser au père de Kalinka 350 000 francs (soit environ 53 300 euros) de dommages et intérêts et 100 000 francs (soit un peu moins de 15 250 euros) d'indemnités pour frais de justice.

Le comptable André Bamberski s'autorise-t-il un petit moment de triomphe ? Finalement, il a dû avoir l'impression que la justice était enfin rendue. Le meurtrier de sa petite fille, condamné par le tribunal, allait enfin recevoir son juste châtiment, après 11 terribles années d'incertitude. Pour lui, qui sait tout des débits et des crédits et pour qui les comptes doivent toujours être exacts au centime près, les suites juridiques ont dû être perçues comme une moquerie.

Avec une vigueur renouvelée, Bamberski dépose une requête auprès du tribunal régional de Kempten (Allgäu) pour faire appliquer le verdict du tribunal de Paris. Mais Krombach fait appel de cette décision et n'hésite pas un instant à se pourvoir en cassation auprès de la Cour suprême fédérale (BGH) ainsi que de la Cour européenne de justice (CEJ). Le 29 juin 2000, le BGH annonce qu'il n'exécutera pas le verdict de la cour d'assises de Paris. Il ne s'agit pas d'une question de culpabilité ou d'innocence, mais plutôt de principes juridiques anciens que les Français n'ont pas respectés. La raison invoquée est que l'accusé avait le droit d'être entendu, un principe important qui avait été largement ignoré dans la décision.

Bamberski accuse ensuite les tribunaux allemands de nombreux manquements. Mais Krombach se trouve dans le Vorarlberg au début du mois de janvier 2000 et l'Autriche refuse de l'extrader. Pour ne rien arranger, la Cour européenne des droits de l'homme a finalement condamné la France à verser à Dieter Krombach une indemnité de 100 000 francs (environ 15 250 euros).

Cela ne suffit pas à André Bamberski. Il veut, non, il doit obtenir justice pour Kalinka. Après toutes ces années, le petit comptable est toujours animé par le besoin impérieux de traduire enfin en justice le coupable qu'il a identifié et de le condamner pour le meurtre de sa fille. Cependant, il doit finalement se rendre compte que les tribunaux ne l'aideront pas dans cette démarche. Du moins pas comme ça, car l'Allemagne n'extradera pas le docteur Dieter Krombach.

En l'absence d'autres moyens légaux, Bamberski prend l'initiative et intensifie sa traque du médecin, qui s'est depuis remarié. En 2007, Bamberski tend même une embuscade à Krombach et à sa nouvelle famille. Le Français n'hésite pas à se présenter devant sa maison avec une équipe de tournage et à distribuer des tracts devant l'école que fréquente Katia, la fille de Krombach. Il y accuse le médecin d'être un violeur.

La pensée de Kalinka, froide et pâle sur les draps froissés de son lit étroit, ronge-t-elle encore l'esprit de Bamberski 25 ans après sa mort inexplicable ?

Il est le seul qui n'a pas perdu l'espoir d'obtenir justice. En 2008, le verdict contre le docteur Krombach est annulé en France. Les voisins de Krombach informent alors André du projet du médecin d'émigrer en Afrique de l'Ouest avec sa nouvelle famille, pour être enfin tranquille face à l'hostilité tenace du père de Kalinka. En outre, l'année 2015 approche à grands pas. Une année importante, car le crime de 1982 sera prescrit ; ensuite, Krombach ne pourra plus être jugé.

C'est cela qui pousse Bamberski à recourir à un acte vraiment désespéré. Au cours des dernières années, il a dû assister impuissant au fait que la mort de sa fille n'a pas été punie, malgré le verdict. Impuissant et incapable de trouver une solution, il se tourne vers son dernier recours. C'est l'ultime combat d'un père désespéré qui, après tant d'années, veut enfin obtenir justice. En 2009, Bamberski engage donc trois délinquants pour enlever Dieter Krombach et l'emmener en France.

Quand on sonne à la porte d'André Bamberski le 18 septembre 2009, il n'est pas surpris. Il s'y attendait, tout comme il attendait les policiers qui sont devant lui. Ce n'était qu'une question de temps. Il sait également qu'ils ont un mandat d'arrêt. Il le savait lorsqu'il a contacté les trois hommes et leur a demandé de l'aide. Bamberski acquiesce à tout ce dont on l'accuse et passe immédiatement aux aveux.

Il est interrogé sans cesse pendant deux jours ; puis il est relâché. Il est clair pour tout le monde qu'il ne risque pas de s'enfuir, qu'il n'a pas l'intention de disparaître ou même de se cacher. Avec l'enlèvement, le comptable a mis un point final à ce qui l'animait depuis des décennies. La traque est terminée. Dieter Krombach est en France et il y sera jugé pour un crime vieux de 30 ans. Une mort dont Bamberski ne s'est jamais remis.

Alors que Krombach est en détention provisoire à Paris, le ministère des affaires étrangères à Berlin intervient auprès de ses collègues parisiens et demande l'extradition du citoyen allemand, ce qui est vigoureusement refusé.

Le 29 mars 2011 marque un tournant dans l'affaire - ou du moins, devrait. Le procès doit s'ouvrir à Paris ce jour-là. Mais en raison de problèmes de santé de l'accusé, il est reporté sine die.

Krombach souffre d'une maladie coronarienne et doit être traité. Lorsqu'il est apte à être jugé après quelques semaines, le procès commence réellement et il met en lumière quelque chose de surprenant. Il s'avère que ce médecin, respectable et respecté, est un criminel qui a déjà été condamné à plusieurs reprises.

La mort non élucidée de sa première femme Monika, en 1969, dans un hôpital de Francfort, est évoquée. Il existe des preuves selon lesquelles le médecin l'a violée pendant leur mariage et a menacé de la tuer.

En 1969, Monika est tombée malade sans que personne n'en comprenne la raison. Elle perd la vue, puis l'ouïe et reste finalement paralysée. Après que son mari l'ait menacé et battue, elle est hospitalisée. La jeune femme meurt finalement d'une hémorragie cérébrale. Quelques heures plus tôt, Dieter Krombach lui avait fait une injection, apparemment avec du venin de serpent. Mais dans ce cas aussi, le médecin avait lui-même diagnostiqué la cause du décès : une occlusion d'une artère du tronc cérébral entraînée par un surdosage de pilules contraceptives. Les médecins en charge de Monika avaient accepté ce diagnostic sans vérifier.

En 1997, Krombach avait dû répondre au tribunal de Kempten pour une autre affaire. Le 11 février de cette année-là, il a anesthésié puis violé une patiente de 16 ans dans son cabinet. Au cours du procès, un rapport psychiatrique très intéressant avait été rédigé, dans lequel il est caractérisé comme un narcissique qui se considère au-dessus des lois. Krombach avait fait preuve d'un cynisme amusé lors du procès. Dans une interview, il avait même fait les commentaires suivants : « Elle n'a pas dit oui [...] mais elle n'a pas dit non, non plus [...], qui ne dit mot consent, c'est ce qu'on disait dans la Rome antique. »

Néanmoins, la sentence, qui sera prononcée le 17 mars 1997, est étonnamment clémente : deux ans de mise à l'épreuve ainsi qu'une interdiction d'exercer. La même année, six autres procès pour délits sexuels seront intentés à Dieter Krombach, qui n'est pourtant plus autorisé à exercer la médecine. Krombach mettra tout en œuvre pour récupérer sa licence de médecin, sans succès. En effet, un autre rapport psychiatrique mentionne que Dieter Krombach présente une tendance aux actes sexuels impulsifs et qu'une répétition ne peut être exclue. Toutefois, il n'y a pas de risque de récidive tant qu'il travaille en tant que médecin salarié.

Cependant un emploi salarié est hors de question pour le narcissique Krombach. Il vend son cabinet, mais ne respecte pas l'interdiction professionnelle. Il continue d'exercer sans licence et se contente désormais de reprendre des cabinets dans toute l'Allemagne. Ce n'est qu'en 2006 que l'affaire est finalement révélée et qu'il est jugé devant le tribunal régional de Cobourg en 2007. Le tribunal le condamne à deux ans et quatre mois de prison pour 28 chefs d'accusation de fraude et 19 chefs d'accusation d'exercice illégal de sa profession. Après seulement 18 mois de prison, Krombach bénéficiera d'une libération conditionnelle anticipée. De nouvelles accusations de délits sexuels ne seront pas instruites.

Tout ceci est évoqué en 2011 lors du procès. Dieter Krombach se présente comme un homme éloquent et charmant, qui sait s'exprimer et convaincre. Il paraît être complètement dans son élément. Il a besoin d'être le centre de l'attention et d'être admiré comme de l'air qu'il respire. Mais quelque chose d'autre apparaît au cours du procès : la fidélité est un mot vide de sens pour lui. Il a un penchant particulier pour les très jeunes femmes et filles. Sa première femme Monika était mineure quand elle s'est mise en ménage avec lui. Il n'a pas peur non plus d'utiliser des drogues pour arriver à ses fins. Ce n'est que maintenant, par exemple, que Danielle Gonnin apprend que son mari de l'époque lui a administré à plusieurs reprises des somnifères afin de pouvoir s'amuser en toute tranquillité avec ses jeunes maîtresses dans sa propre maison.

Le verdict du procès de Dieter Krombach sera rendu le 22 octobre 2011. La peine est de 15 ans d'emprisonnement pour violences volontaires ayant entraîné la mort d'un mineur. Selon l'accusation, il a d'abord drogué Kalinka Bamberski et a ensuite abusé d'elle. En outre, il est condamné à verser 400 000 euros aux ayant droits de la jeune fille.

Le verdict est-il ressenti comme un triomphe pour André Bamberski ? Il a cru à la culpabilité du médecin pendant toutes ces années et ne s'est jamais lassé de demander justice pour Kalinka. Mais cette fois encore, l'énoncé du verdict n'est qu'un bref moment d'espoir car Krombach fait à nouveau feu de tout bois. Peut-être parce qu'il a été habitué à gagner depuis toutes ces années. Il fait à nouveau appel à son avocat français, Yves Levano, pour contester le verdict. Plusieurs fois. Ainsi, le jugement de première instance, confirmé en appel en 2012, fait l'objet d'un recours devant la Cour européenne des droits de l'homme - sans succès. L'appel est rejeté.

En 2014, le jugement du tribunal de Paris devient enfin définitif. D'autres témoignages de femmes agressées sexuellement par le médecin ont eu une grande importance. Il doit purger sa peine de prison près de Paris. Une demande d'extradition vers l'Allemagne est rejetée.

Six ans plus tard, cependant, il est de nouveau libre. La chance est apparemment avec Dieter Krombach. Le 21 février 2020, à l'âge de 84 ans, il est libéré prématurément de prison pour raisons de santé. Il aurait fait plusieurs crises cardiaques en prison et souffrirait de démence. Il maintient toujours son innocence.

André Bamberski a également été jugé à Mulhouse, en Alsace, pour l'enlèvement de Krombach. La peine prononcée le 18 juin 2014 était d'un an de prison avec sursis pour incitation à enlèvement. Son combat pour la justice a fait l'objet d'un film sous le titre « Au nom de ma fille ». Dans l'ensemble, l'ancien comptable est satisfait du film, mais critique le fait qu'environ 30 % du temps soit consacré à la mère, alors qu'elle n'a pas été impliquée dans les actions juridiques engagées entre 1982 et 2009 et les a même rejetées.

L'affaire a suscité un grand intérêt auprès des médias. En effet, elle soulève la question fondamentale de savoir s'il est permis de commettre un crime afin de s'assurer qu'un agresseur sexuel, et éventuellement un meurtrier, soit mis derrière les barreaux et paye pour ses actes.

La fin justifie-t-elle les moyens ?

Diana Günther, la fille de Dieter Krombach, croit toujours fermement en l'innocence de son père.

Chapitre 2

Tableau rouge avec chevaux

Sud de la France, près de Montpellier - un élégant domaine rural avec un grand jardin traversé par une petite rivière. De nombreuses haies et buissons encadrent la propriété et protègent la terrasse et les balcons de la maison des regards indiscrets. Cette demeure de rêve, dont les propriétaires sont d'origine allemande comprend même un vignoble sur les collines. Entre les vignes, les chemins sinueux invitent les deux enfants à jouer à cache-cache. L'intérieur de la maison pourrait rivaliser avec n'importe quelle galerie d'art - des peintures de Max Ernst, Max Pechstein et d'innombrables autres artistes ornent les murs. On peut même y découvrir un Picasso. C'est le genre de maison que tout le monde ne peut pas se permettre, j'en suis sûr. Pour le moment peu de gens savent que cette abondance ne provient pas d'un travail honnête.

Ce paradis paisible et innocent, invite au rêve et un rêve est en train de se réaliser. Les coups de pinceau sont habiles et professionnels, le maître donne vie à sa vision toute en couleurs vives. Du rouge, de l'orange, du jaune dominent le fond du tableau.

Au premier plan des lignes noires en filigrane modèlent des silhouettes de chevaux. L'œuvre est fidèle en tout point à celle du peintre germano-néerlandais Heinrich Campendonk. Le « Tableau rouge avec chevaux » du célèbre artiste a disparu depuis 1920. Aujourd'hui, en 2005, il va réapparaître.

Une dernière fois le peintre tamponne soigneusement la joue du cheval avec le pinceau trempé dans le blanc. Puis il fait un pas en arrière et regarde sa création : « Un vrai Campendonk ! » Il est satisfait, optimiste. Pourtant, ce sont ces mêmes chevaux qui le feront tomber. Parce que peu importe à quel point l'artiste connaît son métier, l'horloge du temps, elle, ne peut être trompée.

Wolfgang Fischer est né à Höxter en 1951. Le talent artistique du garçon est presque apparu au berceau. Sa mère est enseignante, son père travaille comme restaurateur et peintre d'église et montre à son fils les techniques qu'il maîtrise : de la restauration de vieux bois à l'utilisation de précieuses feuilles d'or, en passant par le sauvetage de tableaux presque irrémédiablement détruits. Le garçon est aussi studieux qu'ambitieux ; à 13 ans, il peint son premier « Picasso » - sa propre interprétation du grand artiste. Son père est, paraît-il, tellement impressionné par son talent qu'il cesse de peindre pendant des années, laissant tout à Wolfgang. Pour l'adolescent, peindre est avant tout synonyme de plaisir, de joie, de distraction. Cela correspond tout à fait à sa nature libre et spirituelle d'imaginer quelque chose, de créer quelque chose de remarquable à partir de rien et de recevoir des compliments pour cela. Ce qui correspond moins à sa vision de la vie, ce sont les règles rigides et l'autorité. Il ne fait pas long feu au lycée, dont il est renvoyé à 17 ans à cause de son travail de serveur dans un club de strip-tease, ni à l'école d'art qui, selon lui, n'a pas grand-chose de plus à lui apprendre. Le jeune homme préfère se lancer sans cesse dans le nouveau, l'inconnu : pendant des années, il est un navire sans port, il rejoint diverses communautés et voyage à travers l'Europe et l'Afrique. C'est une vie au jour le jour. Il découvre des choses nouvelles et garde toujours sa grande passion - l'art - en ligne de mire. Wolfgang vend régulièrement des tableaux sous son propre nom, certains sont même exposés. Dès les années 1970, il tente également d'imiter le style d'autres peintres - personne ne se doute encore, à ce moment-là, de l'ampleur que prendront ces tentatives.

L'année 1992 marque un tournant dans sa vie. Wolfgang rencontre Hélène Beltracchi, qu'il épouse peu après et dont il prend le nom de famille. Tout commence comme une histoire d'amour plutôt banale. La mesure dans laquelle Wolfgang et Hélène sont vraiment faits l'un pour l'autre n'apparaîtra clairement qu'au fil des années. Lui est un peintre doué ; elle est la petite-fille d'un grand collectionneur d'art, ou d'un prétendu collectionneur d'art. Wolfgang Beltracchi a depuis longtemps cessé d'utiliser son talent pour se faire un nom en tant qu'artiste. Au lieu de cela, sa femme et lui vont prendre un chemin complètement différent. Sans être inquiétés pendant des décennies, les Beltracchi copient, trichent, trompent et escroquent des millions. Ils mettent le monde de l'art dans l'embarras, bousculent les collectionneurs, amassent des richesses considérables et profitent pleinement de la vie bien au-delà de ce que les artistes, dont ils dérobent le travail, auraient pu se permettre.

Le système des Beltracchi est ingénieux et repose sur une histoire alambiquée qu'ils font remonter aux générations précédentes. Selon cette histoire, Otto Schulte-Kellinghaus, un ami allemand de Wolfgang Beltracchi, aurait hérité de son grand-père, Wilhelm Knops, une collection de tableaux constituée auprès de marchands d'art réputés dans les années 1920. Collection qu'il aurait cachée aux nazis pendant la Seconde Guerre mondiale. À cette époque, au milieu de la guerre et des nombreuses spoliations de marchands juifs, les traces de nombreux tableaux ont en effet été perdues. Aux yeux de Schulte-Kellinghaus et de Beltracchi, c'est une bonne base pour la réapparition soudaine de tableaux disparus depuis longtemps. En fait, le grand-père de Schule-Kellinghaus était maître tailleur et n'avait pas grand-chose à voir avec l'art. Mais cela, les deux hommes ne le disent pas lorsqu'ils évoquent cette histoire auprès de quelqu'un du monde de l'art.

Toutefois, la collection Knops ne suffit pas au couple Beltracchi et à son complice. Quelques années plus tard, la collection de l'entrepreneur allemand Werner Jägers « apparaît » également dans la vie de Beltracchi. Werner Jägers aurait également acquis de nombreux tableaux à des prix faramineux dans les années 1920, alors qu'il avait 20 ou 25 ans, et les aurait ajoutés à sa collection - inconnue de tous à l'époque. Après sa mort en 1992, il aurait légué sa collection d'art à sa petite-fille : Hélène Beltracchi.

Les deux « collectionneurs » auraient bien connu Alfred Flechtheim, un galeriste, éditeur, collectionneur et marchand d'art né à Münster en 1878. Alfred Flechtheim était une figure majeure du monde de l'art. Dès le début du XXe siècle, sa collection privée s'était fait connaître par le biais d'expositions ; Flechtheim était particulièrement intéressé par l'avant-garde française et possédait aussi des œuvres de Vincent van Gogh, Pablo Picasso, Wassily Kandinsky, Heinrich Campendonk et de nombreux autres artistes contemporains. Avec l'arrivée au pouvoir d'Hitler, la collection d'art de Flechtheim, qui est juif, est liquidée en 1933 et les œuvres vendues ou confisquées par la Gestapo. Flechtheim prend finalement la fuite vers Londres avec une partie de sa collection privée. Toutefois certaines œuvres auraient également trouvé de nouveaux propriétaires dans des circonstances floues. Le collectionneur meurt en 1937 dans des circonstances difficiles et après sa mort, il continue d'être qualifié par les Nazis de « juif avare, grand gestionnaire d'art dégénéré. »

C'est peut-être cette histoire de vie mouvementée et l'incertitude quant au sort de la collection qui ont incité Beltracchi à apposer une étiquette « Collection Flechtheim » sur les collections de Knops et de Jägers. Il ne s'agit pas de celle que Flechtheim avait lui-même utilisé pour les œuvres de sa galerie, mais d'une étiquette inventée par Beltracchi – un genre de « blague », comme il le dira plus tard.

Cette histoire est la base parfaite de l'arnaque à un million de dollars de Wolfgang Beltracchi. Contrairement à d'autres faussaires, il ne copie pas des œuvres existantes qu'il essaie ensuite de vendre comme des originaux, mais crée de nouvelles peintures jamais vues. Pour cela, Beltracchi utilise d'anciens registres de véritables collectionneurs d'art et de galeries, dans lesquels diverses œuvres d'artistes connus sont répertoriées, parfois uniquement avec le titre et l'année de création, le tout avec la mention « whereabouts uncertain » (localisation incertaine). Il y a, par exemple, « La Forêt II » du surréaliste allemand Max Ernst, qui, comme Alfred Flechtheim, a été dénoncé pendant la Seconde Guerre mondiale, emprisonné et finalement contraint d'émigrer en France. Beltracchi étudie l'ensemble de l'œuvre de l'artiste, analyse les procédés stylistiques récurrents, combine des parties d'œuvres existantes de Max Ernst dans des croquis, et laisse enfin libre cours à son imagination. A quoi pourrait ressembler « La Forêt II » se demande-t-il ? Ernst a peut-être à nouveau immortalisé un grand disque, un soleil implicite, comme dans ses autres œuvres sur le thème de la forêt ! Max Ernst est connu pour ses paysages, mais aussi pour ses oiseaux, peut-être ceux-ci ont-ils retrouvé une place dans son œuvre ?

Beltracchi se met au travail à la fin des années 1990 et pose sur la toile son idée de « La Forêt II ». Pour ce faire, il utilise comme base d'anciennes peintures datant de la même époque que le tableau qu'il est en train de réaliser. Il peint sur l'image visible, incorporant des éléments de celle-ci dans sa nouvelle création, de sorte que les différentes couches de peinture soient moins détectables lors d'un examen radiographique. Il utilise principalement des restes de peintures anciennes qu'il mélange lui-même. Même la colle qu'il utilise pour appliquer l'étiquette Galerie Flechtheim, laquelle est un peu rayé et artificiellement vieilli, il dit l'avoir fabriquée lui-même car il n'osait pas prendre le risque d'utiliser de la super glue. Une fois la peinture terminée, Beltracchi la laisse sécher pendant plusieurs mois dans un séchoir spécialement construit dans son atelier. Il recueille également de la poussière et des saletés dans un bocal et les dépose sur le cadre du tableau - comme si l'œuvre, stockée quelque part, avait accumulé cette poussière pendant des années. Il est important pour Wolfgang Beltracchi que ses tableaux n'aient pas seulement le style d'œuvres d'artistes connus. Au contraire, chaque détail doit être aussi authentique que possible, ses contrefaçons doivent être si proches de l'original perdu qu'elles peuvent prendre la place de l'œuvre dans le monde de l'art lui-même. Si un expert a des doutes sur le passé de collectionneur d'art du grand-père d'Hélène, les Beltracchi présentent des photographies : on peut voir la grand-mère d'Hélène dans une robe sombre et portant un collier de perles, devant un mur où sont exposées des œuvres d'art de la collection, dont celles qui vont maintenant être mises en vente. Il s'agit de photos en noir et blanc prises avec un vieil appareil photo à rouleau de pellicule, imprimées sur du papier jauni. La femme qui pose avec ses mains croisées sur les genoux c'est Hélène elle-même. Les Beltracchi sont conscients que ce qu'ils font à grande échelle est une infraction et que la moindre petite erreur pourrait leur être fatale. Mais la perspective de la richesse est plus forte que tout.

En 2003, Otto Schulte-Kellinghaus établit le contact avec un expert de Max Ernst et lui annonce « La Forêt II ». Les faussaires espèrent obtenir de lui un certificat d'authenticité du tableau, qu'ils pourront utiliser pour le vendre à des galeries et dans des salles de vente. Il s'agit là d'une facette importante de leur escroquerie : les Beltracchi ne vendent jamais les œuvres directement à des particuliers ou à des collectionneurs, mais impliquent un expert dans leur fraude, ce qui est censé leur donner la sécurité d'une part et les décharger de toute responsabilité d'autre part.

Ainsi, Hélène Beltracchi décolle « La Forêt II » du mur de sa chambre et Schulte-Kellinghaus emporte la « Forêt », comme ils l'appellent, à l'Institut d'Art Conservation et Couleur, rue de la Grange Batelière à Paris, où une analyse scientifique est effectuée pour le compte de l'expert. La nervosité gagne le couple. Après toutes ces années, Wolfgang n'est plus sûr d'avoir vraiment utilisé le vieux blanc de plomb de l'époque pour les touches blanches de la forêt. D'un autre côté, se disent-ils, si l'œuvre s'avère être plus récente que ce qui est indiqué, Schulte-Kellinghaus la récupérera simplement avec cette conclusion. Après tout, rien ne dit qu'elle n'a pas déjà été vendue aux anciens collectionneurs comme un faux non détecté. Et en effet, l'analyse chimique n'apporte pas le résultat escompté : le blanc de titane, tel qu'on le trouve dans « La Forêt II », n'existe que depuis les années 1920, tandis que le bleu de phtalocyanine a été connu grâce à une exposition londonienne en 1935 et n'a été vraiment utilisé qu'après la Seconde Guerre mondiale. C'est un problème car « La Forêt II » aurait été créée vers 1927, du moins c'est ainsi que Wolfgang Beltracchi l'a conçue. Mais il y a une faille : Beltracchi n'a pas daté le tableau. La bande de faussaires prend le risque et envoie le rapport à l'expert.

À la surprise générale, celui-ci déclare avec désinvolture qu'il ne croit pas au caractère définitif de telles découvertes scientifiques. Il est possible qu'Ernst ait réellement peint cette œuvre après la Seconde Guerre mondiale. D'ailleurs la veuve de Max Ernst se réjouira plus tard à la vue du tableau perdu - c'était l'une des plus belles « Forêt » que son mari ait jamais peintes. Les Beltracchi reçoivent donc 1,7 million d'euros pour « La Forêt II » peinte par Wolfgang Beltracchi, moins la commission de Schulte-Kellinghaus et 400 000 euros pour l'expert et son certificat. Le tableau fait sensation. Il est exposé dans le musée Max Ernst de Brühl et y reste jusqu'à ce qu'il soit mis en vente par une galerie française à la Biennale du Grand Palais à Paris en 2006 pour 6 millions d'euros. Finalement, après quelques détours, l'œuvre change de mains pour un prix final de sept millions de dollars et passe dans la collection personnelle d'un éditeur qui en serait toujours propriétaire aujourd'hui.

Des succès comme celui-ci sont un signe évident aux yeux de Wolfgang Beltracchi : il est un génie. Peu de gens sont capables de recréer l'œuvre d'un maître comme le fait Wolfgang Beltracchi. La plus grande difficulté pour lui, dit-il, est de devoir parfois peindre moins bien que ce qu'il pourrait réellement faire en matière de style. Experts, collectionneurs, proches des artistes - en vérité, tous apprécient son travail. Selon les propres dires de Beltracchi, des « centaines » de ses tableaux sont accrochés dans des musées sous le nom de peintres copiés et font l'admiration des visiteurs. Chaque fois qu'un des tableaux est reconnu authentique, c'est un triomphe pour le couple Beltracchi. Wolfgang ne voit aucun préjudice où que ce soit - il estime que les acheteurs paient pour « l'aura » de l'artiste et que c'est ce qu'ils obtiennent. Le fait que des experts puissent perdre leur réputation et leur travail s'ils tombent sur une de ses œuvres, que des galeries et des salles de vente aux enchères soient poursuivies par des acheteurs mécontents et qu'il mette en danger sa propre et liberté celle de ses deux enfants, ne le préoccupe pas.

Les choses sont un peu différentes pour Hélène. Bien qu'elle aussi trouve le frisson excitant lorsqu'elle propose une photo à un expert, elle a parfois des doutes. En 1996, les autorités allemandes ont des soupçons pour la première fois et interrogent des connaissances des Beltracchi sur l'endroit où se trouve

Wolfgang, prétendant qu'il a été cité à comparaître comme témoin. Au même moment, en France, un autre expert attend déjà la livraison d'une œuvre de Beltracchi par Hélène mais, au vu de ce développement policier, elle pense que le moment est mal choisi. Wolfgang balaie ses doutes d'un revers de main : « Que va-t-il se passer ? demande-t-il à sa femme. Si l'expert dit que le tableau est authentique, alors il l'est ! » Et puis, un peu de risque fait quand même partie de la vie ! Hélène prend donc le métro mais son mari n'a pas réussi à la convaincre. Ce ne sont pas des questions morales qui la gênent. Elle ne se soucie pas de savoir si ce qu'ils font est mal. Les pensées qui l'envahissent sont celles de toute mère : les enfants. Qui s'occupera d'eux si le pire se produit ? Le jeu en vaut-il vraiment la chandelle ? Hélène n'arrête pas d'y penser, elle est presque prise de panique alors que le métro poursuit sa route vers le quartier Montaigne où elle a rendez-vous avec l'expert. Finalement elle prend une décision : arrivée à destination, Hélène ne descend pas mais change discrètement de siège, va jusqu'au bout de la ligne et revient. Au moment où elle s'apprête à descendre au Louvre, un gentil monsieur l'interpelle. Elle a oublié son colis dans le métro ! Avec un sourire douloureux, Hélène récupère le tableau emballé. L'heure du rendez-vous avec l'expert est passée ; aucun faux ne changera de main ce jour-là. Mais ce n'est qu'un tableau parmi des centaines d'autres - et l'étau va maintenant se resserrer.

Dans les années 1990, des critiques se sont exprimées à plusieurs reprises à huis clos. Les spécialistes de l'œuvre d'Alfred Flechtheim, par exemple, ont commenté le fait que Flechtheim ne se serait jamais laissé dessiner de la manière dont Beltracchi l'a fait pour l'étiquette qu'il appose sur les toiles. Ou encore, et malgré le fait que les Beltracchi utilisent à plusieurs reprises des complices pour apporter les tableaux à expertiser, certains connaisseurs d'art s'étonnent de l'ampleur des collections de Knops et Jäger. En outre, certains éléments de certains tableaux sont conçus avec une grande précision, comme s'ils avaient été réalisés sur un ordinateur. Il peut y avoir un grain de vérité dans cette critique car Beltracchi aurait partiellement projeté ses croquis sur les toiles avec un beamer et aurait ensuite tracé les lignes. De plus, les signatures des peintres ne sont pas toujours fluides et cohérentes. Pour ne rien arranger, Beltracchi a même signé une fois un tableau en orthographiant mal le nom de l'artiste. Il est difficile de savoir pourquoi cette fraude géante n'a pas été détectée plus tôt. D'une part, il n'existe pas d'inventaires complets des anciennes galeries dont seraient issues les œuvres nouvellement apparues. D'autre part, la découverte d'un faux attirant les foules, c'est la réputation des estimateurs, des experts, des musées, des salles de vente aux enchères qui est en jeu, sans parler des millions payés pour une œuvre qui s'avère fausse. Tout se passe comme si aucune des personnes impliquées ne voulait vraiment admettre cette possibilité. La discrétion semble être la priorité absolue.

Jusqu'à ce que le tournant de l'escroquerie sans précédent du « Tableau rouge avec chevaux » arrive. Très vite finalement, bien plus vite que Beltracchi ne l'aurait pensé après des décennies d'une carrière fructueuse de faussaire. L'œuvre, prétendument peinte par Heinrich Campendonk en 1914 et présentée comme une redécouverte spectaculaire, est vendue aux enchères à Cologne en 2006 pour un total de 2,9 millions d'euros. Cependant, comme de plus en plus de doutes surgissent au cours des années qui suivent, une société londonienne d'analyse d'art prend en charge l'examen du tableau. Le piège va se refermer sur Beltracchi. Une fois de plus, on trouve du blanc de titane récent et cette fois le tableau ne peut pas être daté à nouveau. Le client ne peut pas non plus simplement le récupérer, puisqu'il avait déjà été vendu. La piste est facilement remontée jusqu'aux vendeurs via la maison de vente aux enchères, qui est également condamnée à payer des millions de dollars de dommages et intérêts. Lorsque Beltracchi apprend en 2010 que les autorités allemandes et françaises sont à sa recherche, il tente tout de même de détruire les preuves : les comptes bancaires sont vidés, la propriété dans le sud de la France désertée et Beltracchi se débarrasse de centaines d'œuvres. Il jette même son mortier à pigments dans une rivière. Il ne peut se résoudre à faire de même avec les peintures, mais il emballe ses précieux ustensiles et les enterre sous un arbre.

Le couple Beltracchi décide de fuir en Allemagne avec ses deux enfants mais leur pays ne les protège pas. Alors que la famille est en voiture, tard dans la nuit, pour se rendre dans l'une de ses propriétés à Fribourg, plusieurs policiers l'encercle à un carrefour. Wolfgang Beltracchi décrira plus tard la tension qu'ils ont ressentie lors de l'arrestation décrite comme « irréelle, injustifiée, effrayante ». Ils sont traités comme de véritables criminels, des armes sont pointées sur eux et des chiens policiers gardent les enfants « sous contrôle ». Ensuite Hélène et Wolfgang Beltracchi sont emmenés au poste dans une voiture de police, alors que les enfants, âgés de 17 et 22 ans, sont laissés seuls sous la pluie.

Le traitement judiciaire de l'histoire s'avère aussi confus que semblent l'être l'œuvre et la vie de Wolfgang. En attendant que la lumière soit faite sur l'affaire, les Beltracchi sont placés en détention provisoire pendant plus d'un an et leurs complices font également l'objet d'une enquête et sont arrêtés. Enfin, en 2011, l'acte d'accusation est prêt et la falsification de 14 tableaux d'une valeur totale de 16 millions d'euros est négociée. Il n'est pas possible de prouver que Beltracchi a peint plus de tableaux que ces 14 faux et il n'en reconnaît donc pas davantage devant le tribunal même si, au cours des années suivantes, il ne se lasse pas de répéter combien de ses œuvres sont encore exposées dans des musées sans avoir été découvertes. Le tribunal estime le préjudice causé par Beltracchi à 20 millions d'euros, les dommages consécutifs à la fraude s'élèveraient à 35 à 50 millions d'euros. Beltracchi montre à nouveau peu de remords. Après tout il n'a rien à voir avec tous les « vrais » criminels qui sont en détention préventive, mais il n'est pas idiot et accepte un accord qui met fin au procès après 9 jours. Dans un premier temps, il devra payer 2 millions d'euros de dommages et intérêts sur son importante fortune privée et il écope de six ans de prison. Hélène est condamnée à quatre ans et leur complice Otto Schulte-Kellinghaus à cinq ans.

En prison, Beltracchi accepte des commandes. Hélène et lui sont autorisés à quitter leur cellule tous les jours pour travailler dans leur studio de Cologne - mais seulement après un long petit déjeuner pris ensemble. Il raconte que le fait d'être séparé de sa femme avant et après le travail est la pire des choses dans cette situation. En 2015, Wolfgang Beltracchi est finalement libéré de manière anticipée et le reste de son temps de détention est suspendu. Depuis lors, les Beltracchi sont tout sauf inactifs, sans doute aussi pour financer les 20 millions d'euros de remboursements qui les attendent. Wolfgang profite de l'agitation suscitée autour de sa personne pour vendre des œuvres sous son propre nom. Le couple écrit également un livre et collabore à un documentaire sur la fraude. Tous deux donnent d'innombrables interviews pour les journaux et la télévision, fulminant souvent contre le marché de l'art et soulignant que Wolfgang Beltracchi est pratiquement le seul artiste qui soit absolument indépendant sur le marché de l'art et qu'il n'est donc « pas le moins du monde intéressé » par l'opinion de la profession. Aujourd'hui, Beltracchi assure n'avoir aucune dette, avoir vendu le domaine viticole en France et tous les autres biens immobiliers qu'il possédait à travers l'Europe, et vivre avec sa famille en Suisse depuis 2019, après un bref détour par la France. « Comme toujours », il ne s'intéresse qu'à la peinture et ne s'est jamais vraiment soucié de l'argent.

Un vrai Beltracchi vaut maintenant un quart de million d'euros. De nombreuses célébrités, telles que Christoph Waltz, Barbara Schöneberger ou Reinhold Messner, font désormais réaliser leur portrait par Wolfgang Beltracchi dans le style des grands artistes. Selon ses propres dires, il ne connaît pas la plupart des célébrités - ni même le chancelier allemand - mais si quelqu'un lui demande un van Gogh, un Klimt ou un Picasso, ce n'est évidemment pas un problème pour lui !

De cette affaire, il reste d'un côté des préjudices financiers qui représentent des sommes astronomiques, de nombreuses réputations détruites, des faux qui se promènent dans la nature et une incertitude perpétuelle sur l'ensemble du marché de l'art. De l'autre côté, il y a la belle vie du couple Beltracchi, qui n'a finalement été que peu affectée par les graves délits commis. Wolfgang Beltracchi est probablement l'un des rares criminels qui, après sa condamnation, mène une vie plus glamour que bon nombre d'irréprochables. C'est certainement une raison de l'intérêt continu que suscite son histoire.

Récemment, lors d'une interview dans son nouveau studio spacieux et lumineux, on a demandé à M. Beltracchi s'il regrettait ses actes et s'il ferait quelque chose de différent. « Bien sûr que je les regrette », fut sa première réponse. Et que ferait-il différemment aujourd'hui s'il le pouvait ? La réponse est tout à fait dans le style de Wolfgang Beltracchi - originale et avec un petit côté provocateur pour les personnes lésées : il se passerait du blanc de titane.

Chapitre 3

Hélène

(Par Lisa Bielec et Marie van den Boom/ Mordgeflüster)

Il va y avoir beaucoup d'animation à Paris ce soir. Non seulement il fait très doux en ce vendredi 13 novembre, mais il y a d'une part, l'équipe nationale de foot allemande qui joue contre les Français et d'autre part, le groupe de heavy metal américain « Eagles of Death Metal » qui se produit dans la salle de concert du Bataclan. Avec ses cerfs-volants, ses drapeaux et ses lanternes, le centre culturel à l'architecture orientale remarquable est un lieu culte de la scène artistique parisienne.

Hélène Muyal-Leiris, une maquilleuse et styliste de 35 ans, a acheté des billets pour le concert et veut s'amuser ce soir-là. Antoine, son mari, est heureux pour elle et c'est lui qui gardera leur fils Melvil. L'enfant s'endort rapidement après qu'Hélène ait quitté la maison pour le Bataclan. Antoine décide d'attendre le retour de sa femme pour aller se coucher et, afin de rester éveillé, il se plonge dans un livre.

Hélène et Antoine sont en couple depuis douze ans. Une super équipe. Ils se sont rencontrés à un concert. Antoine avait peur que les choses n'aillent pas plus loin après une danse, mais Hélène était séduite et ils ont échangé leur premier baiser à la fin de la soirée. Ils forment un beau couple. Lui, jeune homme séduisant aux cheveux blonds foncés bouclés, elle, belle jeune femme brune et élégante au teint pâle et au sourire éclatant. Antoine dit que son sourire illumine n'importe quelle pièce. Quiconque regarde une photo d'elle ne peut qu'être d'accord. Antoine se souvient bien de cette première soirée. Leur histoire ressemble à un roman. Ils vivent un amour intense et profond qui va grandir encore après la naissance de Melvil.

Plus tard dans la soirée, alors qu'Antoine est toujours en train de lire, il reçoit un SMS qui l'inquiète. On lui demande si la famille est en sécurité. Que signifie « sécurité » ? Que veut dire ce message ? Un sentiment de malaise le pousse dans le salon et il allume la télévision. Il voit d'abord des informations sur des attentats au Stade de France et sur d'autres lieux du centre de Paris. Puis soudain une bannière traverse l'image et indique en lettres capitales « ATTENTAT AU BATACLAN ». Ce titre va bouleverser sa vie et celle de Melvil à jamais.

Hélène est-elle vraiment au Bataclan ? Il vérifie et découvre que les billets qu'il a commandés sont bien pour le concert des « Eagles of Death Metal » qui a lieu au Bataclan. L'anxiété monte. Antoine s'assied sur le canapé et réfléchit à ce qu'il doit faire. En arrière-plan, la télévision continue de diffuser des images macabres et les premiers bilans de la soirée. Antoine voudrait sortir de l'appartement en claquant la porte, mais il y a Melvil. C'est un bébé qui a besoin de son père. Et de sa mère, aussi.

Antoine essaie donc inlassablement d'appeler sa femme bien-aimée sur son téléphone portable, mais personne ne répond. A chaque appel, l'espoir d'entendre sa voix est anéanti par l'annonce de sa boîte vocale. Peut-être est-elle occupée ! Peut-être a-t-elle perdu son téléphone en sortant ? À chaque appel sans réponse, le cœur d'Antoine se fait plus lourd et son désespoir plus grand. Son frère appelle et, après avoir appris qu'Hélène est au Bataclan et ne peut être jointe, il se rend immédiatement avec leur sœur au domicile de la famille Leiris. Tous trois s'assoient devant la télévision et regardent les informations. Personne ne dit rien. Personne ne sait quoi dire.

Que peuvent ressentir les familles et les amis des spectateurs du concert en lisant des mots tels que « massacre », « exécution », « carnage » ou « bain de sang » ? Les images qui défilent sur les écrans ne donnent qu'une idée de ce qui se passe dans la salle de concert. On voit des échanges de tirs avec la police, on entend des explosions qui déchirent la nuit et on aperçoit des personnes paniquées qui errent dans les rues. À l'heure qu'il est, les spectateurs scotchés à l'écran savent aussi que les assaillants tirent dans plusieurs endroits de Paris.

Le premier espoir arrive lorsque la femme d'un des copains d'Hélène appelle. Il est allé au concert avec elle ce soir-là. Le copain est blessé mais hors de danger. L'interlocutrice n'est cependant pas en mesure de donner à Antoine des informations sur l'endroit où se trouve Hélène, car elle n'a pas pu parler à son mari. On sait que des hommes ont tiré avec des Kalashnikov. Ce fusil d'assaut, robuste et facile à utiliser, a été conçu par Mikhail Kalashnikov pour tuer rapidement et efficacement. Aujourd'hui, c'est non seulement l'arme la plus fabriquée au monde, mais aussi la plus utilisée. Au rythme de 600 cartouches par minute, elle tue un quart de million de personnes par an.

Antoine n'en peut plus de rester à la maison. Un plan d'action est établi. C'est son frère qui conduira. Silencieusement, les deux hommes se mettent en route. Ils ne veulent pas réveiller le bébé. Entre-temps, la mère d'Hélène est arrivée à la maison familiale et elle y restera avec la sœur d'Antoine pour attendre des nouvelles. La ville semble figée. Silencieuse. Personne ne peut dire alors si Paris sera un jour la même qu'il y a quelques heures. Seules les sirènes des véhicules d'urgence brisent le silence qui s'est installé comme un voile gris faisant écran au monde extérieur. Elles ressemblent à des cris de douleur et font sans cesse tressaillir les Parisiens terrifiés.

Le plan commence par le passage en revue de tous les hôpitaux. Peut-être qu'Hélène, blessée, y a été admise. Mais son nom n'apparaît sur aucune liste. Le fait que tous les blessés n'aient pas encore été enregistrés rend les recherches encore plus difficiles. Il y en a trop, et leur nombre augmente de minute en minute. Dans chaque hôpital, Antoine laisse son numéro pour qu'ils puissent l'appeler si Hélène se présente. Mais il sait que personne ne trouvera le temps de le rappeler. Les médecins et le personnel médical en général sont surchargés de travail face au flux ininterrompu de personnes gravement blessées qui arrivent. Alors le père de famille continue à chercher. Il ne peut pas et ne veut pas abandonner avant d'avoir retrouvé sa femme. Peu importe le temps que cela prendra. Peu importe les efforts qu'il doit fournir. Il est hors de question de démissionner. Car sans Hélène, que lui restera-t-il ? Un grand vide que personne ne pourra combler. Même pas le petit Melvil. La recherche d'Antoine a anesthésié son moi intérieur.

Seule la sonnerie de réveil qui brise le silence de la voiture à sept heures du matin l'arrête et le fait rentrer chez lui. Melvil a besoin de son biberon. Il est encore bien trop petit pour comprendre. Melvil attend que sa maman rentre à la maison et Antoine attend des nouvelles de sa femme depuis plus de 12 heures. Même le soir du 14 novembre, un jour entier après avoir dit au revoir à sa femme, pour ce qui ne devait durer que quelques heures, il ne sait toujours pas où se trouve Hélène.

Ce soir-là aussi, Melvin s'endort sans sa mère. Plus tard, lorsque le téléphone sonne, c'est la sœur d'Hélène. Antoine décroche calmement le téléphone. Puis il lui semble que son cœur est arraché de sa poitrine. Ses jambes tremblent et il doit s'asseoir. La nouvelle apportée par la sœur de sa femme va changer sa vie. Hélène est morte. L'épouse, la fille, la sœur et l'amie chérie de tous ne reviendra pas, laissant à jamais un vide chez ceux qui l'aimaient.

Les tueurs qui ont massacré cette nuit-là au nom de l'État Islamique, l'EI, ont commencé leur itinéraire destructeur au Stade de France. Là, à quelques minutes d'intervalle, les ceintures explosives de trois attaquants ont sauté. Heureusement, aucun d'eux n'a réussi à pénétrer dans le stade comme prévu, mais ils ont tout de même tué plusieurs personnes. Les détonations ont été entendues en direct dans 66 pays lors de ce match amical entre deux équipes nationales.

Ce n'était que le début de la folie meurtrière. Des cafés et restaurants à l'intérieur de Paris sont attaqués. Une Seat Leon noire s'arrête à différents endroits. Des hommes armés de Kalachnikov en sortent et tirent. Paris est frappée avec une sauvagerie difficile à décrire. Alors qu'en début de soirée des gens heureux étaient assis en sécurité dans les bars, célébrant la vie avec joie, il ne reste plus qu'une image de dévastation. Les terroristes ouvrent le feu, apparemment au hasard et sans avertissement, sur des personnes innocentes – sur les terrasses des cafés, à l'intérieur des restaurants, à travers les fenêtres d'une laverie automatique et, en chemin vers le prochain site d'attaque, ils tirent également sur des automobilistes et des piétons pris complètement par surprise. Le nombre de morts augmente chaque minute. Lorsque les terroristes garent leur véhicule aux abords d'une station de métro, une quarantaine de personnes ont déjà perdu la vie.

La série d'attentats se termine au Bataclan. Alors que les Eagles of Death Metal jouent l'une de leurs chansons les plus connues et que quelque 1 500 spectateurs célèbrent ce moment fort de la soirée, trois terroristes prennent d'assaut la salle de concert. Sans hésiter, ils commencent à tirer avec leurs fusils d'assaut sur les spectateurs du concert. Le calvaire dure environ dix minutes. Dix minutes interminables pendant lesquelles les assassins tirent au hasard et lancent des grenades dans la foule. Deux policiers, arrivés entre-temps, parviennent à abattre l'un des trois hommes. Les deux autres prennent alors un certain nombre d'otages et se barricadent dans les étages supérieurs pendant que la police évacue les personnes encore en vie. Les négociations avec les terroristes échouent. Finalement, ils se font exploser.

Le sauvetage des personnes qui se cachent se poursuit jusqu'au lendemain. Les images qu'ont vu les secours sont si difficiles à supporter que beaucoup ont besoin d'une aide psychologique le soir même. Parmi les victimes abattues au Bataclan se trouvait Hélène.

Elle était allée au concert avec un ami. À leur arrivée, ils ont bu une bière au bar avant de se rendre dans la fosse d'orchestre pour écouter le concert. Ils s'amusent jusqu'à ce que des coups de feu dans la salle coupent la musique. Ca sent la poudre et le sang. Il y a des corps. Hélène et son copain sont touchés. Lui dans la fesse, elle gravement. Hélène meurt dans ses bras. La belle jeune femme a été arrachée aux siens au milieu de sa vie.

Les attentats du 13 novembre sont les premiers attentats suicides en France. Paris ce samedi matin se réveille sous un voile gris. Tout est différent. La vie sera-t-elle à nouveau « normale » ? Les Parisiens pour lesquels le mot liberté signifie tant, pourront-ils à nouveau vivre en paix ? Les terroristes ont frappé exactement ce qu'ils voulaient : la culture occidentale, les jeunes et la liberté.

Non seulement tout a changé à Paris, mais aussi dans les vies d'Antoine et de son fils. Même Melvil le ressent. Il ne peut pas encore s'exprimer, mais son comportement montre clairement que sa mère lui manque, alors qu'elle ne l'avait jamais quitté plus d'une soirée.

Antoine essaie de vivre sa journée du mieux qu'il peut. Il réfléchit à la manière d'expliquer à Melvil que maman ne reviendra jamais à la maison. Mais comment faire ? Doucement, il lui explique qu'Hélène a eu un accident et ne peut pas revenir, même si elle le souhaite. Melvil comprend tout de suite. Il pleure comme Antoine ne l'a jamais vu pleurer. C'est une immense tristesse que l'enfant n'a jamais eu à ressentir auparavant. Les dix-sept mois qu'ils ont passés tous les trois ensemble ont été bien trop courts.

Le 16 novembre, le lundi suivant, Antoine doit aller dire adieu à Hélène chez le médecin légiste. Jusqu'à présent, il s'est efforcé de ne pas prêter attention aux discussions et aux récits, effrayé par la cruelle vérité sur les événements qui ont coûté la vie à sa femme et détruit la sienne et celle de Melvil. Pour Antoine, affronter le destin est important. Il veut le faire sans colère. Pas pour refouler ce qui s'est passé, mais pour prendre en main sa propre vie et son destin. Pour aller de l'avant en quelque sorte.

À ses côtés se trouvent la mère et la sœur d'Hélène. Ensemble ils entrent dans la salle. Elles comprennent qu'Antoine veuille dire adieu à sa femme seul. Les deux sont séparés par une paroi de verre. Leur vie heureuse se déroule dans l'esprit d'Antoine. La façon dont ils se sont rencontrés lors d'un concert, leur mariage, la naissance de Melvil et tout l'amour qui a existé entre eux. Antoine trouve Hélène aussi belle qu'avant. Il pleure, lui parle, puis il doit lui dire au revoir une dernière fois. A partir de maintenant, Melvil et lui sont seuls.

Il n'y a pas de temps à perdre. Il doit discuter avec la famille d'Hélène, organiser les funérailles. Mais son fils a aussi besoin de toute son attention.

Antoine décide que les assassins qui ont tué 130 personnes de manière bestiale le vendredi 13 novembre 2015 n'auront pas sa haine. Il écrit à ce sujet un texte émouvant, qui fait rapidement le tour du monde. Il termine son texte en disant : « Je n'ai d'ailleurs pas plus de temps à vous consacrer, je dois rejoindre Melvil qui se réveille de sa sieste. Il a 17 mois à peine, il va manger son goûter comme tous les jours, puis nous allons jouer comme tous les jours et toute sa vie ce petit garçon vous fera l'affront d'être heureux et libre. Car non, vous n'aurez pas sa haine non plus. »

La lettre d'Antoine Leiris devient une référence, les lignes « Vous n'aurez pas ma haine » deviennent un slogan. Les gens le prennent comme exemple. Ses paroles réconfortent beaucoup de monde. Antoine est sûr que c'est ce que sa femme aurait voulu. Hélène est issue d'une famille franco-marocaine, ses parents disent qu'elle a « la tolérance dans le sang ». Après les attentats contre la rédaction du magazine Charlie Hebdo en janvier de la même année, Hélène s'est rendue sur place avec une fleur pour exprimer ses condoléances. Toute la famille a participé à une marche commémorative pour les victimes une semaine plus tard.

Deux jours après l'attentat qui a coûté la vie à Hélène, des milliers de personnes sont sorties de chez elles. Elles veulent tenir tête aux terroristes et lancer un appel au monde entier. La France ne sera pas vaincue. Des marches sont organisées dans toute la ville, avec la participation de certains hommes politiques. Des marées de fleurs sont déposées sur les sites des attentats et Paris bouillonne de vie. Le monde entier fait preuve de solidarité et c'est ainsi que divers bâtiments célèbres sont illuminés par le drapeau tricolore français. La France n'est pas seule. Néanmoins, la peur reste présente comme on le voit lorsqu'un ballon éclate dans la rue lors d'une marche provoquant une panique générale.

Antoine se rend vite compte que le monde continue de tourner. Pour ceux qui perdent un être cher, le monde s'arrête, mais pour tous les autres, il continue de tourner. Presque comme si rien ne s'était passé.

Pourtant il y a ceux qui essaient de l'aider sans qu'on le leur demande. On lui envoie des chèques, on lui propose des voyages gratuits, les mamans de la crèche cuisinent pour Melvil et lui. Elles se donnent beaucoup de mal. Il reçoit également des lettres et des cartes postales.

Les personnes qui l'entourent acceptent le fait que tout ne sera plus jamais vraiment parfait dans sa vie et dans celle de Melvil. Une épouse et une maman bien-aimées sont parties et ne reviendront plus. Elle ne pourra plus jamais lire d'histoires, chanter des chansons, faire des câlins ou embrasser ses deux hommes. Elle ne pourra plus soigner leurs peines. Elle laisse un vide qui ne pourra jamais être complètement comblé.

Ils gardent des rituels, comme le bain. Ils avaient l'habitude de faire ça souvent, à trois. Il y avait beaucoup de rires. Maintenant pas tant que ça. Antoine doit faire les choses qu'Hélène avait l'habitude de faire. Comme couper les ongles de Melvil. Il apprend tout seul, car il ne peut plus demander conseil à sa femme.

Vient le moment de ranger les affaires d'Hélène. Antoine garde le linge qu'elle avait jeté dans la corbeille à linge avant de partir au concert. Il sent encore son odeur. Il met son nez dans les vêtements pour se replonger dans l'époque où la famille était complète. Il espère que son odeur ne disparaîtra jamais.

Le jour le plus terrible est celui de l'enterrement d'Hélène. Antoine ne peut pas parler. Il décide de lire une lettre qu'il a écrite à Hélène au nom de Melvil. Elle est pleine de tendresse et d'amour et exprime si clairement ses sentiments que l'on a du mal à en écouter les mots.

Après avoir fini d'écrire la lettre, il commence aussi à écrire un livre pour raconter ce qui s'est passé. Il a toujours voulu écrire un livre, mais certainement pas celui-là. Le titre en est *Vous n'aurez pas ma haine* et décrit les jours qui suivent la mort d'Hélène.

Peu de temps après, Antoine et Melvil se rendent pour la première fois sur la tombe d'Hélène. Il n'est pas bon de cacher la vérité à un enfant. Mais comment expliquer la mort, l'enterrement et la tombe. Il essaie, et Melvil comprend. Il comprend beaucoup plus de choses que ce que l'on croit. Maintenant, leur vie c'est juste eux deux. Une équipe d'aventuriers. C'est ainsi qu'ils se sont baptisés et ensemble, ils vont s'accrocher et y arriver.

C'est une histoire parmi tant d'autres qui aurait pu être racontées après la soirée du 13 novembre 2015. Tant de personnes ont perdu la vie à cause de ces actes odieux. Il est important de n'oublier personne et de raconter leur histoire. Par ailleurs, la solidarité manifestée pendant et après les attentats ne doit jamais s'éteindre. Les gens ont ouvert leur maison à des inconnus dans les heures difficiles pour leur offrir un refuge. Les secours se sont battus pour chaque vie cette nuit-là et ont risqué la leur pour aider. Tant de personnes ont perdu une mère, un père, un enfant, un ami, une connaissance ou un être cher et doivent maintenant poursuivre leur vie sans lui.

Il ne faut pas alimenter la haine, mais l'étouffer dans l'œuf. Pour beaucoup, Antoine est un modèle avec son livre *Vous n'aurez pas ma haine* et son message de ne pas laisser la moindre place aux terroristes. Paris a survécu à cette attaque et s'est endurci depuis cette nuit. La ville et ses habitants sont devenus plus forts.

Fluctuat nec Mergitur

Chapitre 4

Je veux vivre

(par Eva-Maria Hartmann, auteur)

« Aujourd'hui nous sommes jeudi. Quel jour serons-nous demain ? » L'homme pose gentiment la question à Lydia au petit déjeuner. Il lui sourit avec ses grands yeux verts. Elle réfléchit en mordant dans son croissant. Lundi, mardi, mercredi, jeudi, ... « Vendredi ? » répond-elle timidement. « Bien, très bien. Et quel mois sommes-nous ? » Lydia expire difficilement. Il y a douze mois dans l'année, elle le sait. Il fait froid dehors, il neige même. Récemment, ils ont fait une fête. Il y avait des cadeaux sous un sapin. Il y avait des lumières douces partout dans la maison. Il y avait des biscuits et d'autres sucreries. Le nom de la fête est Noël. Et Noël est célébré en... « décembre ! » répond-elle fièrement. « C'est vrai. Très bien, ma chérie. Veux-tu encore du café ? » L'homme verse un peu plus de café à Lydia et l'embrasse. Lydia a 38 ans, elle est ravie. Une fois qu'elle maîtrisera parfaitement les mois et les jours de la semaine, son mari prévoit de lui apprendre à lire et à écrire.

Jacqueline Gouardo caresse alternativement ses boucles blondes et sa jupe droite. Est-ce qu'elle est froissée ? Elle l'a repassée ce matin. Est-ce que son chemisier lui va ? Un petit ventre se dessine sous le tissu. Maintenant, c'est clairement visible. Deux jours avant, le boucher lui a posé la question et l'a félicitée. Désormais, il ne faut plus tarder. Il n'y a plus moyen d'éviter une visite à la prison. Après le petit-déjeuner, elle monte donc dans le train et parcourt les dix kilomètres qui séparent sa ville natale, Maisons-Alfort, de Paris. Elle a laissé ses deux enfants à la maison. Son fils Bruno a trois ans et la petite Nadia a 15 mois. Pour quelques heures, ils sont capables de se débrouiller sans leur mère. Maintenant, elle attend nerveusement dans le hall d'accueil de la prison. « Madame Gouardo ? » Un gardien sympathique écourte son attente et la conduit au parloir. Quand il déverrouille la porte, Jacqueline le voit immédiatement. Son mari a perdu du poids, mais sa moustache et ses épais cheveux châtain foncé ont l'air soignés. Il se lève et ses yeux sombres sourient. Elle remarque à nouveau qu'il est plus petit qu'elle d'une demi-tête. Mais cela ne l'a jamais dérangée. Ses yeux brillants l'ont séduite depuis le début. Quatre ans après leur mariage, il a été condamné à cinq années de prison pour vol à main armée. Depuis, une année seulement s'est écoulée. Une année interminable où Jacqueline s'est souvent sentie seule. À un moment, elle s'est lassée de la solitude.

Les coins de sa bouche se courbent timidement en un sourire. Ils s'assoient et Jacqueline regarde le sol d'un air tendu. Ce n'est qu'après lui avoir avoué son aventure qu'elle ose lever les yeux. Raymond Gouardo expire lourdement. Ses yeux sombres ne brillent plus. Ils se renfrognent même tandis qu'il dit : « Ne t'inquiète pas. Je reconnaîtrai l'enfant comme étant le mien. »

Jacqueline donne naissance à sa fille le 13 novembre 1962. Alors que l'infirmière place la petite Lydia dans ses bras, elle regarde le bébé. Elle ne ressent rien.

En février 1963, les trois enfants sont amenés dans une famille d'accueil de Maisons-Alfort. Leur mère ne peut plus s'occuper d'eux. Elle est seule, son mari est en prison. Elle n'y arrivera jamais. La nounou regarde ces trois paires de grands yeux et prenant les enfants en pitié leur fait silencieusement une promesse : Bruno, Nadia et Lydia Gouardo seront heureux dans son foyer. Et c'est bien ce qui se passe.

Le trio joue, rie et grandit. Les enfants mangent à leur faim et sont habillés proprement. La petite Lydia, en particulier, enchante toute la maison par sa nature joyeuse. Elle adore jouer avec des poupées. Elle ne peut pas s'endormir sans sa peluche préférée, un ours aussi grand qu'elle. Mais la fillette aux nattes brunes et aux yeux bleus éveillés est aussi curieuse. Elle regarde souvent son frère et sa sœur, ou la nounou, et demande des nouvelles de ses parents. Personne ne peut lui donner de réponse. En laissant ses enfants, Jacqueline Gouardo a également laissé un grand point d'interrogation. Elle n'a donné aucune adresse et aucun contact. Mais Bruno, de trois ans plus âgé que Lydia, en est sûr : « Un jour, papa viendra nous chercher et nous emmènera dans une belle maison. » Le petit garçon a l'air si sérieux et sûr de lui que ses sœurs sont convaincues.

Raymond Gouardo a depuis longtemps cessé d'attendre les visites de sa femme. Il a appris par ses parents que Jacqueline s'est enfuie avec un autre homme. Les enfants sont dans une famille d'accueil. Quelle genre de mère peut faire ça ? Mais en fait, pense-t-il, c'est une chance pour lui. Une fois qu'il sera libéré, il pourra reprendre ses enfants à la maison. Il y pense au petit déjeuner et ensuite toute la journée. Puis tout se brouille et il ne peut plus se concentrer.

Son cerveau s'éclaircit à nouveau lorsqu'il tombe sur une petite annonce. « Femme, petite trentaine, grande, cheveux bruns, cherche partenaire pour la vie. » Pourquoi pas, se dit Raymond. Rien ne l'empêche de prendre un nouveau départ. Il répond à l'annonce, et quelques jours plus tard, reçoit la lettre attendue. Lucienne Ulpat et lui s'écrivent pendant le reste de sa détention. Les lettres deviennent de plus en plus romantiques et ils tombent amoureux. Après sa libération, ils se marient.

Peu après leur mariage en 1965, Raymond et Lucienne, se rendent dans la maison où vivent Bruno, Nadia et Lydia. La famille est étonnée. Cet homme est censé avoir fait de la prison pour vol à main armée ? Pourtant, il est si charmant et aimant avec ses enfants. Sa femme s'entend également bien avec eux. Ils jouent souvent dehors sur la pelouse, s'amusent et rient aux éclats. Les enfants sont tellement heureux d'avoir maintenant de vrais parents. Un soir, avant de s'endormir, Bruno dit à ses sœurs : « Vous voyez, il est venu et il nous ramènera bientôt à la maison. »

Six mois plus tard, en 1966, Raymond se rend seul dans la maison où vivent des enfants, tard dans la soirée. Sur le siège passager pas de Lucienne, comme d'habitude mais un fusil de chasse. « Je suis venu récupérer mes gosses », annonce-t-il fermement. La famille est figée par la peur. L'expression de son visage ne laisse aucun doute sur le fait qu'il n'est pas venu pour discuter. Apparemment, ils ont très mal jugé Raymond Gouardo. Néanmoins, la nounou grimpe immédiatement les escaliers et réveille les trois enfants endormis. Bruno et Nadia se lèvent dès qu'ils comprennent ce qui se passe. Mais Lydia est désemparée. Elle voit son père debout dans l'embrasure de la porte. C'est quoi cette chose noire qu'il tient ? Elle n'a pas le temps d'y penser plus longtemps. La nounou la soulève de son lit. Elle veut encore attraper son gros ours en peluche, mais le temps presse. Son frère dit : « Allez, Lydia. Papa vient nous chercher. »

Raymond emmène les enfants dans leur nouveau logement, un HLM de Meaux. Tout récemment, Raymond et Lucienne ont perdu leur emploi. Ils travaillaient dans la même imprimerie, lui comme imprimeur et elle comme comptable.

L'appartement se trouve dans l'un des nombreux grands ensembles du quartier. Les fenêtres du salon donnent sur une rue bruyante. Mais les enfants sont heureux. Ils ont maintenant une famille. Pendant quatre ans, ils vivent une enfance insouciante avec Raymond et Lucienne, leurs parents.

Au cours de l'été 1970, Lydia, sept ans, remarque un changement. Au début pourtant, tout semble se dérouler aussi harmonieusement qu'avant. Juste avant les vacances d'été, Raymond a acheté une caravane à rayures bleu clair et blanc avec l'argent de son chômage. « Nous allons au bord de la mer », annonce-t-il fièrement. Lydia est excitée et compte les jours jusqu'aux vacances d'été. Elle n'a jamais vu la mer. Est-ce vraiment aussi grand que ses camarades de classe le lui ont dit ? Lorsque le premier jour des vacances arrive enfin, elle est impatiente. Elle n'a pas fermé l'œil de la nuit et, pendant le trajet, elle regarde par la vitre de la voiture avec impatience. Enfin devant elle, s'étend une plage de sable fin et derrière la mer qui scintille. C'est magnifique et si vaste. Elle joue dans les vagues. Parfois, des algues ou des petits poissons lui chatouillent les pieds, ce qui la fait rire. Lorsque Lydia n'est pas dans l'eau, elle construit des châteaux de sable ou s'amuse sur les balançoires. La famille pique-nique dans le sable, tout le monde est heureux. Pour Lydia, ce moment devrait être le meilleur de son enfance. Mais que se passe-t-il avec Nadia ? Sa sœur ne semble pas partager sa joie. Elle est toujours triste ces derniers temps. Un après-midi ensoleillé, leur père leur propose de se rafraîchir dans la mer. Bruno et Lydia barbotent dans l'eau fraîche. Nadia reste figée dans l'eau jusqu'aux épaules et regarde fixement dans le vide. Lorsque Raymond s'approche d'elle et l'enlace par derrière, elle tressaille, puis reprend sa position rigide. « C'est drôle », pense Lydia. Mais lorsque Bruno l'éclabousse, elle oublie ses doutes.

Les questions reviennent lorsque les vacances se terminent au bout d'une semaine - et avec elles l'enfance insouciante de Lydia. Tout d'un coup, Raymond la retire de l'école. Il ne veut pas que les enfants aient des contacts avec les autres. Il veut qu'ils restent dans leur chambre. Il les enferme. Ce n'est qu'à l'heure du repas qu'ils entendent tourner la clé dans la serrure et que Raymond les appelle à table. Au bout de quelques jours, il perce un petit trou dans le mur de chaque pièce et observe Bruno, Nadia et Lydia. Quand quelque chose ne lui plaît pas, il entre en trombe et les frappe. Bruno lui demande souvent au dîner pourquoi il fait cela. « Tu m'appartiens. Je peux faire ce que je veux de toi. Regarde ton assiette - c'est seulement grâce à moi que tu as quelque chose à manger. » Lucienne sourit et acquiesce.

Un après-midi, Lucienne ouvre la porte de la chambre de Lydia. « Viens avec moi ! » exige-t-elle. La fillette suit sa mère d'un pas prudent. Elle la conduit dans la salle de bain. « Enlève tes vêtements et va dans la baignoire. » Lydia a peur. De la vapeur se dégage dès qu'elle entre dans la salle de bains et le miroir au-dessus du lavabo est embué. L'eau doit être brûlante. « Je veux pas », dit-elle doucement. « Tu es sale. Entre dans la baignoire ! » ordonne Lucienne d'une voix plus forte. La petite fille obéit. L'eau du bain est presque bouillante et on y a ajouté de l'eau de Javel. Lydia crie. « Tais-toi, je vais te laver », siffle Lucienne qui commence à récurer sa peau avec une brosse pour chien. Lydia est en larmes et hurle de douleur, ce qui attire l'attention de son frère. Bruno jette un coup d'œil dans la salle de bain puis va chercher immédiatement son père. « Maman fait du mal à Lydia », dit-il.

Lorsque Raymond sort Lydia de la baignoire, sa peau pend en lambeaux le long de ses jambes. Il la porte dans la cuisine et étale de l'huile pour la salade sur les zones brûlées. Comme Lydia crie encore plus fort, il enveloppe l'enfant nue dans une couverture et l'emmène aux urgences. Mais avant qu'ils n'entrent, il prévient sa fille terrifiée : « Tu ferais mieux de ne pas dire que c'était ta mère. Parce que si tu le fais, bientôt tu n'auras plus de mère. »

Lydia souffre de brûlures au troisième degré. Ce n'est que grâce à des greffes de peau que la fillette survit. Raymond prend les médecins trop curieux à contre-pied. Il leur dit que sa femme a fait couler un bain et que Lydia est entrée dans la baignoire trop tôt. C'était un accident. Les médecins ne cherchent pas à en savoir plus.

La fillette reste trois mois à l'hôpital de Meaux. Raymond est là tous les jours. Lorsque le traitement ne consiste plus qu'à passer de la crème sur les plaies et à changer les pansements, il demande à la ramener chez lui. Il dit qu'il changera les bandages lui-même. « C'est ma fille. Vous ne pouvez pas la garder ici contre ma volonté ! » Les médecins cèdent et laissent la petite fille partir avec ce père agressif.

Une fois chez lui, Raymond ne s'occupe pas de soigner les plaies de Lydia, bien au contraire. Comme il perçoit une pension d'invalidité conséquente pour les blessures de sa fille, il les entretient avec de l'acide chlorhydrique pour continuer à recevoir de l'argent.

C'est à cette période qu'il vient dans sa chambre pour la première fois, le soir. Dans sa main droite, il tient un gros marteau, avec l'autre main il caresse son épaisse moustache grise. Il a vieilli, il a grossi. Sa bouche se tord en un sourire. Ses yeux restent fixés sur sa fille, il l'examine de haut en bas. Il veut qu'elle se déshabille. Lydia ne comprend pas, elle ne veut pas, elle regarde le sol. Il fait froid dans sa chambre. « Sois gentille avec moi, dit-il, et enlève tes vêtements. » La fillette de neuf ans hésite, puis finalement elle fait ce qu'il demande. Elle continue de regarder le sol et ne voit que le marteau qui se balance légèrement d'avant en arrière. Raymond se déshabille également, tandis que son regard ne quitte pas Lydia. Il plie soigneusement sa salopette bleue. De la poche de son pantalon, il sort un chiffon sale et le met de côté.

Juste avant, il l'a trempé dans de l'éther. Cela permettra à la petite de rester immobile pendant quelques minutes. Son t-shirt blanc, ses chaussettes et son caleçon atterrissent aussi sur la pile. Il porte ensuite son attention sur la petite chemise blanche de Lydia. Il la plie avec précision. La fillette ne comprend pas ce qui lui arrive lorsque le vieil homme appuie le chiffon sur son visage. « Tu es ma fille. Je peux faire ce que je veux avec toi », l'entend-elle dire, puis tout devient noir.

Une douleur insupportable réveille soudainement Lydia. Il lui faut quelques secondes pour la localiser. Lorsqu'elle regarde, elle est surprise : il y a du sang partout ! Il coule le long de ses jambes brûlées et pique ses blessures. Et puis il y a cette autre douleur. Son père est toujours à côté d'elle, au-dessus d'elle, sur elle. Il est partout. Sans arrêt, il introduit le marteau en elle. Elle crie, elle pleure. Mais il ne s'arrête pas. Elle pense à Nadia. Peu après les vacances au bord de la mer, elle a dit qu'il faisait ces choses avec elle. Maintenant, Lydia comprend. La mer, les vagues rugissaient si fort. Elle pense à eux en train de faire ça. Certaines choses ne changent pas. D'autres oui. Elle n'a plus de parents. Pour Lydia, Raymond et Lucienne seront désormais « le vieux » et « la vieille ».

Le vieux vient dans la chambre de Lydia presque tous les jours maintenant. Il la viole par voie vaginale et anale avec des ustensiles de cuisine et des outils. Elle a compris maintenant que ça s'arrête plus vite si elle est silencieuse. Elle réprime donc ses pleurs et ses cris.

Apparemment, elle ne réussit pas toujours. En 1971, des voisins dénoncent les Gouardo au service qui s'occupe du logement social. Ils disent que des cris d'enfants viennent de l'appartement. Ceci est inacceptable. Les autorités réagissent et expulsent la famille.

Raymond contracte un prêt avec l'argent de la pension d'invalidité de Lydia et achète une ferme isolée à Coulommes, un village de 400 habitants, à 50 kilomètres de Paris. Bruno, Nadia et Lydia retapent la ferme jour et nuit. Lorsqu'ils sont trop fatigués, ils font semblant de devoir aller aux toilettes. Là, ils peuvent dormir sans être dérangés pendant un quart d'heure. Raymond achète également une camionnette, qu'il installe sur le parking d'un supermarché pendant la journée. Il y propose de petits services d'imprimerie. Ses enfants travaillent avec lui. Parfois, les gens se demandent pourquoi ils ne vont pas à l'école, ou pourquoi les jambes de la plus jeune des filles sont en sang. Mais ils ne posent pas beaucoup de questions. Après tout, Raymond Gouardo imprime des affiches pour le RPR local, un parti de droite, populaire à Coulommes. Ce qui se passe derrière les portes closes ne regarde personne d'autre que la famille.

À 15 ans, Bruno raconte à son grand-père, le père de Raymond, les conditions de vie à la maison. Le vieil homme ne dit pas grand-chose, mais conduit son petit-fils à la police. Le juge du tribunal pour enfants ordonne une enquête - mais elle n'a jamais eu lieu. Raymond Gouardo est apprécié et travaille bien. Ce qu'il fait avec ses enfants, c'est son affaire. Bruno n'est jamais retourné chez le vieux et la vieille. Il est resté dans un foyer pour enfants jusqu'à sa majorité. Quand Nadia a eu 18 ans, il est revenu la chercher. Sa petite sœur est resté derrière.

Lydia est désespérée. Comment son frère et sa sœur ont-ils pu lui faire ça, l'abandonner ? Cependant le désespoir lui donne aussi une nouvelle force. Un soir, alors que les deux vieux sont endormis, elle s'échappe. Vêtue seulement d'une chemise de nuit, elle erre sans but dans la ville. Elle ne connaît rien ni personne ici, seulement le supermarché et sa chambre. Où peut-elle aller ? Au bout de quelques heures, des policiers la retrouvent. Elle raconte son histoire, pleure, montre ses bleus et ses brûlures. Mais ils ne la croient pas et la ramènent chez elle, chez ce bon Raymond Gouardo. Lydia pleure des larmes de désespoir et d'impuissance. Comment les policiers peuvent-ils la ramener dans cet enfer ? Ne voient-ils pas sa souffrance, ou ne le veulent-ils pas la voir ? La punition ne se fait pas attendre : le vieux l'enferme dans le grenier. Ici, le jour et la nuit se confondent. Il n'y a pas de fenêtre et pas de chauffage. Le vieux ne lui apporte que rarement quelque chose à manger, mais il la viole et la maltraite tous les jours.

Un jour, pense Lydia, un prince viendra la sauver.

En 1980, alors que Lydia a 18 ans, le vieux annonce que « le moment est venu. » La vieille veut des enfants, mais elle est stérile. Donc Lydia doit porter les bébés. Il l'attache les jambes en l'air pendant trois jours après l'avoir violée. « Pour que ça rentre bien et que tu sois enceinte », explique-t-il.

Lydia va tomber enceinte sept fois en 14 ans. En 1996, elle aura donné naissance à sept fils. Tous les accouchements ont lieu à l'hôpital. Raymond est là à chaque fois. Lorsque les médecins demandent à Lydia qui est le père de l'enfant, elle répond honnêtement : « Son père est aussi mon père ». Raymond lève les yeux au ciel. Sa fille est perturbée, explique-t-il. Les médecins inscrivent « Père inconnu » dans les dossiers.

La vieille ment aux enfants. Elle leur dit que Lydia est la femme de ménage. Ils la croient. Dans leur monde, il n'y a que la maison avec la vieille et la bonne.

Lydia vit donc trois années supplémentaires sous un même toit avec ses enfants qu'elle n'a pas le droit de toucher, avec lesquels elle n'a pas le droit de parler ou de rire. Elle n'est pas autorisée à montrer sa joie lorsqu'ils font leurs premiers pas ou perdent leur première dent de lait. La joie est un sentiment qu'elle n'a pas connu depuis longtemps.

En 1999, le vieux meurt d'une embolie pulmonaire après un long combat contre le diabète. Lydia pleure. Elle a peur de la vie. Elle ne sait pas comment vivre. Avant de mourir, le vieux lui a ordonné de mettre les enfants dans la caravane et de les conduire dans le gouffre le plus proche. Ils lui appartiennent, jusque dans la mort. Lydia obéit. Mais la pente n'est pas assez raide, le véhicule

reste coincé. Les pompiers sauvent tout le monde. Lydia retourne
à la maison avec les enfants et elle continue à vivre avec la vieille.

Le 13 novembre 2000, Lydia se rend dans une boîte de
nuit pour la première fois de sa vie. Elle n'en revient pas. Tous ces
gens qui dansent, rient, chantent, font la fête – vivent tout
simplement. Elle sourit et savoure ce moment au bord de la piste
de danse. Alors, un homme attire son attention. Il est grand et a
une belle carrure, il danse bien. Il est bien habillé. Ses cheveux
blonds roux brillent dans les lumières clignotantes de la
discothèque. Lydia n'arrive pas à comprendre ce qui lui arrive.
Mais elle est sûre d'une chose : elle veut cet homme. Mais
comment faire ? Elle ne sait pas danser, n'est jamais venu dans
un club avant ce soir. Avant qu'elle ait le temps de se noyer dans
ses inquiétudes, l'homme s'approche d'elle. « Je m'appelle
Sylvain » dit-il. C'est lui, son prince, le sauveur grand et fort dont
elle a toujours su qu'il finirait par arriver.

Sylvain apprend à vivre à Lydia. Il lui explique les jours
de la semaine, les mois, les fêtes comme Noël et Pâques. Elle
apprend ce qu'est l'argent et comment gérer la vie quotidienne.
Mais elle comprend aussi que ce qui lui est arrivé n'est ni bien, ni
normal. Dans les années qui suivent, avec l'aide de Sylvain, elle
réclame son héritage, la maison. La vieille doit déménager. Ses
sept fils apprennent qui est leur vraie mère. Ils engagent une
procédure pénale contre Lucienne. En 2008, elle est condamnée
à quatre ans de prison avec sursis pour ne pas avoir empêché
les crimes commis contre Lydia. Elle doit également verser 480
euros par mois de dommages et intérêts à sa belle-fille. Lydia
distribue l'argent entre ses enfants. Chacun de ses fils a
maintenant sa propre vie. Lydia est devenue grand-mère de 14
petits-enfants. Elle en est fière. Avec Sylvain, son sauveur et
mari, elle a eu deux autres enfants. Il lui a montré ce qu'était
l'amour, alors il n'y plus eu aucune question à se poser.

Lydia raconte son histoire dans son livre *Le silence des autres*. Elle veut attirer l'attention sur le fait qu'elle n'est pas la seule victime. « Tout cela s'est déroulé dans une charmante petite ville, à une demi-heure de Paris - dans l'indifférence totale des voisins, des policiers, des services sociaux, de la justice et des médecins. » Elle appelle la société à se « réveiller ».
La mort rend généralement la vie triste et sombre pour ceux qui restent. Pour Lydia, la mort de Raymond a été un nouveau départ. À 38 ans, toute la douleur, l'humiliation et l'obscurité ont pris fin. La vie lui souriait doucement.

Dans une interview de 2016, on a demandé à Lydia comment elle a réussi à traverser cette épreuve. Sa réponse est simple et son lourd passé lui donne tout son poids : « Parce que je veux vivre. »

Chapitre 5

Le regard de velours

la veille, environ 10 000 badauds sont arrivés à Versailles. Les restaurateurs s'attendent à des recettes extraordinaires et les auberges de cette élégante ville résidentielle seront donc ouvertes toute la nuit pour recevoir toute cette affluence. La ville ne dormira pas. Des voix et des rires résonnent dans la nuit claire et sans nuage, et arrivent jusqu'à Saint-Pierre. Tout le monde attend l'aube et le grand événement avec impatience. Tout le monde ? Pas tout à fait. Eugen Weidmann est assis dans une cellule lugubre et froide de la prison de Saint-Pierre. Il fixe le mur. Ce sera la dernière nuit de sa vie.

Eugen Weidmann est allemand. Il est né le 5 février 1908 à Francfort-sur-le-Main. Il a grandi dans le district de Sachsenhausen. La famille est considérée comme aisée. Son père s'est engagé dans la Première Guerre mondiale. Sa mère tient un restaurant. Elle aime son métier et met tout son temps et ses efforts dans ce magasin. Il ne reste pas grand-chose pour son petit garçon. Alors l'enfant vit avec ses grands-parents à Cologne. C'est à ce moment-là qu'il commence à voler. Peut-être pour avoir un peu d'attention, peut-être pour tester ses limites. À la fin de la guerre, son père revient à Francfort-Sachsenhausen. Il n'a pas été blessé. Eugen a maintenant 11 ans. Comme M. Weidmann est à nouveau en mesure de s'occuper de lui, le couple le ramène à la maison. Mais les parents s'aperçoivent rapidement que l'adolescent leur a complètement échappé. Il vole tout et n'importe quoi, à tout le monde. Que ce soit à l'école, à la piscine, à des inconnus ou à des amis : dès qu'Eugen voit une occasion, il la saisit. Il vole même les clients du restaurant de sa mère sans sourciller et sans penser au fait qu'il met en danger le gagne-pain de sa famille.

Quand Eugen a 16 ans, ses parents comprennent qu'ils ne peuvent plus supporter davantage le comportement de leur fils. Les vols permanents et les ennuis qui s'en suivent ont épuisé le couple. Peu importe la punition qu'il reçoit, Eugen ne se laisse pas impressionner. Ils décident donc de l'envoyer dans une maison de correction récemment ouverte dans le château historique de Dehrn, près de Limbourg. Pour la première fois depuis des années, les Weidmann respirent. Mais même là, les surveillants ne parviennent pas à mettre un terme à la conduite du jeune homme. Il défie toutes les règles et s'approprie tous les objets de valeur qu'il désire. La direction de l'institution capitule. Elle ne voit plus aucune chance de faire d'Eugen quelqu'un de respectueux des lois de la société et le délinquant est renvoyé de la maison de correction.

À dix-huit ans, le jeune homme émigre au Canada pour éviter le service militaire. Weidmann a la chance de faire un apprentissage dans l'agriculture. Mais rapidement, ses vieilles habitudes le reprennent et il escroque le fermier, son employeur, sur le produit de la vente du bétail. En conséquence, il fait un an de prison et est ensuite expulsé du Canada. Eugen revient en Allemagne.

Entre-temps, il est devenu un beau jeune homme d'une vingtaine d'années, athlétique et charmant. Il s'habille bien et est particulièrement recherché par les femmes. Son regard mélancolique et doux fait fondre les cœurs. Il sait aussi comment embobiner son père. De retour en Allemagne, il lui dit qu'il aimerait gagner sa vie en devenant chauffeur de taxi. Weidmann senior est plein d'espoir. Un emploi régulier et peut-être, plus tard, une compagnie de taxis ! Peut-être son fils va-t-il se ressaisir et sortir de la délinquance ! Il décide d'aider Eugen, peut-être pour apaiser sa conscience coupable d'avoir délaissé son fils quand il était petit. Et donc, il lui achète une Horch rouge. Mais il se rend compte rapidement qu'Eugen n'a pas l'intention de gagner sa vie honnêtement. Le jeune homme utilise sa voiture pour kidnapper un banquier à Francfort-Sachsenhausen. L'enlèvement échoue mais Weidmann est condamné à cinq ans de prison pour vol et agression, qu'il purge dans la prison de Preungesheim.

Pendant qu'il était en prison, beaucoup de choses se sont passées dans le monde. En janvier 1933 en particulier, Adolf Hitler est nommé chancelier du Reich et commence son régime de terreur. Entre-temps, Weidmann est devenu le bibliothécaire de la prison et ce jusqu'en décembre 1936. C'est là qu'il rencontre trois codétenus qui deviendront ses futurs complices : Roger Million, Fritz Frommer et Jean Blanc. Après avoir purgé leur peine et avoir été libérés, les quatre hommes élaborent un plan : ils décident de kidnapper de riches touristes en France et de les dépouiller de leurs biens. Dans ce but, ils louent une maison située à 15 km à l'ouest du centre de Paris, dans la commune de La Celle-Saint-Cloud. Bien sûr, ils ne louent pas la maison sous leur véritable identité. Weidmann se rend en France avec trois cartes d'identité différentes. C'est une époque où les Allemands ne sont pas particulièrement amicaux envers les Français. Une paix dure a été imposée à l'Allemagne par le traité de Versailles, signé par les puissances victorieuses après la capitulation de l'Allemagne lors de la Première Guerre mondiale. Le pays voisin devait être faible afin qu'aucun danger ne puisse en provenir. Après l'arrivée au pouvoir d'Hitler et la politique qu'il conduit, les relations franco-allemandes continuent de se détériorer.

Pendant ce temps, le charmant jeune homme se promène sur les quais de la Seine, fréquente les cafés, flâne sur les boulevards ou traîne dans les bars des hôtels de luxe, toujours à l'affût d'une victime adéquate ayant des ressources financières suffisantes. Dans sa voiture, il transporte tout ce qui peut lui être utiles : du chloroforme pour endormir, une matraque, des bandelettes pour ligoter et un revolver.

Cependant, la première tentative d'enlèvement du quatuor échoue. La victime oppose une telle résistance qu'ils décident de renoncer. Ils doivent changer leur stratégie s'ils veulent réussir. La deuxième victime devra être quelqu'un qui n'est pas trop résistant physiquement. Leur choix se porte donc sur Jean de Koven, une danseuse new-yorkaise. Depuis le 19 juillet 1937, Jean loge dans un hôtel de la Rive Gauche de la Seine avec sa tante Ida Sackheim. Le 23 juillet, dans l'après-midi, la jolie danseuse dit à sa tante qu'elle sort se promener, mais qu'elle sera de retour à 20 heures précises, car une soirée à l'opéra est prévue. La jeune femme, qui aime s'amuser, prend son appareil photo et quitte l'hôtel. À partir de ce moment-là, plus personne ne l'a revue. Peu de temps après, la tante Ida reçoit une lettre exigeant 500 dollars si elle veut revoir sa nièce vivante. Elle recevra ensuite de nombreuses autres demandes de rançon et de mystérieux appels téléphoniques. Ida Sackheim, très inquiète pour Jean, fait immédiatement appel à la police, mais celle-ci ne parvient pas à retrouver la jeune femme ni à arrêter le ravisseur, malgré des tentatives de prise de contact par le biais d'annonces dans l'édition française d'un journal américain. Jusqu'en septembre 1937, Ida Sackheim proposera d'offrir une récompense à toute personne pouvant fournir des indices sur le ou les auteurs de l'enlèvement, ou même sachant où Jean de Koven est détenue. Mais tout cela ne mène nulle part.

Eugen Weidmann, qui parle couramment l'anglais et le français en plus de sa langue maternelle, est intelligent, poli et cultivé. Il a probablement rencontré la séduisante danseuse lors d'une exposition. Avec ses complices, Weidmann a enlevé la jolie jeune femme de 22 ans et l'a conduite dans la maison de la Celle-Saint-Cloud. Là, il l'a étranglée à mains nues et la dépouillée de ce qu'elle avait sur elle ; dans le butin il y a des chèques de voyage qui sont envoyés à Colette Tricot, la maîtresse de Roger Million. Elle doit changer les chèques en argent liquide. Après le meurtre, Weidmann met à Jean son manteau bleu, creuse une tombe peu profonde sous le porche de la maison et y dépose le corps. Il décore ensuite le cadavre avec des roses qu'il a lui-même coupées.

La jolie jeune femme aux grands yeux doux est la première victime de Weidmann. Il y en aura cinq autres. À l'exception du premier meurtre de Jean de Koven, tous les autres vont suivre la même séquence d'événements : les victimes sont espionnées, enlevées, tuées d'une balle dans la nuque, puis dépouillées de leurs biens. Après le premier meurtre, Weidmann a pris la décision de tuer ses victimes de dos ; peut-être pour ne plus avoir à supporter l'éclair de peur dans leurs yeux.

Le 3 septembre 1937, Weidmann engage le chauffeur Joseph Couffy pour un voyage en limousine de luxe sur la Côte d'Azur. Sur une aire de repos, près d'Orléans, Weidmann sort son pistolet et tire dans la nuque de l'homme sans méfiance. Couffy est tué sur le coup. Weidmann sort le corps de la voiture, le dépose dans un fossé et couvre le visage de l'homme avec un journal et sa casquette de chauffeur. Weidmann prend la belle voiture et 1500 francs.

Quatre semaines plus tard, Weidmann et son complice Roger Million tendent une embuscade à Janine Keller, une infirmière libérale, en lui proposant un emploi. La jeune femme sans défense est exécutée d'une balle dans la nuque dans une grotte nommée la Caverne des Brigands. Les voleurs lui prennent deux bagues et 1 300 francs. Ils creusent une petite fosse avec une pelle d'enfant et enterrent le corps dans la tombe de fortune. Eugen Weidmann, l'homme au regard de velours, est devenu un tueur en série.

Le 16 octobre 1937, Weidmann et Million organisent une rencontre avec le jeune producteur de théâtre Roger LeBlond dans sa villa de Saint-Cloud. Ils lui font miroiter la possibilité d'investir dans ses spectacles. Cependant, au lieu de promouvoir le jeune artiste, le tueur en série lui tire une balle dans la nuque. Ils lui volent ensuite 8000 francs, son stylo plume en or et sa précieuse montre-bracelet. Ils se débarrassent du corps du malheureux LeBlond dans un cimetière.

Le 20 novembre 1937, c'est au tour de son complice Fritz Frommer d'être victime de Weidmann. Il le tue, comme ses victimes précédentes, d'une balle dans la nuque et lui prend 300 francs. Il pense que Frommer est un informateur de la police et qu'il doit être éliminé.

La dernière victime de cette série de meurtres est l'agent immobilier Raymond Lesobre. Weidmann prend rendez-vous avec lui pour visiter une villa au nom charmant de "Mon Plaisir", que Lesobre lui a proposé. Le meurtrier tire dans la nuque de l'homme sans méfiance, lui vole 5 000 francs, un briquet en or et sa voiture. Mais il commet une erreur : à côté du corps de Lesobre, Weidmann perd une carte de visite avec un nom imprimé dessus : Arthur Schott.

Pour la police, ce morceau de papier est la première piste intéressante dans cette série de meurtres ignobles. Arthur Schott est l'oncle de Fritz Frommer, le complice assassiné. L'oncle Arthur, comme son neveu Fritz, a immigré en France. Schott raconte notamment aux policiers que son neveu lui a dit avoir rencontré Eugen Weidmann à la prison de Francfort et qu'il utilisait de nombreuses identités différentes. Les policiers tendent l'oreille. Pourrait-il s'agir du tueur en série recherché ? Mais ils ne veulent pas encore aller aussi loin et décident de surveiller Weidmann.

Début novembre 1937, ils se rendent dans sa villa pour contrôler son identité et l'interroger. Quand il voit les policiers, Weidmann perd son sang-froid. Il y a d'abord une bagarre, puis un coup de feu. L'Allemand poli et cultivé, a tiré dans le képi de l'un des deux policiers désarmés comme il était d'usage à l'époque. Il s'ensuit un bref moment de silence avant que l'autre policier n'aperçoive un marteau, le saisisse et assomme Weidmann. En décembre de la même année, le corps de la danseuse américaine Jean de Koven est découvert dans une fosse peu profonde sous le porche de la maison d'Eugen Weidmann à la Celle-Saint-Cloud. Grâce à cette découverte, la police peut enfin appréhender le tueur en série et ses complices et les traduire en justice pour leurs actes odieux.

Il n'est probablement pas exagéré de dire que Weidmann fait ce qu'il doit faire pour la première fois de sa vie : il assume la responsabilité de tous les meurtres dont il est accusé. Cependant, il n'éprouve aucun remord pour ses actes car, après tout, ses victimes n'ont pas souffert. Quant au mobile de Weidmann on ne peut que spéculer : certains pensent qu'il voulait vivre le même style de vie aisé que ses parents, mais sans travailler honnêtement. Pour y arriver et s'enrichir, il a préféré tuer des gens, apparemment au hasard et les dépouiller. Malgré ses actes odieux et sa façon de se moquer de la souffrance de ses victimes, le tueur en série reçoit d'innombrables lettres d'amour en prison. Son portrait a fait la une des journaux français et plus d'une femme craque pour ce bel homme au regard de velours. Le jour du procès par exemple, Weidmann dit qu'il aime beaucoup les animaux et peu après, une jeune admiratrice lui offre trois chatons blancs. Les gardiens ont toutefois empêché les chatons de rentrer dans la prison Saint Pierre.

Weidmann, Million, Blanc et Colette Tricot sont jugés en mars 1939. On suppose que Weidmann a eu jusqu'à neuf complices, mais il est impossible de les attraper. Et c'est donc, le seul quatuor qui est jugé. Jean Blanc est condamné à 20 mois de prison. Colette, la maîtresse de Million, est d'abord acquittée, mais le verdict est ensuite révoqué et elle est finalement condamnée à perpétuité. Eugen Weidmann est condamné à mort. Il accepte sa sentence avec un sourire. Au cours du procès, le meurtrier a déclaré qu'il avait une envie irrésistible d'aventure, d'inatteignable, mais aussi de faire le mal. Cette envie le poursuit depuis l'enfance. Le nombre de morts que Weidmann a sur la conscience n'a pu être déterminé avec une certitude absolue, même après le procès. Robert Million, également condamné à mort, sera gracié par le président français Albert Lebrun et il verra sa sentence commuée en prison à vie. La grâce de Weidmann est refusée par le président.

Il ne va s'écouler que quelques semaines avant l'exécution de la sentence contre le tueur en série allemand Eugen Weidmann. Le 17 juin 1939, des scènes tumultueuses se déroulent sur le lieu de l'exécution devant la prison Saint Pierre. Certains spectateurs ont loué une chambre dans l'hôtel situé juste en face de la prison afin d'avoir une vue dégagée sur le spectacle. La foule s'est rassemblée devant la guillotine, cette machine que l'on surnomme communément « la veuve ». Les gens se poussent et se bousculent pour se tenir aussi près que possible de l'échafaud. En raison de la foule, de cette atmosphère de fête publique et du comportement turbulent des spectateurs, l'exécution doit être reportée de trois quarts d'heure. Enfin, le moment arrive. Eugen Weidmann, vêtu d'une chemise blanche et enchaîné, franchit la porte de la prison pour se rendre sur le lieu de l'exécution où l'attendent le bourreau et ses assistants. Le regard du condamné balaie la foule et s'attarde sur l'échafaud. Il le fixe pendant quelques secondes, puis ferme les yeux. Le bourreau le précède. Lorsque la foule aperçoit le tueur en série, rien ne peut plus l'arrêter. Les spectateurs se déchaînent et on entend crier à tue-tête : « Assassin ! », « Tuez-le ! » et en allemand « An-fan-gen, an-fan-gen, an-fan-gen ! »(Com-men-cez, com-men-cez, com-men-cez). Les nombreuses admiratrices du premier rang, baptisées « Weidminettes » par les médias accompagnent l'arrivée du condamné par des cris hystériques

Le bourreau Jules-Henri Desfourneaux, nouvellement entré en fonction et encore peu expérimenté, et ses deux assistants sont vêtus de redingotes et de chapeaux noirs. Ils manœuvrent Weidmann sur la planche, à côté de laquelle se trouve une boîte destinée à recueillir le corps décapité. Devant la guillotine, il y a un seau pour récupérer la tête et le sang. On assiste à des scènes grotesques. La bascule n'est pas réglée correctement, de sorte que le cou de Weidmann ne repose pas sur l'encoche en forme de croissant. L'agitation règne autour du condamné, la foule s'impatiente. On le tire par les cheveux, par les oreilles, jusqu'à ce que son cou soit enfin dans la bonne position. À 4h32 du matin, le bourreau active enfin la guillotine. La lame de sept kilos fend l'air et coupe la tête du tueur en série. Sa tête n'a pas encore atterri dans le seau que les acclamations éclatent dans la foule et que les bouchons de champagne sautent. Suivant la tradition, quelques Weidminettes se précipitent sur le lieu de l'exécution, dépassent les gendarmes qui ont formé une chaîne autour du site pour tremper leurs mouchoirs blancs dans le sang encore chaud de leur bien-aimé, en guise de souvenir.

Malgré l'interdiction de filmer et de photographier l'exécution, il reste des photos ce jour-là et aussi un film pris depuis un appartement privé. On peut encore voir ces images sur Internet aujourd'hui. Le Premier ministre Edouard Daladier, scandalisé par les scènes qui se sont déroulées lors de la décapitation de Weidmann va interdire les exécutions publiques. Celles-ci ne pourront avoir lieu que derrière les murs de la prison, et ce jusqu'à ce que la peine de mort soit complètement abolie par le président François Mitterrand en 1981. Eugen Weidmann est ainsi entré deux fois dans l'histoire du pays : en tant que tueur en série et en tant que dernier criminel exécuté publiquement en France.

Chapitre 6

Le corbeau

(Par Amelie Petzel / Podcast « Schattenseiten »)

Mardi 16 octobre 1984. L'automne est arrivé dans la petite ville de Lépanges-sur-Vologne. La journée est grise, mais de temps à autres, le soleil se fraie un chemin à travers l'épaisse couverture nuageuse. Ce village calme de 1000 habitants est situé dans l'est de la France, sur les berges de la Vologne, une petite rivière. Comme tous les jours, Christine Villemin va chercher son fils Grégory, quatre ans, chez la nourrice puis ils reviennent à la maison, située à l'orée de la forêt. Christine est couturière dans l'une des entreprises textiles de la région. Son mari, Jean-Marie, a gravi les échelons pour devenir contremaître dans une entreprise de fournitures automobiles.

La petite famille mène une vie heureuse. Ils ont récemment fait construire leur propre maison et ont deux voitures. Le petit Grégory lui aussi a des voitures, des jouets qu'il conduit dans l'allée jusqu'à ce que ses joues soient aussi rouges d'excitation que la peinture de ses voitures. Ce jour-là comme d'habitude,

Grégory est dehors et il s'amuse. Christine rentre, allume la radio, et commence ses tâches ménagères. C'est une fin d'après- midi banale, tranquille. Pourtant, après quelques minutes, un sentiment de malaise s'empare de la jeune femme et elle sort vérifier ce que fait son fils. Dans le jardin les voitures de Grégory semblent abandonnées, éparpillées un peu partout. Grégory lui, est invisible. Lorsque son petit garçon au sourire malicieux ne répond pas à ses appels, Christine commence à paniquer. Elle fouille les alentours de la maison, mais en vain, elle ne trouve pas Grégory. Elle descend au village. Peut-être est-il allé jouer avec des enfants qui passaient par là ? Mais encore une fois - aucun signe de lui. Un frisson glacé parcourt le corps de Christine. Et s'il avait été enlevé ! Elle signale la disparition de son fils à la gendarmerie de Lépanges-sur-Vologne, peu après 17 heures.

A 17h30, Michel, l'oncle de Grégory, reçoit un appel. C'est une voix d'homme, l'intonation est froide. Ce que lui dit la personne à l'autre bout du fil le fait frissonner. « Je me suis vengé et j'ai pris le fils du patron, je l'ai étranglé et je l'ai jeté dans la Vologne. » L'oncle, choqué, informe tout de suite la famille inquiète et la police qui lance immédiatement des recherches pour retrouver le bambin.

Les gendarmes ne tardent pas à découvrir ce qu'ils cherchaient au centre du village de Docelles, à quelques kilomètres en aval du lieu de la disparition. Il est 21 heures. Le soleil est couché. Il ne fait aucun doute qu'il s'agit du corps de Grégory. Ses mains et ses pieds sont attachés avec des cordes et son petit bonnet de laine est tiré sur son visage jusqu'au menton. Une autre corde est passée autour du cou de l'enfant. Elle a servi à attacher le bonnet afin qu'il ne remonte pas vers le haut. Comme si l'assassin n'avait pas voulu regarder le bambin dans les yeux. Gregory est un enfant de petite taille, aux cheveux bruns et aux yeux marron et doux. Il a l'air paisible. Le légiste ne trouve aucune blessure défensive sur le corps et détermine que l'enfant est décédé par noyade.

La famille Villemin est sous le choc. Une lettre anonyme arrive le lendemain de la mort de Grégory : « J'espère que tu mourras de chagrin le chef. Ce n'est pas ton argent qui pourra te redonner ton fils. C'est ma vengeance, pauvre con. » La lettre a été oblitérée vers 17 heures à Lépanges-sur-Vologne le jour du meurtre de Grégory. L'auteur du meurtre devait donc avoir déjà écrit la lettre et il a dû la poster immédiatement après le crime.

Ce n'est pas la première lettre que la famille reçoit de cet expéditeur inconnu. Depuis environ 4 ans, ils reçoivent de nombreux messages et appels téléphoniques. « Le corbeau », comme sont souvent appelés les expéditeurs de lettres anonymes, un mot qui fait référence au titre d'un vieux film français, incite à la haine contre la famille. À partir de 1981, le téléphone sonne jusqu'à 27 fois par jour. L'interlocuteur profère de sales insultes à l'encontre de Christine ainsi que de son mari Jean-Marie, et menace de nuire à Christine et Grégory. Il connaît aussi, apparemment, certains secrets de cette grande famille qui compte plus de 60 membres. Le corbeau fait partie de la vie de la famille Villemin. Lors d'un de ses appels, il chuchote au téléphone : « Je suis en train de regarder le petit Grégory avec mes jumelles, je vois exactement comment il joue devant la maison. Un de ces jours, je vais l'avoir. »

Depuis que les appels ont commencé, Christine et son mari sont plus que vigilants et ne quittent pas Grégory des yeux. Pendant des années, le corbeau terrorise la famille.

Le 4 mars 1983, plus d'un an et demi avant la mort de Grégory, Christine et Jean-Marie trouvent une lettre sans enveloppe derrière les volets de leur maison. « Je vais vous écorcher vif, famille Villemin. »

Une autre lettre arrive au domicile des grands-parents de Grégory le 27 avril 1983, leur demandant de couper tout contact avec Jean-Marie et sa famille. S'ils ne le font pas, quelque chose de terrible se produira. Ils ont le choix : la vie ou la mort.

Puis, le 17 mai 1983, les grands-parents de Grégory reçoivent une dernière lettre de menaces. Mais la lettre dit aussi que le corbeau ne donnera plus de nouvelles, qu'ils se demanderont qui il est mais qu'ils ne le trouveront jamais.

C'est la dernière lettre du corbeau à la famille. Le silence tombe pendant plus d'un an et demi. Jusqu'au lendemain du meurtre du petit Grégory.

Les premières heures et les premiers jours qui suivent un crime sont les plus importants. Toute la famille de Grégory est interrogée. En outre, chaque membre de la famille est invité à passer un test d'écriture afin que celle-ci soit comparée à celle des lettres. Les enquêteurs comprennent rapidement que le coupable doit être recherché au sein de la famille, car il sait des choses que seul un proche peut connaître. Mais ce n'est pas aussi facile. Car le destin ne va pas faire bon ménage avec les parents de Grégory, qui ne demandent qu'à élucider la mort de leur fils.

Bernard Laroche, le cousin de Jean-Marie Villemin, se trouve rapidement au centre de l'enquête. Certains indices l'incriminent lourdement. Bernard conduit une voiture verte, et le jour de la disparition de Grégory, plusieurs témoins ont vu une voiture verte près du domicile de la famille Villemin. Sur la lettre de confession qui a fait surface peu après la mort de Grégory, les enquêteurs découvrent une trace de foulage. Les initiales « LB » sont clairement visibles. LB pour Laroche Bernard. C'est exactement de cette façon que Bernard signe toujours ses lettres. De plus, Laroche a toujours été envieux de la réussite de Jean-Marie, à qui la chance semble sourire. Mais ce qui pèse le plus sur la possible culpabilité de Bernard, c'est le témoignage de sa belle-sœur, Murielle Bolle, 15 ans au moment des faits. Murielle est une petite jeune fille aux cheveux roux bouclés. Comme tous les membres de la famille, elle est interrogée par les enquêteurs. Ce qu'elle raconte à la police place encore plus Bernard au centre de l'enquête. Elle rapporte que Laroche est venu à l'improviste la chercher en voiture à l'école le jour du meurtre et que son fils Sébastien, âgé de quatre ans, était dans la voiture avec lui. Murielle est montée dans la voiture et, selon son témoignage, Bernard s'est ensuite rendu au domicile de la famille Villemin. Grégory jouait devant la maison et lorsqu'il a reconnu Bernard, il est monté dans la voiture sans résistance et tous les quatre ont ensuite roulé jusqu'à un endroit que Murielle ne peut cependant pas décrire précisément. Pendant le trajet, Grégory s'est amusé avec son cousin Sébastien. A un moment donné, Bernard s'est arrêté, est sorti avec Grégory et s'est éloigné. Au bout de quelques minutes, il est revenu à la voiture, mais sans Grégory. Ensuite, ils sont rentrés chez eux en voiture. Sur la base de cette déclaration, Bernard Laroche est placé en garde à vue pour suspicion de meurtre.

Le témoignage de Murielle semble crédible pour les gendarmes et ils souhaitent l'interroger davantage pour éclaircir les dernières incohérences. Mais, selon la loi française, ils ne peuvent la garder plus de 24 heures que sur ordre du juge. Or le juge d'instruction refuse la demande. C'est un long week-end et il ne voit aucune raison de l'interrompre. Les gendarmes libèrent donc Murielle à contrecœur. Ils pensent que l'adolescente subit des pressions de la part de sa famille. Après tout, elle est responsable de l'emprisonnement du mari de sa sœur dans l'attente de son procès.

L'inquiétude des enquêteurs n'est apparemment pas sans fondement car, à la fin du week-end, Murielle se rétracte. En outre, elle accuse les gendarmes de pression, raison pour laquelle elle aurait fait cette déclaration. Le juge d'instruction pour sa part a manqué une échéance importante et la première déclaration de Murielle est inutilisable devant le tribunal. Ainsi, le témoignage le plus important pour les enquêteurs est parti flotter sur la Vologne. Alors que le procès commence, ils attendent toujours le procès-verbal ainsi que le rapport d'autopsie. Pour ne rien arranger, une autre erreur de procédure rend inutilisable l'expertise de la signature qui a été à demi effacée. L'accusation se retrouve donc sans la moindre preuve contre le principal suspect, Bernard Laroche. Comme il est impossible de prouver quoi que ce soit, Laroche est libéré, ce qui rend fou de douleur Jean-Marie, le père de Grégory. Le meurtrier de son fils serait libre, juste comme ça ! Jean-Marie prend un fusil de chasse et se rend chez Bernard. Environ 5 mois après la mort de Grégory, un autre membre de la famille est assassiné : Jean-Marie exécute Bernard devant chez lui, d'une balle en plein cœur.

Jean-Marie va non seulement partir en prison pendant cinq ans pour homicide, mais il a aussi ruiné la plus grande chance d'élucider le meurtre de son fils.

Après tant d'erreurs de procédure, le juge d'instruction est dessaisi de l'affaire. Christine Villemin, la mère de Grégory, est mise au pilori. Pour le public, elle est la meurtrière et Bernard Laroche est la victime innocente d'un père éploré. Plus tard, Christine Villemin sera effectivement accusée du meurtre de son enfant et tout le village se retournera contre elle et son mari. Ils seront accusés d'avoir voulu se débarrasser de leur enfant et d'avoir simulé l'existence d'un corbeau pour ne pas être soupçonnés. Les collègues de travail de Christine témoignent qu'ils l'ont vue au bureau de poste vers 17 heures le jour du crime en train de poster une lettre. Lorsque Christine est arrêtée, elle est enceinte de six mois. Mais les accusations portées contre elle sont sans fondement et, en 1993, la jeune femme est finalement lavée de tout soupçon d'implication dans la mort de son fils. La même année, son mari, Jean-Marie, est libéré de prison. L'enquête révèle ensuite que les trois collègues de travail se sont trompés de date. Ils ont vu la mère de Grégory à la poste la veille du crime. Il peut être prouvé que Christine Villemin y a posté ce jour-là un bon de commande à destination d'une société de vente par correspondance.

Désormais, l'affaire est reprise par le nouveau juge en charge. Il suit toutes les pistes, passe en revue toutes les déclarations des témoins et des membres de la famille, mais il ne parvient à aucune conclusion. La famille tient bon et reste silencieuse. Murielle refuse toujours de répéter son témoignage et, au fur et à mesure que le temps passe, l'espoir que la mort de Grégory puisse encore être élucidée disparaît.

Le nouveau juge d'instruction ne renonce pas pour autant à résoudre le mystère du petit Grégory. Mais avant de pouvoir apporter les preuves décisives, il est victime d'une crise cardiaque et perd la mémoire. Dans son journal, quelque temps avant son attaque, il avait écrit : « Il y a une sorte de malédiction sur cette affaire. »

Plus de 35 ans après, l'assassin du petit Grégory n'a toujours pas été identifié. Toutes les erreurs commises au cours du procès et la grande consternation que cette affaire a suscité dans le public en font le cold case le plus célèbre de France. De plus, l'affaire a coûté la vie à une autre personne en 2017. Le premier juge qui était en charge de l'instruction, et qui a été accusé de l'avoir bâclée, est retrouvé mort dans son appartement. Il s'est suicidé. On l'a retrouvé assis dans son fauteuil, un sac en plastique sur la tête.

Aujourd'hui encore, les enquêteurs continuent d'examiner les faits contenus dans les dossiers. Ils ont découvert de nouvelles pistes d'enquête. Ils pensent désormais que Grégory était inconscient lorsqu'il a été attaché et jeté dans la rivière. Parce qu'aucune preuve physique n'a été trouvée qui indique qu'il a lutté pour survivre dans l'eau. De plus, la rigidité cadavérique n'était pas encore installée au moment où il a été sorti de l'eau, ce qui signifie qu'il n'a pas pu être mis dans la rivière avant 17 h 30. Ainsi, Gregory a dû être placé là plus tard, peu avant d'être trouvé par les gendarmes. En outre, une seringue d'insuline a été retrouvée sur la berge, ce qui n'avait pas retenu l'attention dans les procédures précédentes. Pure coïncidence, ou pas, la mère de Murielle était diabétique. Après vérification, il s'est avéré que l'insuline trouvée était du même type que celle qu'elle s'injectait. L'enquête a révélé que Murielle Bolle ainsi que Bernard Laroche savaient comment injecter de l'insuline à quelqu'un en cas d'urgence. L'injection d'une grande quantité d'insuline à un petit enfant le fait tomber dans un coma profond en quelques minutes.

Les enquêteurs ont fait tout leur possible pour résoudre l'affaire. Ils sont maintenant certains qu'il doit y avoir plusieurs auteurs du meurtre, ou du moins que plusieurs personnes étaient dans la confidence. Au centre de leurs soupçons se trouvent Bernard Laroche, Murielle Bolle et deux autres couples de la famille avec lesquels Jean-Marie Villemin aurait été en conflit.

Mais quel motif pourrait se cacher derrière ce crime ? Aujourd'hui, les enquêteurs pensent que la famille doit avoir un grand secret bien gardé - si bien gardé qu'un enfant innocent a été sacrifié. Mais quel est exactement ce secret, personne ne le sait.

Les enquêteurs décrivent ainsi le déroulement des faits : Bernard Laroche se rend chez les Villemin avec Murielle et Sébastien. Il ne lui faut pas longtemps pour convaincre Grégory de monter avec lui dans sa voiture. Ensemble, ils se rendent ensuite chez d'autres membres de la famille, qui assassinent Grégory et le placent dans la Vologne. Toutefois, il n'y a toujours pas de preuve solide que les choses se soient passées ainsi.

De nombreux membres de la famille ont agi de manière suspecte au fil des ans, notamment Monique Villemin, la grand-mère de Grégory. Elle considérait Bernard Laroche comme son propre enfant, même s'il était en fait le cousin de son fils Jean-Marie, et elle l'a protégé toute sa vie. Les enquêteurs pensent qu'elle est la clé pour résoudre le mystère de la mort du petit Grégory, mais ce soupçon ne sera jamais confirmé, car Monique Villemin est morte des complications du Covid-19 dans une maison de retraite au début de 2020. Selon de nouveaux rapports d'experts sur les échantillons d'écriture de la famille, il semblerait qu'elle est le corbeau et qu'elle a écrit les lettres au fil des ans aux parents de Grégory ainsi qu'à elle-même et à son mari. Mais Monique a emporté ses secrets dans la tombe.

A ce jour, on ne sait toujours pas qui a tué le petit Grégory. Qui l'a kidnappé, assassiné de sang-froid et jeté dans la rivière ? Qui l'a enlevé à ses parents et pourquoi cet enfant devait-il mourir ? Le corbeau souhaitait que Jean-Marie meure de chagrin, mais Jean-Marie ne lui a pas fait cette faveur. Avec Christine et leurs trois enfants, ils vivent désormais près de Paris, loin de Lépanges-sur-Vologne et ont rompu tout contact avec leur famille.

Un manteau de silence pèse sur la mort du petit Grégory. De nombreuses questions resteront probablement sans réponse à jamais. Christine et Jean-Marie savent-ils quelque chose de ce secret de famille ? Le meurtre de l'enfant innocent pourra-t-il jamais être résolu ? Et enfin ce qui reste probablement le plus grand des mystères : qui était le corbeau qui, par vengeance, a arraché si violemment le petit Grégory à la vie ?

Chapitre 7

Une villa avec une façade en verre

C'est par un jour gris et pluvieux que le corps est amené à l'institut médico-légal Raymond-Poincaré de Garches. Une autopsie est prévue le lendemain, un mercredi, pour déterminer la cause et l'heure du décès de l'homme qui, apparemment, a été victime d'un crime affreux. Nous sommes le 17 avril 1996, lorsque le légiste et son assistant entrent dans la salle de dissection. C'est un espace frais, carrelé et inondé de la lumière blanche des néons. Toutes sortes d'outils sont soigneusement alignés. Ils peuvent sembler grotesques et effrayants à l'observateur extérieur. Le légiste prend une grande inspiration et regarde son assistant : « Inutile d'attendre, allons-y ». L'assistant acquiesce et, sans mot dire les deux hommes se dirigent vers le centre de la pièce où, sur une grande table en acier froid recouverte d'une feuille de plastique bleu opaque, se trouve leur prochain patient. Patient est un mot étrange pour un mort qui va être autopsié, mais il est important pour le médecin légiste que les morts de son institut soient traités avec respect et qu'ils aient un visage, une histoire, et ne soient pas seulement un numéro.

L'assistant récupère dans un coin l'un des nombreux chariots à roulettes chargés d'outils d'examen et le pousse vers la table de dissection. Puis il commence à retirer soigneusement la bâche qui recouvre le corps. Le médecin légiste qui la veille avait déjà effectué un examen du corps sur le scène de crime, a préparé son assistant à cette vision un peu plus tôt dans le bureau. Mais lorsque l'assistant voit la tête du mort, un certain Willy Pomonti, il sursaute. À l'endroit où se trouvait le visage, il n'y a plus qu'une bouillie de chairs tenue par les quelques os du crâne qui ne sont pas brisés. Les poignets et les chevilles de Pomonti sont attachés avec du ruban adhésif noir. Le rapport de police dit que le corps a été trouvé étendu sur le sol en position recroquevillé. La rigidité cadavérique a disparu et le malheureux est maintenant allongé sur la table de dissection. Le légiste et son assistant commencent leur travail.

Le médecin consigne ses observations et les conclusions de l'autopsie dans un dictaphone ; plus tard, un employé transcrira l'enregistrement. Le rapport indique que le visage et la boîte crânienne de Willy Pomonti ont été fracassés avec un objet contondant. On voit une profonde blessure sur le sommet du crâne dont le contour correspond à la forme d'un marteau de forgeron. En outre, il y a des blessures sur le poignet gauche et la cuisse droite de cet homme de 69 ans que le médecin légiste attribue à une perceuse. L'expert indique que ces blessures ont été infligées « ante mortem », avant la mort. Le médecin légiste énumère d'autres blessures sur le cadavre du retraité, causées par des sévices brutaux et des tortures cruelles. Comme cause de la mort, il est indiqué que la victime est décédée d'un œdème cérébral, suite à l'impact d'un objet contondant et à la perte massive de sang. Mais même lorsque le meurtrier a frappé Pomonti à la tête, son cœur a dû continuer à battre conclut le médecin d'après les hématomes et les hémorragies qu'il peut détecter. Il suppose que le retraité a été torturé pendant plusieurs heures avant que la mort ne mette fin à son supplice. Le décès est intervenu dans la nuit du 15 au 16 avril 1996. Bien que le légiste ait vu beaucoup de choses au cours de sa carrière, la cruauté des tortures infligées le hantera longtemps.

Une fois l'autopsie terminée, une enquête est ouverte pour meurtre associé à des actes de torture et sévices. Les enquêteurs décident de ne pas permettre aux proches de Pomonti de voir le corps mutilé pour lui faire un dernier adieu.

En ce mardi 16 avril 1996, vers neuf heures du matin, la femme de ménage de Willy Pomonti arrive devant sa villa de La Celle-Saint-Cloud, une banlieue huppée à l'ouest de Paris. La villa a été dessinée par son employeur, qui est architecte. Il y a même une petite piscine. Elle est surprise que la voiture ne soit pas garée dans l'allée mais n'y attache pas beaucoup d'importance pour l'instant. Cette femme énergique fait le ménage chez le retraité de 69 ans depuis plusieurs années, depuis qu'il est séparé de sa femme en fait. Celle-ci vit au sud de Paris. Elle a toujours admiré ce couple qui, malgré le divorce, entretient une relation cordiale. Ils ont eu une fille, que Pomonti voit régulièrement. La femme de ménage décrit le retraité comme quelqu'un de paisible, attentif aux problèmes des autres. Elle ajoute néanmoins que l'ancien architecte est un solitaire qui mène une vie réglée et ordonnée.
La femme de ménage marche donc vers la porte d'entrée et monte les marches en pierre. Elle appuie sur la poignée et entre dans la maison. Chez elle, elle ferme toujours les fenêtres et verrouille la porte d'entrée, même lorsqu'elle est là. Peut-être parce qu'elle vit seule et a toujours peur que quelqu'un entre. Willy Pomonti est tout à fait différent, il est si confiant qu'il ne ferme jamais sa porte d'entrée. L'employé fait quelques pas dans le couloir et s'arrête

brusquement. « Quelque chose ne va pas... » murmure-t-elle pour elle-même. Les tiroirs de la commode du couloir sont ouverts et leur contenu est éparpillé sur le sol. « Monsieur Pomonti, vous êtes là ? C'est moi ! », appelle-t-elle timidement. Mais elle n'obtient aucune réponse. Elle fait demi-tour, sort en courant, descend les marches et se précipite jusqu'à la maison d'en face. Elle sonne à la porte et raconte au voisin sur un ton alarmé l'étrange désordre qui règne chez Pomonti. Lui aussi trouve cela bizarre et décide de l'accompagner chez Willy.

La femme de ménage reste à la porte tandis que le voisin se fraie un chemin à l'intérieur. Lui aussi remarque le désordre. Tous les tiroirs sont ouverts, les papiers sont éparpillés sur le sol, la télévision n'est pas à sa place, le précieux matériel vidéo et stéréo a disparu. Il sent une poussée d'adrénaline et ses mains se couvrent de sueurs froides. « Willy, tu es là ? Willy ? C'est moi, le voisin ! » appelle-t-il, surpris par le tremblement de sa voix. L'homme promène son regard dans la pièce et s'attarde sur quelques taches sur le sol. Du sang ? Vite il longe le couloir qui dessert d'autres pièces. Il y a du sang partout. Puis il découvre une scène d'horreur. Dans l'une des pièces, Willy Pomonti recroquevillé sur lui-même git dans une mare de sang. Il fait un pas vers le corps et aperçoit ce qui reste du visage du retraité. Choqué, il sort précipitamment de la maison et alerte la police de Saint-Cloud, qui arrive sur les lieux quelques minutes plus tard.

Les policiers du secteur préviennent immédiatement la police judiciaire de Versailles et la police scientifique qui font d'abord le tour des lieux. Ils remarquent un escabeau taché de sang. Derrière la porte des toilettes, il y a deux dents cassées et une perceuse elle aussi tachée de sang. Dans l'une des pièces, ils découvrent enfin le corps tout habillé du retraité. Près du corps une masse couverte de sang. Ils voient également deux empreintes de pas ensanglantées. Les experts commencent leur travail en relevant les empreintes digitales et les traces d'ADN. Ils examinent également de près les taches de sang car leur taille et leur forme peuvent leur fournir des informations importantes. Sur les murs, ils découvrent des coulées de sang. À en juger par les traces, le crime semble s'être déroulé dans tout le rez-de-chaussée de la villa. L'auteur a agi de manière très brutale ; les policiers ont rarement vu une scène de crime qui suggère un tel déchaînement de violence. L'équipe médico-légale prend des photos, notamment des empreintes de chaussures ensanglantées qui peuvent fournir un indice crucial sur l'auteur du crime.

Entre-temps, le médecin légiste est également arrivé. Il doit procéder à un premier examen post-mortem et retrouver des traces éventuelles sur le corps du retraité, traces qui pourraient autrement être perdues en raison des heures qui passent et du déplacement du corps. Le légiste a une vue d'ensemble des blessures infligées à la victime, mesure la température du corps, évalue les lividités et la rigidité cadavérique qui en résultent, autant de paramètres importants pour la détermination ultérieure de l'heure de la mort. Ensuite, le cadavre est transporté à l'Institut médico-légal Raymond-Poincaré de Garches.

À la fin de l'examen, les experts ont relevé dix-neuf empreintes digitales inconnues. Il y a aussi des mégots de cigarettes de trois marques différentes dans un cendrier. Pour éviter que l'ADN des mégots ne se mélange, chacun est emballé individuellement. Plus tard, en laboratoire, les restes des cigarettes seront analysés individuellement afin de rechercher des traces d'ADN. Les experts réussissent à extraire deux ADN masculins des cigarettes. L'un d'eux correspond à la victime. La marque des cigarettes était aussi la sienne. Le deuxième ADN ne peut être comparé. A ce jour en effet, en 1996, il n'existe pas de base de données ADN centrale. En ce qui concerne les empreintes digitales trouvées, on verra que seules sept empreintes sont utilisables. Une chose est sûre cependant : elles n'appartiennent pas aux personnes qui séjournent habituellement à la villa de Pomonti. Une comparaison des empreintes retrouvées avec le fichier des empreintes digitales s'avérera également peu concluante. Néanmoins, cela constitue une piste importante. L'attention des experts se porte maintenant sur les empreintes de chaussures ensanglantées présentes sur la scène du crime. Il ne s'agit que d'empreintes partielles, mais il est possible de déterminer qu'elles appartiennent à deux types différents de baskets. Les experts excluent avec certitude le fait que les marques aient pu être laissées après le crime par les enquêteurs présents en grand nombre sur les lieux.

La police interroge ensuite les voisins. Ont-ils remarqué quelque chose de suspect la nuit du meurtre ? Et en effet, une voisine déclare aux policiers qu'elle a vu la voiture de Pomonti s'éloigner vers 23 heures. C'était inhabituel pour le vieil homme. Cependant, à la grande déception des enquêteurs, il n'y a pas d'autres observations.

L'hypothèse la plus vraisemblable est que l'architecte retraité a été victime d'un vol. La priorité est donc de retrouver la voiture volée. Celle-ci est immédiatement mise sur la liste des véhicules recherchés.

Deux semaines plus tard, la voiture de Willy Pomonti est retrouvée au pied d'une tour d'habitation située à 25 km du lieu du crime. Les enquêteurs et les techniciens de la police scientifique s'y rendent immédiatement. Les experts examinent le véhicule de Pomonti à la recherche de traces utilisables. Le coffre de la voiture est vide, mais sur la moquette, ils découvrent des empreintes d'objets lourds. Les contours pourraient correspondre aux équipements vidéo et stéréo volés dans la maison de la victime. Sur la vitre arrière du véhicule, les experts relèvent une empreinte de main complète. Mais, malheureusement, cela ne fait pas avancer l'enquête. Il faudrait d'abord trouver un suspect pour effectuer une comparaison, car les empreintes de mains ne sont enregistrées dans aucune base de données. La voiture de

Pomonti n'apporte pas d'autres preuves concluantes. Les environs de l'endroit où elle a été retrouvée, ainsi que la tour d'habitation, sont examinés de près par les policiers, mais là encore, sans plus de résultats. Dix années vont s'écouler avant que l'enquête sur le meurtre de Willy Pomonti, cet homme qui a été cruellement torturé ne rebondisse.

En 2006, la juge d'instruction Sylvia Zimmermann est assise dans son bureau et feuillette le dossier sur le meurtre du retraité en avril 1996. Cette femme coriace a vu beaucoup de choses, mais l'extraordinaire brutalité avec laquelle le tueur a massacré sa victime la laisse abasourdie. « Et le tueur est toujours en liberté ! » dit-elle pour elle-même en tournant les pages. Sans attendre, elle passe du rapport d'autopsie aux photos de la victime. Plus tard, elle dira que la vue de la bouillie qui était autrefois le visage d'une personne aimée et profondément regrettée, et la torture brutale que les images suggèrent lui ont causé quelques nuits blanches.

Zimmerman décide de rouvrir l'enquête. Dix ans se sont écoulés depuis le crime et les techniques médico-légale n'ont cessé de se développer. En outre, la création d'une base de données ADN nationale, et opérationnelle depuis 2001, a ouvert de nouvelles opportunités pour l'enquête. Cette base de données contient les profils ADN de tous les délinquants sexuels déjà condamnés. En 2003, le système a d'ailleurs été étendu : toute personne soupçonnée de s'être approprié des biens sans autorisation ou d'avoir fait preuve de violence envers une autre personne verra son profil ADN enregistré dans cette base de données. Quelles enquêtes médico-légales auraient pu être menées si le meurtre avait eu lieu aujourd'hui ?

C'est donc en juin 2006 que la juge d'instruction Zimmermann ordonne que l'ADN inconnu qui a pu être extrait des mégots de cigarettes sur la scène de crime soit comparé à la base de données ADN. Et ca matche ! La juge et les enquêteurs sont fous de joie. Mais ils doivent freiner leur enthousiasme : pour l'instant, cela signifie seulement qu'ils savent qui était dans la villa de Pomonti et qui fumait. Mais cela ne veut pas dire que cet homme soit aussi le tueur tortionnaire.

L'ADN masculin retrouvé sur les mégots correspond à Michel Ambros, 46 ans. Immédiatement, une enquête est effectuée. Qui est cet homme ? Que fait-il actuellement ? Mais surtout, que faisait-il au moment du crime ? De 1983 à 2003, Ambros a été condamné pas moins de dix fois. Sa carrière est parsemée de délits mineurs. Il s'agit principalement de vols et de fraudes. On l'appelle « Le roi du chéquier volé ». Les enquêteurs ne sont quand même pas sûrs. Oui, le gars est un petit délinquant, mais il n'a jamais été impliqué dans des crimes violents ou des délits importants auparavant, et certainement pas dans des cas comparables au meurtre Willy Pomonti. Pourtant, il était sur les lieux et ce n'est pas tout à fait un enfant de chœur. Qui sait, peut-être voulait-il s'introduire dans la villa de Pomonti ? Il a été surpris et la situation a dégénéré en ce meurtre sordide ? La juge d'instruction Zimmermann ordonne l'arrestation d'Ambros. C'est ainsi que le 15 septembre 2006, la police se rend dans une modeste banlieue parisienne où l'homme s'est installé après son mariage avec une jeune femme, un mois seulement après le meurtre de Pomonti. L'escroc est surpris lorsque les policiers se présentent à sa porte mais il se laisse arrêter sans résistance et est placé en garde à vue.

Les enquêteurs commencent à interroger Michel Ambros dans la foulée. « Êtes-vous déjà allé à La Celle-Saint-Cloud ? » lui demande-t-on. L'escroc répond immédiatement : « Non, jamais ! » L'enquêteur transperce Ambros du regard : « Eh bien, si on me demandait à moi si j'ai déjà été à tel ou tel endroit au cours des dix dernières années, je ne pourrais pas répondre aussi vite. Réfléchissez bien : êtes-vous déjà allé à La Celle-Saint-

Cloud ? ». « Non, je n'y suis jamais allé », répond Ambros avec emphase. « Alors comment expliquez-vous que nous ayons trouvé des mégots dans un cendrier avec votre ADN dessus, dans une villa de La Celle-Saint-Cloud où un meurtre a été commis ? ». Les yeux d'Ambros s'écarquillent : « Je ne peux pas expliquer ça... Vous avez dû faire une erreur ! ».

Les policiers n'arrivent à rien. Pendant ce temps, en arrière-plan, l'enquête bat son plein. Les empreintes digitales d'Ambros sont comparées avec celles trouvées à différents endroits de la scène de crime. Le résultat est négatif. Ce ne sont pas les empreintes d'Ambros qui ont été trouvées dans la villa de Pomonti. Et un nouveau revers suit immédiatement : l'empreinte de paume relevée sur la vitre arrière de la voiture volée à la victime du meurtre ne correspond pas non plus à celle du petit criminel. Les enquêteurs n'ont que les mégots de cigarettes avec son ADN contre Ambros.

Abandonner n'est cependant pas une solution. Ils interrogent sans cesse le petit escroc. Ils veulent qu'il reconnaisse qu'il était à la villa de La Celle-Saint Cloud la nuit du crime. Et en effet, lors du quatrième interrogatoire, le moment arrive enfin : Ambros avoue. Oui, il était dans la maison de Pomonti la nuit du crime. « Je me suis disputé avec ma femme ce 15 avril 1996. A cette époque, elle était encore ma fiancée, nous nous sommes mariés plus tard. Après ça, j'ai quitté notre appartement et je suis parti. Aucun endroit en particulier. J'avais besoin de me vider la tête. Je suis passé devant la gare et suis monté dans un train pour Versailles. A La Celle-Saint-Cloud, je suis descendu du train. C'était une idée spontanée. J'ai marché sans but dans les rues jusqu'à ce que je voie cette villa avec une grande façade en verre. Je voulais regarder de plus près. J'ai repéré un homme dans le jardin qui avait l'air de travailler. Je me suis caché jusqu'à ce que la nuit tombe. Quand j'ai entendu quelqu'un claquer la porte, j'étais sûr que le propriétaire avait quitté sa maison. Je me suis glissé jusqu'à l'entrée de la maison et j'ai poussé la poignée. J'étais un peu surpris qu'il ne l'ait pas fermée. Je suis donc entré dans la maison et alors que j'avançais dans le couloir, j'ai été frappé à la tête par derrière. En me retournant, j'ai vu cet homme âgé qui tenait une perceuse électrique, qu'il a utilisée pour me frapper sur la tête. Une bagarre a suivi et j'ai eu le dessus. Je lui ai arraché la perceuse et l'ai frappé sur la tête avec. Du sang a coulé. J'ai enlevé mes vêtements et mes chaussures, je les ai mis dans un sac poubelle et j'ai enfilé les vêtements et les chaussures du vieil homme. J'ai pris quelques objets de valeur et la voiture de l'homme et je suis parti. Mais je vous assure que quand j'ai quitté la villa, l'homme était toujours vivant ! Il était inconscient mais pas mort ! Ensuite j'ai conduit jusqu'à la maison. J'ai jeté mes vêtements ensanglantés dans une poubelle. J'ai sorti les objets du coffre, laissé la clé de la voiture sur le contact et ouvert en grand la porte du conducteur. Le lendemain matin, la voiture avait disparu. C'est tout ce que je peux vous dire à ce sujet. »

D'un côté, les enquêteurs sont satisfaits que Michel Ambros se soit exprimé sur les accusations portées contre lui, mais de l'autre, le déroulement réel des événements reste dans l'ombre. Les experts considèrent qu'il est invraisemblable que le retraité ait été encore en vie après qu'Ambros ait quitté sa maison. Ils continuent de supposer qu'il a torturé et tué Pomonti. Les enquêteurs décident de présenter au suspect des photos de la scène du crime. Il semble choqué. « Ça ne peut pas être moi, je ne serais jamais capable d'une telle chose ! » commente-t-il. Il ne dit rien de plus et est placé en détention provisoire.

Quelques semaines plus tard, la juge d'instruction Sylvia Zimmermann reçoit une lettre de la prison. Ambros lui demande de lui accorder rapidement un entretien. Il n'a rien à voir avec le meurtre, il va maintenant dire la vérité. Curieux d'entendre ce qu'il va leur dire, les enquêteurs et le juge se rendent au centre de détention. Le suspect donne une deuxième version du crime : dans un bar, il aurait rencontré un certain Patrick Lepetit qui lui a parlé d'une villa à La Celle-Saint-Cloud, où il y aurait certainement beaucoup d'argent se faire. Ambros était censé monter la garde pendant que Lepetit entrait. Peu de temps après, cependant, l'homme l'avait appelé pour qu'il vienne dans la maison. « J'ai déconné ! », aurait lâché Lepetit, visiblement désemparé en conduisant Ambros stupéfait dans le couloir. Il y avait du sang partout et le retraité était mort. « Oui, j'ai fait une grosse bêtise, mais je vais te dire une chose. Si tu souffles un mot de tout ça, il t'arrivera la même chose et à ta femme aussi ! » Sur ce, le meurtrier aurait quitté la villa avec son butin, serait monté dans la voiture de Pomonti et serait parti. Ambros serait resté derrière, désemparé en fumant une cigarette après l'autre. Ensuite il aurait décidé de quitter lui aussi la maison et aurait commandé un taxi pour aller à Paris.

Les enquêteurs ne croient pas à cette histoire. Ils sont sûrs que le suspect essaie seulement de revenir sur sa première déclaration incomplète. Néanmoins, ils mettent tout en œuvre pour retrouver ce Patrick Lepetit. Plusieurs semaines s'écoulent avant qu'ils ne trouvent effectivement un homme nommé ainsi et qu'ils en arrivent aux conclusions suivantes : le meurtrier présumé de Pomonti a en fait plusieurs condamnations antérieures pour vols et menaces de mort. Il est également connu pour être un homme extrêmement brutal, prompt à s'énerver et à sortir de ses gonds. Les enquêteurs ne peuvent cependant pas parler avec le criminel car Patrick Lepetit est mort d'un cancer en prison en 2005. Néanmoins, ils découvrent qu'il travaillait pour une société de sécurité dans un aéroport de Paris au moment du meurtre. Le jour même, il est prouvé qu'il était en service de 19 heures à 8 heures le lendemain. Lepetit n'a pas pu commettre le crime.

Il existe en fait un indice selon lequel deux personnes auraient pu se trouver sur la scène du crime : les empreintes partielles ensanglantées de deux types différents de chaussures de sport. Cependant, le tribunal supposera plus tard que les deux empreintes de chaussures sont celles d'Ambros, car il a lui-même déclaré avoir changé de chaussures après la bagarre, en plus de ses vêtements. Un expert a confirmé lors du procès qu'il est tout à fait possible qu'une personne n'ayant auparavant commis que des délits mineurs ou modérés bascule dans un excès de violence comme celui-ci. La dispute qu'il venait d'avoir avec sa fiancée l'avait déjà mis hors de lui, ce qui l'avait rendu furieux et agressif. Et puis il s'était aussi senti piégé par Pomonti. Les enquêteurs en sont certains : l'agressivité incontrôlée de Michel Ambros a éclaté et a abouti aux tortures et au meurtre brutal de Willy Pomonti.

Lors du procès, Jacques Pomonti, le frère de l'homme assassiné, a déclaré en larmes : « Il ne reste que la douleur, il n'y a rien à faire. Il faut accepter les choses comme elles sont et essayer de vivre une vie normale. C'est comme ça, c'est tout. Mais nous gardons son souvenir. Il reste avec nous. »

L'accusé Michel Ambros a été condamné à 25 ans de prison en 2010, 14 ans après la cruelle nuit de torture. Une libération anticipée après avoir purgé les 2/3 de la peine est exclue. Ambros n'a pas fait appel de la sentence. L'adage selon lequel « La meule des dieux moud lentement, mais elle moud très petit » semble être vrai.

Chapitre 8

L'éventreur français

Nous sommes le 4 août 1897. Marie-Eugénie Heraud profite de cette chaude journée d'été pour se reposer en regardant ses deux jeunes enfants courir et jouer parmi les arbres. Son mari Séraphin et son fils aîné Fernand sont allés chercher du bois un peu plus loin dans la forêt. L'ouvrière agricole ferme les yeux. Les oiseaux chantent et les chauds rayons du soleil caressent son visage.

Soudain, ce moment idyllique vole en éclats. Un petit homme se faufile derrière la jeune femme sans se faire remarquer. Il attend une fraction de seconde, prend une profonde inspiration, passe ses mains autour de son cou et commence à lui serrer la gorge. Marie-Eugénie ouvre grand les yeux et de toutes ses forces, tente de se libérer de l'emprise mortelle. Mais tous ses efforts ne servent à rien. Son agresseur la plaque sur le sol, s'assied sur elle, et relâche sa prise. D'une main il essaie d'atteindre sa poche. C'est à ce moment-là qu'elle aperçoit son visage et ce qu'elle voit ressemble à une grimace : le côté droit du visage de l'homme est marqué de cicatrices, la peau est tendue sur les os, la bouche semble tordue. Marie-Eugénie laisse échapper un cri. Il est d'abord doux et rauque, mais sa volonté de survivre est telle qu'il résonne de plus en plus fort dans la forêt jusqu'à ce qu'il atteigne les oreilles de son mari Séraphin et de son fils Fernand.

Les deux hommes se regardent effrayés puis commencent à courir en direction du cri. Que s'est-il passé ? L'un des enfants s'est-il blessé ? L'adrénaline monte dans le corps de Séraphin, la peur de ce qu'il risque de découvrir menace de le paralyser. Il n'avait jamais entendu sa femme bien-aimée crier comme ça avant. Lorsque Séraphin et Fernand arrivent enfin dans la petite clairière où ils ont laissé Marie-Eugénie et les deux enfants, ils la voient se tordre sur le sol, essayant en vain d'un homme assis sur elle et qui s'agrippe à son cou. Les deux hommes n'hésitent pas une seconde, se jettent sur l'agresseur et le bousculent violemment, l'arrachant du corps de la jeune femme. Essoufflée et sous le choc, Marie-Eugénie rampe hors de portée de l'homme au visage effrayant. Le père et le fils s'en prennent à l'agresseur en criant et en jurant. Le vacarme attire l'attention d'un groupe de voisins qui profitent également de cette belle journée d'été pour se promener dans la fraîcheur des bois. Ils viennent en aide à Séraphin et Fernand. Ensemble, ils traînent l'homme dans une ferme voisine et l'enferment dans une pièce sans fenêtre. Six heures plus tard, un gendarme de la ville la plus proche arrive à la ferme et passe les menottes au délinquant. Le petit homme est condamné à trois mois de prison pour « outrage à la pudeur ». Il s'agit d'un vagabond du nom de Joseph Vacher.

Ce que personne ne pouvait deviner à ce moment-là c'est que ce petit homme n'est autre que celui que les journaux ont surnommé « l'Éventreur français », tant sa série de meurtres et les mutilations horribles qu'il fait subir à ses victimes ont tenu la

France entière en haleine, tout comme le tueur en série londonien Jack l'Éventreur dix ans plus tôt.

Joseph Vacher et son frère jumeau sont nés le 16 novembre 1869 à Beaufort, dans l'Isère, dans le sud-est de la France. La famille Vacher comptait déjà quatorze enfants. Le frère jumeau de Joseph meurt alors qu'il n'a que huit mois. Il s'est étouffé avec un morceau de pain sec. Le père Pierre et la mère Marie-Rose sont des paysans pauvres. Le travail des champs et l'élevage du bétail ne suffisent pas et la famille mène une vie misérable. Les Vacher vivent dans une maison en pierre qui ne compte qu'une seule pièce pour tout le monde. À côté il y a un petit jardin potager. La vie des familles paysannes pauvres contraste fortement avec la vie des citadins de la Belle Époque. Cette période de paix, de prospérité est caractérisée par l'optimisme des Français. Cependant, cette prospérité n'a pas atteint les campagnes. Le télégraphe et l'électricité se diffusent très lentement laissant isolées des campagnes entières. La France rurale vit difficilement. Une seule mauvaise saison et l'existence de toute une communauté peut être menacée. À la fin du XIXe siècle, de nombreux vagabonds errent sur les routes. Leur nombre est estimé à 400 000 au milieu des années 1890.

Alors qu'il a cinq ans Joseph Vacher est mordu par un chien errant. Cette expérience va le marquer et le façonner jusque dans sa vie d'adulte. Mais ce n'est pas le seul incident qui affecte le garçon. Bien que la mère de Joseph ait quinze ans de moins que son mari, elle meurt de façon soudaine en 1883.

Pierre Vacher reste seul avec ses enfants. Le jeune Joseph, âgé de 14 ans, l'inquiète. Pierre le trouvait déjà inquiétant lorsqu'il était plus jeune. Mais maintenant qu'il a grandi, Pierre a encore plus de mal à s'affirmer en tant que père. Il manque d'autorité face au comportement du garçon. Les bêtises de Joseph prennent des proportions de plus en plus grandes. Un jour où il conduit les vaches au pâturage, il décide de leur casser les pattes. Le père en a assez des frasques de son fils. Un an après le décès de Marie-Rose, la situation n'est plus tenable pour cet homme seul et Joseph Vacher est remis aux bons soins des moines de Saint-Genis-Laval dans un couvent à 160 km à l'est de Beaufort. Pierre pense que c'est une bonne solution. Une éducation religieuse stricte devrait aider le garçon à se remettre sur les rails. Et pourquoi pas, puisque Joseph a montré sa dévotion au catholicisme dès son plus jeune âge. À l'âge de 10 ans, il a même prononcé un sermon impromptu lors d'une visite de l'église avec l'école.

Le séjour au couvent et un enseignement catholique strict n'effraient pas Joseph. Il se découvre même une passion pour l'écriture. L'éducation qu'il reçoit à cette époque aurait certainement été impossible à Beaufort dans une famille pauvre. Mais ces changements positifs ne durent pas longtemps. À 17 ans, il est expulsé de l'école du couvent pour « actes sexuels inconvenants » avec d'autres élèves. A partir de ce moment-là, sa vie va se dégrader. Pendant les années qui suivent, ce fils deux fois perdu garde la tête hors de l'eau grâce à des petits boulots. Il utilise l'argent qu'il gagne pour louer les services de prostituées. Au cours de cette période, Joseph contracte diverses maladies, dont l'une entraînera l'ablation de son testicule gauche.

En 1892, Joseph a 23 ans. La conscription l'oblige à s'engager dans l'armée. Il sert dans le 60e régiment à Besançon, près de la frontière franco-suisse. Là encore, Joseph Vacher n'a aucun mal à se soumettre à des règles strictes.

Au printemps 1893, Joseph, vêtu de son uniforme militaire, se promène au bord de la rivière à Besançon. Il remarque une jolie jeune femme. Joseph est immédiatement attiré et décide de l'approcher. « Beau temps aujourd'hui, n'est-ce pas ? ». La jeune femme lève les yeux et aperçoit un petit homme en uniforme militaire. « Oui, très beau en effet. » Louise, 19 ans, domestique à

Baumes-Les-Dames, un petit village au nord-est de Besançon, a immédiatement confiance en Joseph. Après tout, il sert dans l'armée, il doit donc être un homme honorable. La jeune femme, qui est nouvelle dans la ville est heureuse de rencontrer quelqu'un. Elle accepte immédiatement lorsque Joseph l'invite à faire une promenade. Alors qu'ils marchent en discutant le long de la rivière, ils passent devant une petite auberge. Joseph demande à Louise si elle veut dîner avec lui. Elle accepte. Ils s'arrêtent, s'assoient, mangent, boivent et parlent avec animation. Ils découvrent rapidement qu'ils ont certaines choses en commun. Tous deux sont nés dans un petit village, loin de la grande ville, et tous deux ont échoué ici, à Besançon. Joseph en est certain : sa rencontre avec Louise n'est pas le fruit du hasard. Il décide de lui avouer son amour le soir même, quelques heures seulement après lui avoir parlé pour la première fois. Il conclut sa déclaration d'amour en disant qu'il la tuera si elle le trahit. Malgré ce bizarre début, les deux jeunes gens sortent ensemble pendant plusieurs semaines, et se fiancent même. Mais Louise réalise alors que Joseph n'est pas l'homme de ses rêves. Ne sachant comment le lui annoncer sans se mettre en danger, elle lui dit que sa mère lui a interdit de se marier et lui a ordonné de rentrer immédiatement à la maison.

Joseph est très malheureux de la fin de sa relation et il ne sait pas comment faire face à cette douleur. « Il n'y avait rien de mal entre nous et je lui ai consacré tout mon temps », pense-t-il. Il décide alors d'envoyer des lettres à Louise, car écrire ses sentiments lui convient probablement mieux que les exprimer de vive voix. Il lui demande de reconsidérer sa décision. Les lettres se succèdent et Louise perd peu à peu patience. Elle décide de lui envoyer une lettre qui tuera définitivement son désir pour elle. Elle écrit : « Ce serait mieux si tu arrêtais de m'écrire tout le temps. Tout est fini entre nous et je ne veux pas aller contre la volonté de ma mère. De plus, je ne t'aime pas. Au revoir. Louise. » Joseph est dévasté. Pour endormir la douleur, il concentre toute son attention et son énergie sur sa carrière militaire. Il est convaincu qu'il deviendra l'officier. Mais malgré ses efforts et sa conduite irréprochable, ses espoirs de promotion sont anéantis en juin 1893. Il n'est pas retenu. Il n'est apparemment pas dans la nature de Joseph de supporter la défaite et de continuer à travailler pour atteindre son objectif. Au contraire, dans un acte de défi, il décide de prouver à ses supérieurs qu'il n'est effectivement « pas apte à commander ». Il s'enivre, se déchaîne, casse les meubles de la caserne et menace de blesser ses camarades avec une lame de rasoir avant de porter la lame tranchante à son propre cou pour s'ôter la vie. Mais il est immédiatement hospitalisé et sa profonde blessure au cou, qui saigne abondamment, est soignée. Il survit, mais sa carrière dans l'armée française est terminée ; il est démobilisé avec effet immédiat.

Quatre mois après, Joseph a une idée pour utiliser judicieusement son temps libre. Il prépare son sac et part pour le village natal de Louise. Il pourra peut-être la convaincre que leur amour mérite une autre chance. Pour donner du poids à sa démarche, il fait un arrêt rapide chez un marchand d'armes sur le chemin et achète un revolver.

Arrivé à Baumes-Les-Dames, Joseph se rend directement dans la famille de Louise. Il se présente et supplie les parents de bien vouloir accepter le mariage. Les parents, devant le comportement bizarre de cet étrange jeune homme, sont confus. Joseph se rend compte qu'il n'est pas le bienvenu dans la maison de ses futurs beaux-parents – c'est en tout cas ce qu'il espère - et il décide d'aller chercher Louise chez son employeur. Arrivé devant la porte, il frappe et s'enquiert de la jeune femme, qui finit par apparaître. Lorsque Louise découvre Joseph, elle n'en revient pas. N'a-t-il pas encore compris qu'elle ne veut plus rien avoir à faire avec lui ? Louise est furieuse : « Joseph, tu dois comprendre ! Je ne t'aime pas et je ne veux certainement pas t'épouser ! » Joseph fixe Louise et, en une fraction de seconde, son amour pour elle se transforme en une rage aveugle. « Je veux que tu me rembourses tout l'argent que j'ai dépensé pour toi ! » ricane-t-il. La jeune femme trouve cette demande choquante mais elle veut avoir la paix et ne veut surtout pas que Joseph se présente à nouveau sur son lieu de travail. Elle accepte à contrecœur de le rembourser. Alors même qu'elle essaie, sur un ton un peu contrarié, de trouver un accord pour répondre à la demande de Joseph, un profond silence s'installe autour du jeune homme. Les paroles de Louise lui parviennent de manière de plus en plus étouffée, il n'en perçoit que des bribes ; il la voit le regarder mais son image est déformée comme si elle passait à travers un verre opaque. Joseph fixe Louise sans bouger, sa colère et sa déception le submergent. Soudain, il sort le revolver de sa poche et tire à bout portant sur le visage de Louise. Il retourne ensuite le revolver contre lui, le pointe également sur son visage et tire deux coups.

On aurait pu s'attendre à ce que ce geste se termine de façon fatale pour tous les deux. Mais l'homme qui a vendu l'arme à Joseph devait être un avare qui ne remplissait les munitions qu'à moitié avec de la poudre. Grâce à quoi, Louise survit au coup de feu de Vacher. Elle perd deux dents et la balle lui transperce la joue, mais contrairement à Joseph, elle s'en tire à bon compte. Vacher, quant à lui, a de graves blessures et il est défiguré. Les balles ont sectionné les nerfs de son visage ; le côté droit est paralysé, sa bouche est de travers. Une cicatrice est visible sur le côté droit de sa mâchoire et sa vision de l'œil droit est maintenant considérablement réduite. En raison de la cicatrice, la peau est tendue ce qui rend la parole difficile ; sa prononciation est altérée. Mais il n'y a pas que ça, une des balles n'a pas pu être retirée, elle est toujours logée dans son canal auditif et limite considérablement son audition avec l'oreille droite. En outre, la balle a provoqué une plaie d'où s'écoule constamment du pus nauséabond.

La conséquence de cet acte est un séjour ordonné par le tribunal dans ce que l'on appelait alors un « asile d'aliénés », autrement dit un hôpital psychiatrique. Les médecins doivent observer Vacher et évaluer sa stabilité mentale et s'il peut être tenu responsable devant la justice de l'attaque contre Louise. Alors que Joseph est à l'asile, il passe le temps en écrivant régulièrement des lettres à Louise. Il s'y plaint des mauvaises conditions de vie. Mauvaise nourriture, chambres sales et malades criminels et dégénérés. Joseph n'a pas tout à fait tort dans ses observations : l'établissement a été conçu pour 500 malades ; au moment où il y est placé, il y en a environ 900. Bien que cet hôpital se targue d'être l'un des plus modernes de son époque - en effet les patients ne sont plus torturés ni soumis à des traitements cruels - les chambres ressemblent davantage à des cellules de prison et aucune thérapie orientée vers un but précis n'est pratiquée. Les médecins observent attentivement Vacher et concluent qu'il souffre probablement d'hallucinations auditives.

A la fin du mois d'août, Joseph parvient à s'échapper. Il appuie une planche contre le mur de l'asile, grimpe sur ce support de fortune et saute vers la liberté. Mais il ne va pas pouvoir en profiter longtemps. Les vêtements gris qu'il a sur le dos disent à tout le monde d'où il vient. Il faudra néanmoins attendre deux semaines pour que les surveillants se rendent compte de l'évasion de leur patient et veillent à ce que Vacher soit ramené à l'asile. Mais Joseph n'est pas homme à céder si vite. Alors qu'il est ramené en train, menotté, enchaîné aux chevilles et surveillé par deux gardes, son désir de liberté est le plus fort. Il saute du train en marche et boitille à travers champ. Cette fois, son évasion ne dure que deux jours. Joseph est rattrapé et renvoyé à l'hôpital. Peu de temps après, les médecins terminent leurs observations et concluent qu'il souffre d'un délire de persécution, que son esprit est aliéné et qu'il ne peut être tenu responsable de ses actes. Ainsi, légalement, Joseph n'est pas responsable de la tentative de meurtre sur Louise « pour cause de folie » et il est simplement transféré dans un autre hôpital psychiatrique près de son domicile.

Ici, on pratique une approche thérapeutique très différente. Il y a des thérapies par le travail et par la parole. Joseph utilise son temps libre pour lire et, bien sûr, pour écrire des lettres à Louise. Il est autorisé à envoyer une lettre toutes les deux semaines. Des lettres qu'elle ne reçoit pas car son père les intercepte et les fait disparaître. La jeune femme, traumatisée par l'attaque dont elle a été victime souffre de crises d'angoisse. Son père ne veut pas ajouter à sa souffrance.

Quatre mois après son admission, le personnel de l'hôpital conclut que Joseph est guéri. Il comprend qu'il a fait du mal et montre du remords. Pourtant, ils ignorent à quel point il est loin d'être guéri. Jour et nuit, Joseph entend une voix dans sa tête et il est sûr que c'est Dieu tout-puissant qui lui parle. La voix le guide et lui dit ce qu'il doit faire. Lorsqu'il sort de l'hôpital, on lui donne les 170 francs qu'il a gagnés pendant son séjour et on lui rend ses affaires. Dans ses effets personnels figurent son couteau et son revolver qui lui sont remis sans arrière-pensée.

Pendant deux semaines, Joseph erre, gagne un peu d'argent avec des petits boulots. Quand il a assez d'argent, il achète un billet pour rendre visite à sa sœur. Elle vit dans une petite ville côtière du sud-est, non loin de Monaco. Sa sœur le supporte pendant une semaine, puis lui achète elle-même un billet retour pour Saint-Genis-Laval. Joseph voit cela comme un signe. Il devrait certainement retourner au monastère ! Mais les moines de Saint-Genis-Laval le rejettent également. Vacher se sent insulté et indésirable. C'est avec ce profond sentiment de rejet qu'il part à pied pour Beaufort à 210 km de là. Sa vie de vagabond a commencé. Il ne faudra pas attendre longtemps pour que Joseph Vacher commette son premier meurtre. Il a alors vingt-cinq ans. Il est impossible de déterminer de manière concluante dans quelle mesure les blessures causées par les balles du revolver ont endommagé son cerveau et encouragé sa brutalité. Après sa mort, les médecins légistes détermineront que son cerveau ne présente apparemment aucune anomalie.

En 1894, Joseph Vacher tue sa première victime. Au moins dix autres suivront. Parmi ses victimes figurent une femme adulte, cinq filles et cinq garçons adolescents. Pour la plupart, ses victimes étaient des bergers et des bergères qui gardaient leurs moutons dans des pâturages éloignés des villages. Vacher poignarde ses victimes à plusieurs reprises, comme s'il était pris de frénésie soudaine, il les viole et les mutile. Il ouvre ensuite les corps dont il retire lentement les intestins, plongeant jusqu'aux coudes dans les entrailles encore chaudes. Il aime la sensation du sang chaud et épais qui coule sur ses mains. Pendant trois ans, l'éventreur va parcourir les campagnes françaises et terrifier les villages.

Si Vacher est arrêté, ce n'est pas grâce à une enquête policière minutieuse, mais à cause d'une confession malencontreuse. Après avoir été arrêté en 1897 pour l'agression de Marie-Eugénie Heraud, Joseph Vacher avoue être un tueur recherché, celui que l'on surnomme l'éventreur français. Il dit avoir commis les meurtres dans un moment de folie. En cause, selon lui, la morsure de chien subie dans son enfance, au cours de laquelle il aurait été infecté par la rage. Ce qui a poussé Vacher à faire ces aveux reste un mystère, car la police ne dispose d'aucune preuve évidente et solide de sa culpabilité.

Cependant, Joseph finit par comprendre que sa confession l'a mis dans une position très délicate. Malgré tous ses efforts pour prouver qu'il est un malade mental, qu'il a été envoyé par Dieu et qu'il a une nette ressemblance avec Jeanne d'Arc, il est déclaré sain d'esprit et coupable après de longs examens effectués par toute une équipe de médecins. Une décision toujours controversée à ce jour. Vacher est jugé et condamné à mort le 28 octobre 1898.

Le 31 décembre 1898 à l'aube, deux mois après le prononcé de la sentence, le bourreau traîne Joseph Vacher, qui refuse de marcher, jusqu'à la guillotine. Alors que la lame fend l'air et lui coupe la tête, le chapitre se clôt sur le tueur en série le plus redouté et le plus célèbre de la Belle Époque.

Chapitre 9

Le Monstre de Montmartre

(Par Franziska Singer /« Vous reprendrez bien un petit crime? »)

Paris, automne 1984. Germaine Cohen-Tanouji, 72 ans, est originaire de Tunis. Elle aurait fait partie de la résistance française pendant la Seconde Guerre mondiale et, aujourd'hui, sa passion est de peindre de mémoire, les paysages tunisiens. Deux fois par jour, elle se rend au café « Bel Air » au coin de la rue. Germaine est petite, toute ronde et ouverte d'esprit. Elle aime rire et invite souvent ses voisins à se joindre à elle. Le 4 octobre 1984, elle est retrouvée étranglée avec une lanière de cuir sur son lit dans son logement de la rue Montera. Elle a un oreiller sur sa tête.

Le lendemain, le 5 octobre, une autre dame âgée, Germaine Petitot, fait ses courses au marché de la rue Lepic. Avec un billet de 200 francs (environ 30 euros), elle achète des cœurs de poulet pour 4,70 francs et une demi-miche de pain. Germaine a 91 ans, ses pieds sont enflés et elle a du mal à marcher. Alors qu'elle est en train d'ouvrir la porte de son appartement, elle est attaquée par derrière. Quelqu'un l'étrangle et la poignarde dans le dos avec des ciseaux, puis s'enfuit avec son argent. Germaine survit à l'agression, mais elle est incapable de dire aux policiers à quoi ressemble l'agresseur.

Le même après-midi, Anna Barbier-Ponthus, 83 ans, est vue quittant son appartement de la rue Saulnier. Anna est une femme cosmopolite et sympathique qui a passé plusieurs années en Afrique du Nord avec son mari, officier de l'armée française. Plus tard dans la journée, la concierge remarque que toutes les lumières sont allumées dans l'appartement d'Anna et que sa clé est sous le paillasson. Cela lui semble étrange. Elle appelle le gardien de l'immeuble et tous deux entrent dans l'appartement. À l'intérieur, c'est le chaos, tout est en désordre, même les pots de fleurs sont brisés. Anna est découverte dans l'embrasure de la porte du salon. Elle ne respire pas. Ses mains sont attachées dans le dos, une serviette placée à côté de sa tête a été utilisée comme bâillon. Anna est morte étouffée.

Quatre jours plus tard, le 9 octobre, des flammes jaillissent du 1er étage d'une maison de la rue Nicolet. Suzanne Foucault, 89 ans, a été assassinée dans son appartement. On lui a attaché les mains et les pieds et on lui a mis un sac en plastique sur la tête. Elle s'est étouffée. Puis un petit feu a été allumé qui a couvé pendant la nuit et s'est finalement propagé. Les pompiers l'éteindront vers onze heures du matin. Pour Suzanne, il est trop tard. On lui a volé 500 francs (environ 80 €) et une montre.

Le 5 novembre, le corps d'une enseignante à la retraite Ioana Seicaresco, 71 ans, est retrouvé dans son appartement du boulevard de Clichy. Quelqu'un l'a attachée avec un fil électrique et l'a battue à mort. 10 000 francs (environ 1 500 euros) ont disparu de son appartement.

Le 7 novembre, une voisine frappe à la porte de Maria Mico-Diaz. La vieille dame part bientôt en vacances et Maria a promis de s'occuper de ses oiseaux. Mais Maria, qui vit dans un petit appartement de la rue des Trois-Frères, n'ouvre pas. Lorsque la voisine réessaie un peu plus tard, elle n'obtient à nouveau aucune réponse, ce qui est inhabituel. La porte ne s'ouvre pas non plus. Inquiète, la voisine appelle la police. Maria est retrouvée sans vie derrière la porte de son appartement. Elle porte un bâillon. Elle a été poignardée à plusieurs reprises.

Deux jours plus tard, Alice Benaïm, 84 ans, est retrouvée morte dans son appartement de la rue Marc Seguin par son fils André. Ses mains sont attachées avec un câble électrique. De la mousse s'échappe de sa bouche - à côté d'elle se trouve une bouteille de Destop, un nettoyant à la soude caustique pour canalisations. Alice s'est fait voler 400 francs (un peu moins de 60 euros).

Marie Choy est également retrouvée, rue Pajol, les mains liées par un câble électrique. Quelqu'un lui a fracassé le crâne, puis a saccagé l'appartement. On lui a volé quelques objets en argent et une miniature du Sanctuaire de Lisieux, ainsi que de 200 francs (environ 30 €).

Le 12 novembre 1984, un ouvrier trouve une autre vieille dame assassinée dans un appartement mansardé de la rue Armand-Gauthier. Jeanne Laurent a 82 ans. Ses mains et ses pieds sont attachés, elle a été poignardée à plusieurs reprises. Son oreiller est posé sur son visage.

Le même jour, à quelques minutes de marche, Paule Victor, 77 ans, est retrouvée morte dans son appartement. Elle aussi est attachée, la tête dans un sac en plastique. Les meurtres de Jeanne et Paule ont dû avoir lieu il y a une semaine.

Donc, en moins de deux mois, 9 vieilles dames ont été brutalement massacrées puis dévalisées. La peur monte à Paris. Cette série noire va-t-elle continuer ?

La plupart de ces assassinats ont eu lieu dans les environs de la Butte-Montmartre, dans le 18e arrondissement de Paris et alentours. Cet arrondissement est surtout connu pour le vieux quartier des artistes de Montmartre et la basilique du Sacré-Cœur.

Mais dans le même coin se trouve également le Quartier de la Goutte-d'Or où vivent de nombreux immigrés et où l'on trouve beaucoup de boutiques africaines, surtout dans les années 1980. Ici on est loin des « beaux quartiers » de la capitale. La prostitution et le trafic de drogue sont monnaie courante et les habitants ne sont pas riches. Par conséquent, de nombreuses personnes âgées y vivent, ainsi que des artistes. Au début du siècle Picasso et Modigliani par exemple, ont vécu ici. Le célèbre Moulin Rouge est également situé dans ce quartier.

Des empreintes digitales ont été trouvées sur les scènes de crime, mais elles ne correspondent à personne de fiché. Il n'existait pas encore à l'époque de base de données centrale où l'on aurait pu vérifier. C'est dommage, car s'il y en avait eu une, l'auteur aurait pu être appréhendé rapidement, car il avait été arrêté fin 1982 après avoir cambriolé une vieille dame dans son épicerie à Toulouse. Mais ça, la police de Paris ne le sait pas. La seule chose qu'elle peut faire est d'envoyer des centaines de policiers dans les rues de Montmartre et dans un rayon de 1,5 km autour du quartier.

Il n'y a pas un seul auteur de ces meurtres, mais deux. Le plus célèbre, qui sera surnommé « le monstre de Montmartre » est Thierry Paulin.

Il a vu le jour à Fort-de-France, chef-lieu de la Martinique (un département français d'outre-mer), le 28 novembre 1963. Deux jours après sa naissance, son père Gaby abandonne l'enfant, qu'il a pourtant reconnu, et sa mère, qui n'a que 16 ans, et s'installe à Toulouse. La grand-mère paternelle de Thierry s'occupe du bébé. On raconte cependant qu'elle passe peu de temps avec lui, car elle gère le restaurant « Maman-Jojo » sur la plage de L'Anse à l'Âne. La mère de Thierry, Rose-Hélène, dite « Monette », se marie et plusieurs enfants naissent. Thierry vit un temps avec sa nouvelle famille, mais il n'arrive pas à s'intégrer. On peut supposer qu'il n'y est pas le bienvenu non plus. Lorsque le garçon a 12 ans, sa mère l'envoie à Toulouse chez son père, Gaby. Elle se dit qu'il peut s'occuper de son fils, même s'il ne le veut pas. Entre-temps Gaby s'est marié et a eu deux enfants. Mais puisqu'il prend le garçon, pense-t-il, au moins il n'aura plus à payer de pension alimentaire.

En tant qu'enfant d'un père blanc et d'une mère noire, Thierry n'a pas la vie facile dans le Toulouse des années 1970. Il a du mal à se faire des amis et n'est pas bon élève. À 17 ans, il entreprend un apprentissage de coiffeur. Puis il s'engage dans l'armée, où il est méprisé à cause de son origine, de sa couleur de peau et de son homosexualité. Quand il est chez lui, Thierry traine à mobylette avec une bande de copains. Il aime faire peur aux braves gens en circulant à toute vitesse dans les rues. La bande vole à droite et à gauche et s'est fait une spécialité de disparaître des bars sans payer.

En novembre 1982, alors qu'il est en permission, il agresse une dame de 75 ans qui tient une épicerie où il a ses habitudes. L'épicière le reconnaît malgré le foulard qui masque son visage et il est rapidement arrêté. Il lui a volé 1 400 francs (environ 210 euros) et il est écroué, puis libéré à peine dix jours plus tard.
Le 7 juin 1983, il est condamné à deux ans de prison avec sursis pour vol avec violence. Il est donc libre mais tout espoir de carrière militaire est perdu. Il va terminer son service militaire dans une base aéronavale où il est chargé de tondre les pelouses.
En 1984, il part à Nanterre, en banlieue parisienne. Sa mère y vit désormais et le jeune homme de 21 ans s'installe chez elle.

Chaque soir, il prend le train pour Paris. Il se fait engager comme serveur au « Paradis Latin », un cabaret réputé pour ses spectacles de travestis. C'est là qu'il commence une carrière de drag queen en chantant des chansons d'Eartha Kitt. Sa mère n'est pas du tout d'accord avec ses activités et les disputes sont fréquentes. C'est dans cette boîte de nuit, que Thierry rencontre Jean-Thierry Mathurin, un jeune homme séduisant qui le fascine.

Jean-Thierry est né le 27 décembre 1965 à Saint-Laurent-du-Maroni, en Guyane française (également un département français d'outre-mer). Il vient d'une famille pauvre et est envoyé à Paris pour vivre avec sa sœur aînée alors qu'il n'a que 9 ans. Là, il est maltraité par son beau-frère. Le jeune homme est déjà un vieux routier du milieu de la nuit lorsqu'il rencontre Thierry, de deux ans son aîné, au « Paradis Latin ». Jean-Thierry est beau gosse. Il travaille comme serveur et arrondit ses fins de mois en se prostituant. Mais ce qu'il veut surtout c'est devenir célèbre en tant que danseur.

Les deux hommes tombent amoureux. Thierry approvisionne Jean-Thierry en drogues ; il est lui-même toxicomane, mais à un degré moindre. Le couple s'installe dans la meilleure chambre de l'hôtel Laval, rue Victor Massé. Ce n'est pas un très bon hôtel, il n'a qu'une étoile, et la chambre ne coûte pas très cher - 185 francs, soit environ 30 euros la nuit. Cela représente tout de même un total de 900 euros par mois, et bientôt leur salaire de serveur ne suffit plus. Jean-Thierry ne prend pas non plus la fidélité très au sérieux et lorsque Thierry le voit faire des câlins à Joséphine, une danseuse transsexuelle, cela le met hors de lui. Il pique une colère, casse les verres devant les spectateurs ce qui leur vaut à tous les deux d'êtres virés du « Paradis Latin ». Ils doivent alors quitter la meilleure chambre de l'hôtel Laval pour une chambre normale, encore plus miteuse. Quelque temps après, les deux hommes se disent qu'il serait facile de voler de vieilles dames qui vivent seules. Et c'est ce qu'ils font ! Sauf que leur premier cambriolage est bien autre chose qu'un simple vol.

Alors que la police conseille aux femmes âgées de renforcer la serrure de leur porte et de ne pas faire confiance à quelqu'un qu'elles ne connaissent pas, les partisans du Front

National, le parti d'extrême droite de Jean-Marie Le Pen, défilent dans les rues avec des banderoles et réclament le retour de la peine de mort.

En réalité, la police est désemparée. Les enquêteurs ne parviennent pas à identifier de motif clair pour les meurtres. Certains détails évoquent des cambriolages éclair, car tout ce qui ne peut être échangé contre de la drogue est laissé sur place. D'autre part, les meurtres semblent trop méthodiques pour avoir été commis « à la va-vite » par un junkie - et trop peu méthodiques pour que l'on puisse discerner un quelconque schéma. On spécule sur d'autres « détails » : huit assassinats ont eu lieu au moment de la pleine lune. Le 18e arrondissement attend dans la terreur la prochaine pleine lune, début décembre - mais il ne se passe rien. Peu à peu, le calme revient et les vieilles dames osent à nouveau marcher seules dans les rues. Et en effet, Thierry et Jean-Thierry ont quitté l'hôtel Laval avant la fin du mois de novembre. Ils ont raconté à l'hôtel, à qui voulait bien l'entendre, qu'ils partent à Toulouse où ils vont devenir des drag queens stars.

Les deux hommes s'installent donc chez le père de Thierry mais ils n'y restent pas bien longtemps. Celui-ci n'accepte pas la relation de son fils avec un homme et les amoureux qui se disputent sans cesse, finissent par se séparer. Jean-Thierry revient à Paris dès janvier 1985. Il se lie d'abord avec un steward puis il s'installe avec Joséphine, la danseuse transsexuelle qui est à l'origine de la querelle du « Paradis Latin », qui a coûté leurs emplois à Thierry et Jean-Thierry. Thierry, quant à lui, tente pendant quelques mois encore d'apporter une touche glamour à la province. Il a fondé « Transforme Star », une agence destinée aux travestis. Il offre du champagne à tout va et distribue de la cocaïne. À l'automne 1985, il doit cependant admettre que son entreprise n'est pas un succès. Toulouse n'est pas Paris et Thierry revient dans la capitale.

Après une année calme, les meurtres de vieilles dames recommencent. Le 20 décembre 1985, Estelle Donjoux, 91 ans, est assassinée dans le 14e arrondissement. Andrée Ladam, 77 ans, est étranglée le 4 janvier 1986, et Yvonne Couronne, 83 ans, le 9 janvier. Les appartements des victimes sont relativement proches les uns des autres et non loin de la rue où Thierry occupe une chambre. Il utilise la même stratégie que l'année précédente : il suit les femmes qui rentrent chez elles après avoir fait des courses. Dès qu'elles déverrouillent la porte, il les surprend par derrière, les pousse dans leur appartement, les tue et vole leur argent.

Cette série de meurtres semble un peu moins brutale que la précédente, puisque les vieilles dames sont « seulement » étranglées ou étouffées. Au cours du procès, il s'avèrera que Jean-Thierry était le plus brutal des deux. Mais même si ces meurtres n'impliquent pas l'utilisation d'un couteau, la police ne tarde pas à faire le lien avec ceux de 1984 - notamment en raison de la concordance des empreintes digitales sur les scènes de crime.
Le 12 janvier 1986, Marjem Jurblum, 81 ans, et Françoise Vendôme, 83 ans, sont retrouvées attachées et étouffées avec un sac en plastique dans leur appartement - Françoise est morte depuis trois jours. Le 15 janvier, Yvonne Schaiblé, 77 ans, est retrouvée morte dans son appartement et le 31 janvier, c'est Virginie Labrette, 76 ans.

Entre février et juin, il y a de nouveau une pause. À ce moment-là, Thierry travaille pour une agence et organise des fêtes branchées. Enfin, le monde de la nuit ne le voit plus seulement comme un simple dealer. Quand l'agence fait faillite, il a de nouveau besoin d'argent. Il le trouve sur Ludmilla Liberman, qui est tuée le 14 juin 1986 à l'âge de 86 ans.

Au mois d'août, à Alfortville près de Paris, Thierry Paulin menace son dealer avec un fusil de chasse et le frappe avec une batte de baseball. Ce dernier le dénonce et Thierry est condamné à 16 mois de prison, qu'il purge à la prison de Fresnes. Lorsqu'il est libéré au début du mois de septembre 1987, il sait déjà qu'il est séropositif.

Au moment de cette arrestation, la police ne s'est pas rendue compte qu'elle avait le "Monstre de Montmartre" en garde à vue. Il n'existait pas à l'époque de base de données pour les empreintes digitales et il aurait été incroyablement fastidieux de comparer les empreintes digitales avec celles des années précédentes chaque fois qu'une personne était arrêtée. En outre, l'agression d'un trafiquant de drogue n'a rien à voir avec le meurtre d'une dame âgée. Aucun lien entre les deux n'est suspecté.

Après sa libération, Thierry sait qu'avec le VIH, il ne vieillira probablement jamais. Dans les années 1980, être séropositif est pratiquement une condamnation à mort.
Pour cette raison peut-être, il organise désormais des fêtes de plus en plus folles avec les cartes de crédit de ses amants et l'argent des femmes qu'il a tuées. Mais ce n'est pas assez, ce n'est jamais assez.

Le 25 novembre 1987, il tue Rachel Cohen, 79 ans, et agresse Berthe Finalteri, 87 ans. Cette dernière survit à l'attaque. Lorsqu'elle se rétablit, elle est capable de donner une description de son agresseur à la police. Thierry devient de plus en plus négligent. La veille, il avait déjà agressé une autre vieille dame, Marie LeLamer, dans son appartement. Or, celle-ci s'est réveillée sur son lit quelques heures plus tard, saignant du nez, de la bouche et des oreilles. Elle a également donné à la police une description de son agresseur. Le 27 novembre 1987, Thierry Paulin tue pour la dernière fois. Sa victime est Geneviève Germont, 73 ans.

Pour son 24e anniversaire, le 28 novembre, Thierry organise une énorme fête qui dure tout le week-end et coûte 50 000 francs. Ensuite, il ne sera plus libre pour longtemps. La description de Berthe Finalteri est suffisamment précise pour que la police fasse réaliser un portrait-robot. Le 1er décembre, un policier le reconnaît dans la rue et le met en garde à vue. Au cours des deux jours d'interrogatoire, il avoue 21 meurtres et révèle que Jean-Thierry Mathurin est impliqué dans la première série de meurtres. C'est lui qui a forcé Alice Benaïm à boire la soude caustique. Mathurin est également arrêté. Il avoue.

Thierry Paulin est accusé de 18 meurtres, Jean-Thierry Mathurin de huit.

Au début de l'année 1988, Thierry tombe gravement malade. Il meurt de tuberculose et de méningite à l'infirmerie de la prison de Fresnes le 16 avril 1989, avant d'avoir pu être reconnu coupable. L'évolution de ces maladies a été fortement aggravée par le SIDA. Jean-Thierry Mathurin est condamné à la prison à vie pour sept meurtres et une tentative de meurtre. Il devra purger au moins 18 ans sans possibilité de libération conditionnelle anticipée. Il a été libéré en 2009 et considéré comme totalement réhabilité. Il était âgé de 44 ans au moment de sa libération. On ne sait pas où il se trouve actuellement.

Cette terrible affaire a contribué à la création du « Fichier automatisé des empreintes digitales » (FAED). Il s'agit d'une base de données dans laquelle chaque criminel, qu'il ait commis un vol ou un meurtre, est répertorié. Toutefois, pour les 26 victimes et leurs proches, ce fichier est arrivé beaucoup trop tard.

Chapitre 10

Le Fantôme de Nantes

(Par Lisa Bielec et Marie van den Boom / Mordgeflüster)

C'est un dimanche d'avril comme les autres. Il fait plutôt frais, mais on sent quand même que le printemps n'est pas loin. Agnès est élégante et porte sa robe préférée. La bleu que Xavier aime tant. Elle a hâte de dîner avec ses enfants et son mari dans son restaurant italien préféré. Dommage que Thomas ne puisse pas être là. Mais les études passent avant tout. Ils sont loin de se douter que ce sera la dernière soirée qu'ils passeront ensemble en famille. La toute dernière.

Xavier Pierre Marie Dupont de Ligonnès a 50 ans. À ceux qui ne le connaissent pas, il donne l'impression d'être un parfait chef de famille. Il est protecteur, attentif et c'est un père aimant. Cet aristocrate, issu d'une famille noble, est le fondateur et propriétaire de plusieurs entreprises. Il vit à Nantes avec sa femme Agnès, de deux ans sa cadette, et leurs quatre enfants. A cette famille parfaite s'ajoute les deux labradors Jules et Léon.

Nantes est une ville portuaire et industrielle située à l'ouest de la France. Elle est décrite comme la porte sud de la Bretagne. Agnès, la femme de Xavier, enseigne le catéchisme dans un lycée catholique de Nantes. Elle est elle-même très croyante et a transmis cela à ses enfants. Elle élève de manière aimante mais stricte Arthur 20 ans, Thomas 18 ans, Anne 16 ans et Benoît 13 ans. La famille attache une grande importance à l'éducation des enfants. Les quatre frères et sœurs sont appréciés par leurs amis. Pourtant l'image de cette famille parfaite va se briser brutalement, le 21 avril 2011.

Dix jours plus tôt, le lundi 11 avril, une voisine remarque que tous les volets de la maison sont fermés ce qui est très inhabituel chez les Dupont de Ligonnès. Sur la boîte aux lettres une notre indique : « Retourner les courriers à leurs expéditeurs, merci. » La voisine surveille la maison pendant deux jours de plus, puis finit par contacter la police le mercredi 13 avril. Celle-ci se rend au domicile de la famille le jour même et fait venir un serrurier pour ouvrir la porte. À première vue, la maison est vide. Il semble que la famille l'ait quitté volontairement, car il ne reste que les matelas sur les lits et les portes de placard sont ouvertes. De plus, à l'exception de la Citroën C5, les voitures des membres de la famille sont devant la maison. Toutefois, les policiers réalisent rapidement que six personnes, y compris les sacs et les deux chiens, n'auraient jamais pu entrer dans la C5.

Les amis et les parents sont désemparés. Pourquoi n'ont-ils pas été informés d'un projet de voyage ? Cela ne correspond pas du tout à la famille Dupont de Ligonnès, habituellement si consciencieuse.

À la demande urgente de la famille d'Agnès, la police revient au domicile le vendredi 15 avril et procède à une nouvelle fouille. Les enquêteurs remarquent alors que les photos ont été retirées des cadres, comme si quelqu'un les avait emportées en souvenir. Cependant rien de suspect n'est trouvé. Mais la famille d'Agnès reste inflexible car, elle en est certaine, jamais Agnès n'aurait disparu avec ses enfants.

Alors que la pression de l'opinion publique s'intensifie, la police revient au domicile familial trois jours de plus sans trouver le moindre indice sur l'endroit où se trouvent Xavier, Agnès, les enfants et les deux labradors. Jusqu'au 21 avril 2011, les enquêteurs sont dans le noir complet. Ce jour-là l'un des policiers va découvrir quelque chose de terrible sous la terrasse de la maison.

Au même moment, se tient une conférence de presse pour informer le public de l'état de l'enquête. La conférence est brusquement interrompue après un appel téléphonique du procureur de la République. Pour les journalistes présents, c'est clair. Il se passe quelque chose.

Les enquêteurs ont trouvé de grands sacs poubelles enterrés sous la terrasse. Ils contiennent cinq corps humains et ceux de deux chiens. Les cadavres ont été placés dans des sacs poubelles remplis de chaux pour accélérer la décomposition. Ils ont été enveloppés dans des couvertures et enterrés avec de petits objets religieux tels que des croix, des chapelets et des statues de la vierge. Il semble que le meurtrier ait eu un certain attachement pour ses victimes.

La police identifie les corps comme étant ceux d'Agnès, Benoît, Thomas, Arthur et Anne, ainsi que ceux des deux chiens de la famille, Jules et Léon. Bizarrement, Thomas est retrouvé dans une tombe séparée de celle des autres. Il n'y a aucune trace du chef de famille, Xavier. L'examen médico-légal révèle que les quatre enfants ont reçu des somnifères. En outre, l'enquête révèle également que l'appareil que porte Agnès pour ses apnées du sommeil s'est brusquement arrêtée de fonctionner à 3h30 du matin. Les policiers en concluent qu'Agnès Dupont de Ligonnès a probablement été surprise dans son sommeil et tuée la première. Ce n'est qu'ensuite que le meurtrier a tué trois des enfants et les deux chiens. Le fait que tous les cadavres portent encore leur pyjama plaide également en faveur d'un acte commis pendant la nuit. Après qu'Agnès et les enfants se soient endormis, ils ont chacun été exécutés de deux balles de fusil de calibre 22 dans la tête, à bout portant. Cependant on ne trouve sur la scène de crime, ni sang, ni empreintes digitales, ni traces d'ADN sur les sacs ou le ruban adhésif.

L'enquête révèle que les meurtres ont probablement eu lieu entre le 3 et le 5 avril. Le soir du 3 avril, Xavier emmène sa femme et trois de ses enfants au restaurant et au cinéma. Le 4 avril, il est vu seul en train de dîner dans un restaurant avec son fils Thomas, qui n'était pas là la veille ; les plus jeunes des enfants ne se sont pas présentés à l'école ce jour-là. La petite amie d'Arthur, le fils aîné, affirme avoir essayé de prendre des nouvelles de la famille le 6 avril. Arthur ne l'avait pas contactée depuis un certain temps et ce comportement inhabituel l'a beaucoup inquiétée. Lorsque la jeune fille est arrivée devant la maison, la lumière était allumée dans la chambre du haut. Mais personne n'a répondu quand elle a sonné. Même les deux labradors n'ont pas aboyé. En reconstituant le déroulement des événements, les policiers découvrent des indices qui corroborent les soupçons qui pèsent sur le père de famille. En conséquence, un mandat d'arrêt international est lancé contre Xavier Dupont de Ligonnès.

En y regardant de plus près, il apparaît que Xavier a hérité fin janvier d'un fusil de calibre 22 de son père récemment décédé. Avant cela, selon ses amis, il ne s'était jamais intéressé aux armes à feu. En février 2011, il obtient un permis de port d'arme et s'initie à l'utilisation d'un silencieux au stand de tir Charles Des Jamonières. À la mi-mars 2011, il achète des munitions. Il se rend également sur un stand de tir au nord de Nantes, à quatre reprises entre le 26 mars et le 1er avril.

Début avril, il achète du ciment, de grands sacs poubelle, une bêche et une pelle dans différents magasins. Il achète également quatre sacs de 10 kilos de chaux.

Le 4 avril, Xavier signale à l'école que ses deux plus jeunes enfants sont malades. Il envoie une lettre de démission à l'employeur de sa femme, dans laquelle elle explique qu'elle émigre en Australie avec la famille. Un peu plus tard, Xavier désinscrit les enfants de l'école et déclare également qu'il émigre en Australie avec sa famille.

Un jour plus tard, le 5 avril, il demande à son fils Thomas qui est à Angers où il passe l'après-midi avec un ami, de rentrer immédiatement à la maison. Xavier lui dit que sa mère a eu un accident à vélo et qu'elle est dans le coma et gravement blessée. Thomas monte dans un train à destination de Nantes le soir même. Plus tard, l'ami chez qui Thomas était censé rester cette nuit-là indique que Thomas n'a ensuite répondu que très brièvement et sporadiquement à ses SMS. Vraisemblablement, ces courts messages n'ont pas été écrits par Thomas. On suppose qu'il a été tué un jour plus tard, raison pour laquelle il a été enterré dans un endroit séparé.

Une lettre de huit pages datée du 11 avril parvient peu après à certains membres de la famille Dupont de Ligonnès. La lettre est dactylographiée et non signée, mais les destinataires supposent immédiatement qu'elle vient de Xavier. La lettre explique que lui-même, sa femme et ses enfants doivent quitter le pays parce qu'il est un témoin clé dans une importante affaire de drogue et de blanchiment d'argent et qu'il va être utilisé comme informateur par la Drug Enforcement Administration (DEA) aux États-Unis. Xavier explique qu'ils ne pourront pas être contactés pendant une période indéterminée et que la famille restée en France devra diffuser la version officielle selon laquelle il a émigré aux États-Unis avec les siens.

En fait, il avait déjà essayé d'émigrer par le passé. Mais cette tentative avait échoué et la famille était revenue en France. Dans cette lettre, Xavier fait entrer en jeu un deuxième pays, puisqu'il avait d'abord annoncé que sa famille déménageait en Australie. Une tentative de brouiller les pistes ?

Une autre partie de la lettre consiste en une liste de tâches pour chacun des destinataires. Les meubles qui se trouvent encore dans la maison doivent être vendus ou débarrassés. Les deux voitures doivent être vendues. En outre, des amis et connaissances doivent être informés du départ de la famille. Xavier a déjà préparé les papiers sur la table du salon pour le règlement définitif des frais de la maison. Les amis des enfants doivent être avertis de ne rien diffuser sur la disparition de la famille via Facebook et ils ne doivent pas s'étonner si les enfants ne leur répondent pas. Il ajoute qu'il espère revenir bientôt et dit au revoir.

Au cours de l'enquête, on constate que Xavier a déjà résilié le bail de la maison, fermé les comptes bancaires et débarrassé la majeure partie du mobilier. Peu à peu, il apparaît que ce père de famille aimant mène une double vie. La façade continue de s'effriter lorsque sa maîtresse, une femme d'affaires à succès, prend contact avec la police. Elle dit être une amie d'enfance de Xavier et avoir eu une liaison avec lui pendant plusieurs années. Elle indique aux enquêteurs qu'elle lui a prêté 50 000 euros pour calmer ses créanciers et payer les factures les plus urgentes. A la fin de leur liaison, comme Xavier n'avait toujours pas remboursé sa dette, elle n'a pas eu d'autre choix que de réclamer l'argent par voie légale. Suite à cela le 9 avril, peu après le meurtre de la famille, elle a reçu une lettre de menace. Xavier lui écrit : « On a eu du bon temps ensemble, maintenant tu vas connaître le malheur ! » Les enquêteurs la placent sous protection policière.

Au fur et à mesure de l'enquête, il apparaît rapidement que l'entrepreneur à succès est lourdement endetté. Vu de l'extérieur,

Xavier dirige des start-up prometteuses et gagne bien sa vie mais la réalité est toute différente. Il perd beaucoup d'argent et il est prévisible que toutes les réserves seront bientôt épuisées.

Dans sa déclaration d'impôts, il affirme n'avoir gagné que 4 000 euros par an. Mais comment une telle somme peut-elle concorder avec le niveau de vie de la famille ? Difficile avec ça de financer une grande maison, trois voitures et les écoles privées des enfants. L'image qu'il donne au monde extérieur est très importante. Il a également utilisé l'héritage de sa femme, soit 80 000 euros pour poursuivre d'obscurs projets et maintenir ses affaires à flot.

Cependant, il n'a pas pu cacher à Agnès ses soucis financiers. Sur un forum Internet, elle se plaint de problèmes d'argent permanents et du caractère difficile de son mari. Elle le décrit comme « sec, trop rigide et trop militaire. » Lorsqu'elle lui demande s'il est heureux, Xavier répond : « Oui, mais si nous pouvions tous mourir demain, quel soulagement ! »

En supposant que les meurtres aient eu lieu entre le 4 et le 5 avril et du fait que les corps ont été découverts le 21 avril, Xavier a presque trois semaines d'avance sur les enquêteurs. Les témoignages qui arrivent ne sont pas très concluants, car Xavier se serait rendu dans 40 endroits différents en 48 heures, parfois accompagné d'une femme blonde et parfois seul.

Le fait est qu'il a quitté la maison de Nantes avec la Citroën C5 une semaine après l'exécution de sang-froid de sa famille. Il a pris le temps d'enlever tous les effets personnels, même les plus petits qui pourraient donner un indice sur les anciens occupants de la maison. La date de son départ a pu être établie sans aucun doute, car il est enregistré sur les caméras de surveillance dans les rues de Nantes et de La Rochelle.

Le 10 avril 2011 à midi, il a utilisé sa carte bancaire dans un restaurant de la région de La Rochelle. C'est là qu'il a rencontré Agnès lorsqu'il était adolescent, mais il s'est séparé d'elle pour vivre ses propres aventures. Il est ensuite revenu vers elle, bien qu'elle soit enceinte d'un autre. Ils se sont mariés, et il a reconnu leur fils Arthur. Ils ont passé leurs premières années de mariage à La Rochelle ; c'était une période très heureuse. Leurs autres enfants sont nés ici. Cette visite est-elle donc une sorte d'adieu au passé ?

Le 11 avril 2011, Xavier poursuit son voyage, en direction du sud-ouest et loge à l'hôtel Première Classe de Blagnac, près de Toulouse. Il paie également ce séjour avec sa carte de crédit. Il passe la nuit du 12 au 13 avril 2011 dans un hôtel 5 étoiles, au Pontet, dans le sud-est de la France. Il y retire 1 000 euros à un distributeur qu'il utilise pour payer sa note d'hôtel de 600 euros. Les employés de l'hôtel l'ont trouvé très sympathique, d'humeur égale et il semblait insouciant. Le lendemain, 14 avril 2011, il retire 30 euros à un distributeur à Roquebrunes-sur-Argens, une ville située entre Cannes et Saint-Tropez, et il est filmé par une caméra. Cette fois, le fugitif séjourne dans un hôtel bon marché. Les images vidéo du parking montrent Xavier se dirigeant vers l'entrée avec un sac de vêtements à la main, dont le fond contient un objet lourd. Vraisemblablement, son arme. Il quitte l'hôtel le lendemain matin, sans sa voiture, qui est retrouvée intacte par la police sur le parking de ce même hôtel le 22 avril 2011.

Depuis lors, il n'y a plus aucune trace de Xavier Pierre Marie Dupont de Ligonnès, mort ou vivant. La police est perplexe quant à ce qui lui est arrivé. Il n'y a aucun billet de train ou d'avion à son nom, aucune voiture n'a été volée, ni louée, dans la région. Alors que l'utilisation des cartes de crédit a permis de suivre facilement Xavier depuis le début, il n'y a plus aucun indice pour le localiser.

De nombreuses personnes qui ont suivi l'affaire de près pensent qu'il s'est suicidé sur les hauteurs de Roquebrunes-sur-

Argens. Mais les enquêteurs ont fouillé la zone pendant des mois sans jamais trouver de corps.

En 2015, des promeneurs ont trouvé des ossements dans une zone boisée près de l'endroit où Xavier a été vu pour la dernière fois. La théorie du suicide du père de famille ne pouvant plus vivre avec sa culpabilité resurgit. L'analyse ADN va pourtant confirmer qui ne s'agit pas des restes de Dupont de Ligonnès. Il se pourrait également que Xavier ait fui par bateau vers l'Italie voisine.

Selon d'autres spéculations, il pourrait s'être enfui en Amérique du Sud. En effet, Xavier parle très bien l'anglais ainsi que l'espagnol, il lui serait facile de se débrouiller. De plus, son apparence est discrète. Si des gens le voyaient par hasard, ils ne le reconnaîtraient pas. Il n'a aucun signe distinctif comme des tatouages, des cicatrices ou une taille inhabituelle, des choses qui attire particulièrement l'attention.

Si l'on tient compte de tous les signalements reçus par la police, Xavier aurait été vu plus de 900 fois depuis les meurtres de 2011. Parfois à des guichets automatiques, parfois dans les centres commerciaux. À plusieurs reprises, la police l'a recherché dans un monastère proche de Roquebrune-sur-Argens. Plus récemment, en 2019, il aurait été vu à l'aéroport de Glasgow. Mais tout cela ne mène nulle part. Ce n'est jamais Xavier Dupont de Ligonnès.

Les obsèques d'Agnès, Arthur, Thomas, Anne et Benoît ont eu lieu le 28 avril 2011 en l'église Saint-Félix de Nantes. La famille fréquentait cette église régulièrement et Benoît y était même enfant de chœur. L'affaire ayant bouleversé de nombreux habitants de l'agglomération nantaise, près 1 400 personnes ont suivi les funérailles. Les proches avaient demandé une cérémonie simple sans fleurs, ni couronnes. En raison de la grande sympathie suscitée par ce drame, la police a dû mobiliser des agents pour sécuriser la messe. Ensuite, les cinq corps ont été incinérés et inhumés le 30 avril 2011 à Noyers-Sur-Serein, une commune de l'Yonne, dans le centre-est de la France dont est originaire la famille d'Agnès.

Saura-t-on un jour pourquoi un père de quatre enfants a fait disparaître toute sa famille avant de disparaître lui-même sans laisser de trace ? A ce jour, personne ne sait ce qui est arrivé à Xavier Pierre Marie Dupont de Ligonnès après le 14 avril 2011. Est-il en fuite ? Est-il encore en vie ?

Officiellement, cet homme élégamment vêtu, au visage étroit et aux lunettes sans monture, est recherché en tant que témoin. En effet, l'enquête sur le meurtre est toujours à la poursuite d'un auteur inconnu. Même si les indices convergent pour indiquer que Xavier a méticuleusement préparé les meurtres et les a exécutés selon un plan précis.

Quoi qu'il en soit, l'organisation de ce quintuple meurtre a été parfaite, car jusqu'à aujourd'hui Xavier Dupont de Ligonnès est toujours l'homme le plus recherché de France.

Chapitre 11

Le casse du siècle

Satisfait, l'homme au regard vif et au sourire fin regarde le graffiti qu'il vient de laisser sur le mur : « Ni armes, ni violence et sans haine. » Ces mots, qui auraient pu sortir tout droit d'un film de Zorro, gravés dans la pierre par le justicier masqué à l'épée élégante, sont sa signature, sa marque - comme le Z de Zorro ou le F de Fantomas. Il vient de signer le coup de sa vie, le plus grand braquage de banque de l'histoire de France. Pendant deux mois, les voleurs ont creusé le sol pour s'introduire dans le trésor d'une banque niçoise. Ils ont réussi, surmontant toutes les difficultés, grâce à sa perspicacité et à son intelligence. Il a travaillé dans ce but pendant des années, attendant un moment comme celui-ci.

Le butin de ce casse hors normes est si important qu'il restera dans l'histoire de la France comme le coup du siècle. Jamais personne n'a réussi à voler autant d'argent et d'objets de valeur en une seule fois, simplement grâce à un plan astucieux. Ce moment a vu naître un héros national !

L'année 1932 est riche en événements : le monde est en proie à une grande crise économique, Adolf Hitler s'installe en Allemagne, Amelia Earhart devient la première femme à traverser l'Atlantique en solo, Ibn Saoud fonde l'Arabie Saoudite, Ghandi entame sa grève de la faim dans la prison de Pune, Johnny Weissmuller joue Tarzan au cinéma pour la première fois et le positron est découvert. Et c'est aussi cette année-là, le 14 décembre exactement, que le petit Albert Spaggiari naît à Laragne-Montéglin, dans les Hautes-Alpes.

Le père du bambin meurt alors qu'il n'a que trois ans. Albert et sa mère s'installent à Hyères. Elle ouvre un magasin de lingerie pour subvenir à ses besoins et à ceux de son fils. Le garçon a un sourire malicieux, il est intelligent, il parle bien. En grandissant il s'intéresse de plus en plus aux histoires de bandits d'honneur. Il est fasciné par ces hommes qui se comportent en vrais gentlemen, généreux avec eux qui en ont besoin. Albert rêve d'être comme eux un jour. Mais il est le fils d'une respectable commerçante de province et de tels rêves passent mal dans ce milieu. À 16 ans, il décide de partir.

Dès lors Bert, comme on le surnomme, dérape rapidement et montre une tendance à la théâtralité dès son premier coup. Il commet un vol dans le seul but d'offrir un diamant à sa petite amie de l'époque. Elle est certainement très touchée par ce cadeau mais la police l'est beaucoup moins. Peut-être les autorités judiciaires pensent-elles qu'il serait bon d'enseigner à ce jeune homme plein de fougue un peu de retenue et d'ordre, ou peut-être est-il juste au bon endroit au bon moment. Le fait est qu'Albert Spaggiari négocie un accord pour éviter la prison. Il est envoyé en Indochine dans un régiment parachutistes. Mais au lieu de se donner à fond et de récolter une médaille pour service héroïque, Bert reste fidèle à sa ligne. Il n'aura même pas l'occasion de participer à la bataille décisive de Dien Bien Phu puisqu'il est en prison pour braquage.

Bert, ou « Spa » comme on l'appelle désormais, participe également à la guerre Algérie, ce qui ne lui réussit pas. Il travaille pour l'OAS, (Organisation armée secrète), qui agit contre le général De Gaulle afin d'empêcher l'Algérie de devenir indépendante. Peut-être cette mission secrète satisfait-elle le petit garçon rêveur toujours amoureux d'histoires de rebelles et de bandits héroïques. Cependant, la réalité le rattrape rapidement et Albert Spaggiari passe quelques années en prison pour ses activités au sein de l'OAS. Il trouve rapidement comment occuper son temps libre en écrivant son premier livre, « Faut pas rire avec les barbares ». Cependant, l'œuvre reste pour l'instant dans le tiroir d'Albert car, dès qu'il est à nouveau libre, il cherche de nouvelles aventures que la vie d'écrivain ne peut pas lui offrir.

Suivant la devise « Qui cherche, trouve », Spaggiari est recruté par la police secrète chilienne, la DINA, en 1975 avec la « Fraternité corse ». Ce groupement est baptisé « Brigada Corsa de la DINA ». L'activité de Spaggiari dans ce mouvement reste obscure. On peut supposer qu'elle est à la fois simple et lucrative. Les membres de la brigade corse ont pour mission de surveiller les Chiliens exilés en France.

Le fait est que « Daniel », nom de code d'Albert, gagne apparemment bien sa vie grâce à cela, au moins suffisamment pour n'avoir pas de souci d'argent. Il s'installe à Nice sur la Côte d'Azur. Sa maison de campagne baptisée « Les Oies Sauvages » est située sur les collines au-dessus de la ville. A défaut d'oies, il y installe un élevage de poulets. Aux yeux du monde extérieur, tout semble indiquer qu'il mène une vie bourgeoise et respectueuse des lois. Il apparaît comme un homme de la vieille école, bien élevé et soucieux de son élégance. Mais des rumeurs circulent selon lesquelles le charmant M. Spaggiari cacherait des secrets dans sa maison. Une photo d'Adolf Hitler et des runes SS, dit-on, orneraient ses murs.

En 1976, le très actif Albert change à nouveau de voie. Bien qu'il continue de vivre dans sa maison de campagne sur les collines, il entame désormais une nouvelle carrière et travaille comme photographe dans son propre studio photo à Nice. Sa spécialité : les photos de mariage.

« Spa » sort beaucoup. C'est une personnalité que l'on apprécie et que l'on fréquente avec plaisir. Il a du charme et un sourire malicieux. Lorsqu'il entend parler de manière fortuite de l'opportunité d'un casse lucratif et stimulant, il s'enflamme immédiatement.

Tout commence par une information anodine : Spaggiari entend dire que les égouts passent tout près de la chambre forte de la Société Générale à Nice. N'importe qui d'autre aurait sans doute ignoré l'information, mais pas Spaggiari. Toutes les lumières de son cerveau ont dû commencer à clignoter. Il se met immédiatement à préparer un cambriolage de la banque. Spa a-t-il aimé ce frisson délicieux qui est revenu ? S'est-il immédiatement senti plus vivant comme s'il avait à nouveau une mission à accomplir ? Une mission qui le passionnait depuis l'enfance. Ou était-ce simplement la perspective d'un gros coup, après lequel il pourrait prendre sa retraite ? Il est possible que ce soit la combinaison de tout cela.

Quoi qu'il en soit, Spaggiari ne peut résister et commence immédiatement à planifier le cambriolage. Au lieu de passer par l'entrée principale comme la plupart des voleurs, il décide de passer par en dessous. L'idée est simple : il suffit de creuser un trou depuis les égouts jusqu'à la chambre forte. Ce qui est fantastique, c'est que même si l'opération prend du temps, il n'y a aucun risque d'être découvert. Tout se passera à l'abri des regards et personne ne soupçonnerait l'existence d'un tunnel sous terre.

Une fois cette partie du plan en place, Spaggiari commence concrètement ses préparatifs : il loue un coffre dans la chambre forte de la banque en se présentant comme un aimable homme d'affaires qui cherche à mettre ses objets de valeur à l'abri. En réalité au lieu d'argent, d'actions ou de bijoux, Spa dépose dans le coffre un réveil, qu'il règle pour sonner la nuit. De cette façon, il pourra vérifier qu'il n'y a pas de capteurs acoustiques ou sismiques dans la salle des coffres qui pourraient poser un problème.

Il a de la chance. Les responsables de la banque étaient probablement très sûrs d'eux, trop peut-être, quand ils ont fait construire la chambre forte. Les lieux leur ont semblé absolument impénétrables. En effet, la salle des coffres est dans un sous-sol complètement enterré et entourée de murs épais sans aucun accès. La seule possibilité pour entrer est de passer par l'unique porte. Selon les responsables, la protection est double. D'une part des murs épais et d'autre part l'obligation de passer par la banque pour accéder au sous-sol et à la porte de la salle des coffres.

C'est exactement ce que Spaggiari veut éviter en creusant un tunnel. C'est peut-être une leçon apprise pendant la guerre d'Indochine ou d'Algérie : dans une attaque surprise, on a toujours l'avantage. Et il a bien l'intention de l'exploiter.

Au total, il lui faudra deux ans entre l'idée initiale et la réalisation du plan.

Comme Spaggiari a besoin d'aide pour construire le tunnel, il contacte d'abord des gangsters de Marseille. Ces derniers, après un examen approfondi du plan, refusent. L'opération est-elle trop coûteuse pour eux ? Mais Spa, ne renonce pas et il fait appel à ses anciennes relations. De vieux amis de l'OAS l'aident probablement à réunir les complices du casse de Nice. Au total, il engage 24 hommes, on parle parfois de 30 complices. Afin de ne pas être repérés par la suite, l'équipe vole le matériel nécessaire à la construction du tunnel sur les chantiers des environs. Ils ont besoin de pelles, de pioches, mais aussi de lampes pour éclairer le souterrain ainsi que d'une machine pour ventiler.

C'est ainsi que commence l'un des plus grands et des plus surprenants casses de tous les temps. Pendant que la vie continue à Nice, que les gens vont au travail, flânent dans le célèbre marché aux fleurs ou profitent de l'eau cristalline de la Méditerranée, une équipe d'hommes déterminés se fraye un chemin sous la surface. Les hommes de Spa sont dans les égouts qui passent au plus près de la banque. Pendant deux mois, ils travaillent sans interruption. Ils creusent un tunnel de huit mètres, la liaison transversale entre les égouts et la chambre forte. Cela, sans qu'au-dessus de leurs têtes personne ne soupçonne quoi que ce soit.

Les hommes ont reçu des consignes précises de Spaggiari ; il sait qu'ils ne pourront continuer à creuser que s'ils prennent soin d'eux. Il leur interdit de boire du café ou de l'alcool, et ils doivent également observer des périodes de repos strictes. Dix heures de repos par jour au minimum sont prescrites par le chef de bande. Spaggiari fait attention à tout afin d'éviter tout risque d'être découverts, c'est pourquoi ils ne travaillent que la nuit. La terre et les débris vont dans les bouches d'égouts adjacentes. Le mercredi 14 juillet 1976, les hommes sont épuisés alors que la France entière célèbre la fête nationale. Spaggiari a choisi le week-end suivant pour pénétrer dans la salle des coffres sachant que les banques seraient fermés pendant le pont du 14 juillet.

Sous terre, les esprits des complices de Spaggiari s'échauffent. Ce n'est plus qu'une question d'heures avant qu'ils ne rentrent enfin dans la chambre forte. Et c'est en effet le vendredi 16 juillet, qu'ils y parviennent enfin ! Au tout début du week-end qui suit la fête nationale, les braqueurs atteignent la banque et forcent la chambre forte.

Il y a quand même un léger retard parce que Spa s'est un peu trompé dans ses calculs. Les hommes ne pénètrent pas dans le mur de la chambre forte comme prévu, mais dans un coffre. Le problème est vite réglé.

Les moments qui suivent l'entrée dans la salle des coffres ont dû ressembler à un rêve éveillé. Les hommes se tiennent dans le sanctuaire de la banque, avec des armoires et des coffres partout autour d'eux. Ils savent que là se trouvent des trésors trop précieux pour être conservés à la maison par leurs propriétaires ! Ils sont riches. Immensément riches, car ce qui est stocké ici leur permettra de vivre sans soucis jusqu'à la fin de leurs jours. C'est même mieux que rentrer par effraction dans le coffre au trésor de l'Oncle Picsou ! Après huit semaines entières des pires corvées dans la boue et sous une discipline de fer, les voleurs sont maintenant là où ils ont rêvé d'être pendant des jours. Le sentiment doit être écrasant.

Bien que la banque soit fermée ce jour-là, on prend soin de verrouiller la porte massive de la chambre forte de l'intérieur, par précaution. Ces messieurs ne veulent pas être dérangés dans leur travail.

Puis Spa fait une chose qui dépasse en audace même les plus grands exploits de Robin des Bois : l'ancien parachutiste, éleveur de poulets, escroc et photographe de mariage organise un pique-nique pour ses hommes dans la chambre forte. Au menu, du foie gras et un grand vin. Rien que le meilleur pour cette occasion très spéciale ! En effet, il y a de quoi faire la fête - et ils la feront jusqu'à l'aube. Les hommes utilisent des gobelets en argent pour boire et font leurs besoins dans des soupières de collection.

Ensuite Spa et sa bande se mettent au travail. Ils ouvrent au total 400 coffres et casiers et en vident le contenu. Ce casse n'est pas seulement superbement planifié et mis en scène à la perfection, mais c'est aussi un casse superlatif. Il s'agit du plus grand braquage de banque de l'histoire française à ce jour. Au total, entre 30 et 100 millions de francs (environ 4 à 15 millions d'euros) d'argent, de titres et d'objets de valeur sont dérobés.

Il faut des heures pour fouiller et vider tous les coffres. Puis vient l'évacuation du butin dans des sacs à travers les égouts. Ils savent qu'ils ont le temps et qu'ils peuvent procéder à leur rythme, car pendant ce long week-end, la France est en vacances. Par conséquent, personne ne viendra par hasard dans la banque, d'autant plus que personne ne peut les entendre depuis la surface. Dans les égouts et dans la chambre forte, ils sont en sécurité. L'enlèvement des objets de valeur occupe les gangsters jusque dans nuit du dimanche 19 juillet au lundi 20 juillet. Avant qu'ils ne quittent définitivement les lieux, Albert Spaggiari ne peut s'empêcher d'envoyer un message au monde extérieur en noble bandit qu'il a toujours voulu être. Il écrit sur le mur à la craie les mots qui contribuent à sa légende :
Ni armes, ni violence et sans haine.

C'est culotté, malicieux, insolent et cela montre la confiance qu'il a en lui. C'est une déclaration digne d'un Zorro ou d'un Robin des Bois. Spaggiari a retenu les leçons de ses modèles. Le voilà enfin transformé en l'un des légendaires bandits corses, nobles voyous qu'il avait tant admirés quand il était petit. Et en plus, il est l'un des meilleurs !

Quand Spaggiari et ses hommes quittent la chambre forte il pleut et ils doivent faire attention à ne pas rester coincés dans les égouts inondés. Le timing est bon, car la banque n'ouvrira pas avant des heures.

Lorsque la banque rouvre le lundi, personne ne se doute de l'énorme surprise qui attend les employés. Quand le responsable essaie d'ouvrir la grande et lourde porte de la chambre forte il comprend vite que quelque chose ne va pas ! Elle est fermée de l'intérieur. Lorsque les employés de la banque parviennent enfin à l'ouvrir et qu'ils regardent à l'intérieur, ils ne comprennent pas tout de suite ce qui se passe. C'est quoi ce truc écrit ? Qui l'a écrit ? Mais comment ... ?! Et tout à coup devant les coffres vides et le trou béant dans le mur tout devient clair.

La police française est elle aussi complètement prise au dépourvu alors que de nombreuses personnes admirent l'ingéniosité des voleurs. Après tout, seule la banque a été dévalisée - et d'une manière incroyable. Avec tant de style, de nonchalance et un certain « je ne sais quoi ». Et puis, il y a aussi cette phrase merveilleuse sur le mur de la chambre forte... ! Ce bandit personnifie la mentalité d'une grande nation de la manière la plus épique qui soit. Les Français sont séduits, les médias font le reste. Ils se surpassent avec des gros titres regorgeant de superlatifs. Cette ingéniosité et cette fraîcheur impressionnent tout le monde, c'est comme si un héros de livres ou de films avait pris vie. Mais alors que Robin des Bois et ses hommes distribuaient le butin aux moins fortunés, dans ce cas, il n'en est pas question. Cela n'entame pas l'enthousiasme du public. Le peuple, qui a pour héros Astérix, un petit Gaulois débrouillard, tombe aux pieds des braqueurs de Nice. Ils deviennent rapidement de véritables héros. Tout le monde se demande qui est derrière tout ça. Qui est ce génie, le cerveau, le planificateur ? Qui est l'architecte de ce casse génial que même un héros de film comme Fantomas n'a pas osé imaginer ? L'admiration pour ce casse à la fois rusé et charmant gagne toute la France. Pour la police, un criminel est recherché, mais pour le reste du pays, un héros national est né.

Qu'à pu ressentir Albert Spaggiari quand la vague a déferlé ? Est-il assis dans sa maison de campagne, « Les Oies sauvages », sur les hauteurs de Nice, en train de savourer l'admiration des Français ? Se réjouit-il de l'émoi qu'il a provoqué, lui le petit garçon du département des Hautes-Alpes, qui a toujours écouté, bouche bée et les yeux écarquillés, des histoires de nobles bandits ? Spa observe et se tait.

Pendant des semaines, les enquêteurs tâtonnent dans le noir complet, jusqu'à ce que, fin octobre 1976, ils obtiennent enfin un résultat. Une fois de plus, c'est une victime amoureuse et méprisée qui a besoin de s'épancher. L'ancienne petite amie d'un braqueur de banque partage un tuyau et affirme qu'il était dans le coup à Nice. En conséquence, le complice est arrêté. C'est un début de piste et après un minutieux interrogatoire, l'homme cède et dénonce ses acolytes, dont Albert Spaggiari.

De son côté, Spa ne sait rien de l'évolution de la situation dans son pays. Il est alors au Japon où il accompagne le maire de Nice, Jacques Médecin, en tant que photographe. Le braqueur de banque le plus recherché de France poursuit tranquillement sa vie honnête. En plus, il est aux côtés du maire de Nice, la ville qui a beaucoup fait parler d'elle après le casse de la banque. Mais lorsqu'il rentre à Nice, Spaggiari est attendu à l'aéroport. Le cerveau du casse est amené, menotté. Est-il surpris ou se contente-t-il d'un sourire charmeur, fidèle à sa devise : « Parfois on gagne, parfois on perd... ? »
Parce qu'il s'avère que Spa, comme toujours, a encore un atout dans sa manche.

Spaggiari prend comme avocat un ancien légionnaire, Jacques Peyrat. Ils se connaissent depuis l'époque où Spaggiari était au Front national. Lors de son interrogatoire, l'ancien combattant d'Indochine et militant de l'OAS rejette d'emblée les accusations de la police. Non, insiste-t-il, il n'est pas impliqué dans le cambriolage. Puis il change soudainement d'avis : Oui, il est impliqué. Mais le casse n'a eu lieu que pour collecter des fonds pour un parti politique secret appelé « Catena ».

Les enquêteurs sont décontenancés et hésitent. Des forces politiques sont-elles vraiment derrière le casse de la banque ? Spaggiari n'est-il qu'un larbin recruté pour la circonstance ? Peut-être cela paraît-il plausible aux policiers dans la mesure où l'action nécessitait beaucoup de préparation et était parfaitement planifiée. Une telle opération est-elle possible de la part d'un petit escroc de Nice ? Toutefois les enquêtes révèlent que l'organisation secrète n'existe probablement que dans l'imagination de Spaggiari. Les choses s'annoncent mal pour le photographe niçois, mais quatre mois après son arrestation, le vent tourne.

Lors d'une des audiences du procès, Spaggiari présente un document au juge Richard Bouaziz. Apparemment une pièce à conviction cruciale. Le contenu est en code. Pour comprendre de quoi il s'agit, le juge doit le déchiffrer. Ce qu'il ne soupçonne pas, c'est qu'il s'agit d'une manœuvre de diversion ! Spa a forgé lui-même les prétendues preuves et au moment où le juge se concentre sur les lignes codées, l'homme en profite – il saute par la fenêtre ouverte. Retour à la liberté !

L'ancien parachutiste, qui est encore très athlétique, atterrit sur le toit d'une voiture stationnée par miracle juste au-dessous de la fenêtre. A quelques pas de là, un homme à moto l'attend déjà. Les gardes n'ont aucune chance. Le plan d'évasion de Spa est aussi ingénieux que le braquage de la banque.

Les journaux de gauche affirmeront plus tard que Spaggiari a reçu l'aide de ses amis politiques. En particulier, de vieilles connaissances de l'époque de l'OAS lui auraient prêté main forte pour qu'il puisse s'échapper. Comme l'on soupçonnait ces personnes d'être issues de l'entourage proche du maire de Nice, Jacques Médecin, ce dernier dut affronter un second tour de scrutin lors des élections régionales de 1977. Sa réputation avait été considérablement affectée par l'incident.

Cependant, certains rapports affirment également que le propriétaire de la voiture garée sous la fenêtre a reçu un chèque de 5 000 francs. L'enveloppe indiquait qu'il s'agissait d'une indemnisation pour le toit enfoncé de la voiture.

Après son évasion spectaculaire, la police n'a pas réussi a attraper Spaggiari. Le tribunal l'a condamné par contumace à la prison à vie. Cela a-t-il fait sourire l'escroc habile ?

Le fait est qu'il a passé le reste de sa vie en liberté. On raconte qu'il a fait appel à un chirurgien plastique pour refaire son visage afin qu'on ne le reconnaisse pas. On raconte aussi qu'il vivrait la plupart du temps en Argentine, où il se porte bien, mais qu'il ne peut résister à la tentation de revenir de temps en temps dans son pays d'origine pour rendre secrètement visite à sa mère et à sa femme.

De temps à autre, il ne manque pas l'occasion de dire à des médias sélectionnés comment il va, ce qu'il pense et ce qu'il envisage. Entre-temps, il est devenu écrivain ; il sait que le public a envie de le lire. Ses mémoires, en particulier, se vendent comme des petits pains, si bien qu'il est invité à Milan pour être interviewé dans le cadre de l'émission littéraire « Apostrophes » - et il vient. Il est vraisemblable que lorsqu'il est apparu à la télévision, de nombreux fonctionnaires de police et de justice français ont dû s'évanouir devant une telle audace. Mais Spaggiari s'était arrangé avec les producteurs de l'émission pour que son apparition reste secrète jusqu'à la toute dernière minute. Et après l'interview, il s'est esquivé pour se cacher et disparaître à nouveau.

La fin d'Albert Spaggiari est tout aussi passionnante et légendaire que sa vie. Il meurt le 8 juin 1989 à Belluno, en Italie, dans la province de Vénétie. Dans un premier temps, les médias font état de « circonstances mystérieuses » qui auraient conduit à sa mort. Plus tard, on a parlé de cancer de la gorge.
Ce n'est qu'à ce moment-là que le gangster gentleman a pu revenir chez lui. Là encore de merveilleuses rumeurs circulent dans la presse. On prétend que le cadavre aurait été déposé par des amis masqués inconnus devant la maison de sa mère à Hyères, à l'aube du 10 juin 1989, ou peut-être directement dans

son appartement. Quoi qu'il en soit c'est une sortie très classe, digne d'un noble bandit.

La vérité est plus sobre. L'épouse de Spa, Emilia, était à ses côtés lorsqu'il est mort le 8 juin 1989. Depuis la maison de campagne de Belluno, elle s'est rendue en voiture à Hyères avec son corps et a menti vigoureusement à la police. Les transports de corps non autorisés étant strictement interdits tant en Italie qu'en France.

En 1995, le nom d'Albert Spaggiari a circulé à nouveau dans les médias français. Jacques Peyrat, alors maire de Nice, a accusé le ministre Christian Estrosi d'être le motocycliste qui a aidé Spa à s'échapper. En fait, ce dernier a bien été pilote de moto, mais il a pu prouver qu'il courait à Daytona Beach, en Floride, le jour en question.

En 2010, un certain Jacques Cassandri s'est manifesté. Il a publié un livre dans lequel il affirme avoir été le cerveau du casse de Nice. Spaggiari n'était qu'un simple suiveur. Le délai de prescription étant écoulé, Cassandri, qui vit en Corse, ne peut être poursuivi, mais il a été arrêté pour soupçon de blanchiment d'argent.

En vain.

Le butin du légendaire braquage de banque n'a jamais réapparu.

Chapitre 12

Le cimetière

En ce matin du jeudi 10 mai 1990, deux femmes sont en chemin pour s'occuper d'une des tombes du cimetière juif de Carpentras. Cette petite ville provençale du Vaucluse est à 24 kilomètres d'Avignon.

Le département du Vaucluse est chargé d'histoire et abrite, entre autres, la plus ancienne synagogue de France. Une communauté juive est établie à Carpentras depuis le Moyen Âge. Entre 1309 et 1377 en effet, Avignon a été la résidence en exil des papes et neuf d'entre eux y ont vécu. C'est à cette période que les ancêtres de la communauté actuelle sont venus s'y établir sous la protection du Pape.

Les deux femmes n'ont pas choisi ce jour par hasard. La coutume juive veut qu'après Pâques, on attende 40 jours pour se rendre au cimetière. Cette attente se termine aujourd'hui et il est temps de prendre soin de la tombe.

Les femmes entrent dans le cimetière en bavardant. Il leur faut donc un moment pour s'apercevoir qu'il s'est passé quelque chose et que plusieurs pierres tombales ont été renversées et brisées. Partagées entre la perplexité, la colère et l'horreur les deux femmes circulent entre les tombes pour constater les dégâts. Que s'est-il passé ? Est-ce l'œuvre d'un groupe de hooligans - mais y en a-t-il ici à Carpentras – ou d'adolescents déchaînés qui voulaient impressionner leurs copines?

Au fur et à mesure qu'elles avancent dans le cimetière, les deux femmes sont de plus en plus choquées. Les vandales ne se sont pas contentés de détruire les pierres tombales, ils ont profané 34 tombes. Comble de l'horreur, six cadavres sortis de leurs tombes, gisent à l'air libre. Les femmes ne perçoivent que maintenant l'odeur de putréfaction qui flotte dans l'air. Mais la pire découverte est encore à venir ! Le corps d'un vieil homme, face contre terre, repose sur une tombe. Elles s'approchent en tremblant, sans se douter que ce qu'elles vont voir dépasse l'imagination. Sous le corps, entre les jambes du cadavre se trouve un mât de parasol et ... à ce moment-là les deux femmes prennent la fuite et vont immédiatement informer la police.

Sans perdre de temps, vu ce qui leur a été raconté, les policiers arrivent sur les lieux. Les traces dans le cimetière sont immédiatement sécurisées. Apparemment, ce sont celles de quatre hommes comme l'indiquent les empreintes de pas. Les profanateurs de tombes se sont vraiment déchaînés, mais ils n'ont pas « signé » leur œuvre. Il n'y a ni inscriptions, ni graffitis qui pourraient donner des indices sur les auteurs ou leurs motivations. Puis l'attention des policiers se dirige vers le corps du vieil homme.

C'est une scène choquante même pour ces policiers très endurcis qui ont du mal à respirer lorsqu'ils examinent de plus près l'œuvre des profanateurs. Le corps n'est manifestement pas enterré depuis longtemps, vu les signes de décomposition. Il a été exhumé, retiré de son linceul, traîné sur une vingtaine de mètres, puis placé complètement nu, face contre terre, sur une autre tombe. Des marques sur son cou indiquent une tentative de décapitation qui a échoué. Mais il y a pire : un mât de parasol, normalement utilisé pour marquer les nouveaux emplacements de tombes est enfoncé dans l'anus. Il dépasse entre les jambes.

L'empalement est une méthode de torture extrêmement brutale datant des siècles passés, dans laquelle un pieu en bois était inséré dans l'anus d'un condamné. Le corps était ensuite redressé et, sous l'effet du poids, le pieu s'enfonçait de plus en plus profondément jusqu'à ce que la personne meure dans de grandes souffrances.

Dans ce cas évidemment, le but était apparemment de profaner le cadavre puisque, comme les soulignent les experts médico-légaux qui ont été appelés, il s'agit d'un empalement factice. Le mât de parasol étant « seulement » glissé entre les fesses pour donner l'apparence d'un empalement. Mais c'est une maigre consolation.

L'identité du corps est rapidement établie : il s'agit de Félix Germon, quatre-vingts ans, décédé quinze jours plus tôt. Il n'y avait pas encore de plaque commémorative sur sa tombe.

La nouvelle de la profanation du cimetière de Carpentras se répand comme une traînée de poudre, bien que les autorités locales et la communauté juive soient d'accord pour ne pas diffuser l'affaire. Le sujet est trop sensible, les esprits pourraient s'emballer avant même qu'une véritable enquête ne soit menée. Malheureusement cela ne va pas se passer ainsi comme le montrent les événements à venir.

La profanation attire immédiatement l'attention des politiques, et cette affaire va devenir très vite un événement national - ce qui est toujours mauvais pour une enquête. Pierre Joxe, alors ministre de l'Intérieur, se rend à Carpentras en personne. Il était à Nîmes ce jour-là pour un rendez-vous officiel et s'est fait amener dans la petite ville en hélicoptère. Quelques journalistes l'accompagnent. En sortant de la synagogue, le ministre de l'Intérieur s'adresse à la presse. Dans un discours enflammé devant les caméras et les micros, il qualifie immédiatement la profanation « d'atrocité raciste ». Il déclare même qu'il « connaît les coupables » et qu'il s'agit d'une affaire « de racisme et d'antisémitisme ». Il fait ces déclarations alors que les enquêteurs de la police n'ont même pas eu l'occasion de commencer à travailler. Joxe en profite pour mettre cette histoire sur le dos d'un adversaire politique impopulaire : Jean-Marie Le Pen, fondateur et président du Front National, le parti d'extrême droite. Ce dernier n'est pas seulement un négationniste notoire, il a aussi été cinq fois candidat à la présidence. C'est aussi est un adversaire sérieux, et Joxe en profite pour se défouler sur lui autant qu'il le peut. Le Pen serait, avec ses déclarations antisémites, non seulement l'un des responsables de la profanation du cimetière de Carpentras, mais aussi de tout ce qui se passe et qui a un rapport avec la haine raciste. A l'heure présumée du crime, le président du FN était d'ailleurs en train de s'épancher sur une supposée « suprématie juive » dans les médias français ...

Avec ses déclarations peu judicieuses, Joxe joue au pyromane. Dans les médias nationaux, ses paroles sont relayées sans commentaire. Personne n'explique qu'à ce stade, il ne s'agit que des affirmations et réflexions sans fondement du ministre de l'Intérieur. Pourtant, ces déclarations sont constamment répétées et diffusées. À cela s'ajoutent les images et les mots obsédants de la veuve de l'octogénaire exhumé, qui exprime son horreur. Comme prévu, la réaction ne manque pas : un cri d'indignation traverse toute la nation française.

Pour ne rien arranger, le président de l'Assemblée nationale, Laurent Fabius, intervient au journal de 20 heures de TF1, affirmant d'une voix tremblante que le corps de Félix Germon avait été brutalement « empalé ». Le mat du parasol aurait été coincé dans l'anus. Il évoque donc un empalement complet, ce qui ne correspond pas aux faits. Du coup, la profanation du cimetière de Carpentras fait la Une des journaux. Le mot « barbarie » est souvent utilisé.

Dès le lendemain de la découverte de la profanation, Carpentras devient un véritable lieu de pèlerinage. Non seulement de nombreux étudiants juifs et des organisations antiracistes manifestent devant le cimetière, mais s'y ajoutent aussi de nombreux hommes politiques, dont le futur Premier ministre Lionel Jospin. L'affaire prend une nouvelle tournure lorsque Le Pen émet le soupçon que cet acte puisse être une manipulation pour discréditer son parti. Cette déclaration indigne le lauréat du prix Nobel de la paix, Elie Wiesel, car cela revient à dire que Le Pen rend les Juifs quasiment responsables de la profanation du cimetière.

Dans les semaines qui suivent, les émotions sont vives dans tous les camps. De grandes manifestations sont organisées dans toute la France pour envoyer un signal contre le racisme et l'antisémitisme. La plus importante a eu lieu le 14 mai 1990 à Paris, où quelque 200 000 personnes défilent, dont le président de la République, François Mitterrand. Sont également présents le Premier ministre Michel Rocard, Laurent Fabius, alors président de l'Assemblée nationale, Pierre Mauroy le premier secrétaire du PS, Georges Marchais, chef de file des communistes, et des personnalités politiques telles que Jacques Chirac, Charles Pasqua, Alain Jupé, François Léotard et Édouard Balladur.
Cette manifestation est un symbole : les participants, issus de la gauche comme de la droite, se retrouvent place de la République puis défilent ensemble jusqu'à la place de la Bastille. Une grande photo de Jean-Marie Le Pen est brûlée publiquement ; sur celle-ci on lit la phrase : « Carpentras c'est moi ». Plusieurs participants ont épinglé une étoile jaune sur leurs vêtements.

Le plus déprimant dans cette action, qui part pourtant d'une bonne intention, c'est son instrumentalisation politique manifeste. Ainsi, on dira plus tard que la manifestation ne devait avoir lieu qu'autour de la Grande Synagogue de Paris à la demande de la communauté juive, mais que le président François Mitterrand avait insisté pour qu'elle aille de la place de la République à la place de la Bastille qui sont les lieux de manifestations traditionnels de la gauche française. Il n'est apparemment pas le seul dans cette attitude et les partis de tous bords ont profité de l'affaire de Carpentras pour promouvoir leurs propres intérêts.

Il n'y a que pour Le Pen et le Front National, que la profanation du cimetière juif pouvait être très gênante en matière de politique. Les spécialistes de l'extrême droite sont donc certains que les auteurs de ces actes ne font pas partie de cette sphère. Personne en effet ne veut être mis dans le même sac que les nécrophiles. Néanmoins, comme le 9 mai 1990 Le Pen a déclaré à la télévision que les Juifs ont trop de pouvoir dans la presse, dès le lendemain un avocat spécule sur le fait que ces déclarations, ou des déclarations similaires, ont pu être traduites par ses partisans comme signifiant qu'il y a aussi trop de Juifs dans les cimetières... Le fait est que le scandale de Carpentras est le quatrième cas de profanation de cimetière dans différentes régions de France depuis 1988.

La situation politique fait de l'enquête policière un véritable champ de mines. François Mitterrand lui-même serait intervenu en demandant que la police recherche le ou les auteurs de ces actes avant tout au sein du Front national. On ignore toutefois dans quelle mesure cette demande a été respectée.

Le cimetière en question étant un cimetière juif, l'enquête se concentre dans un premier temps sur les groupes d'extrême droite et néonazis. Les premières arrestations ont lieu rapidement. Deux membres du parti nationaliste sont arrêtés, mais relâchés tout aussi rapidement. Il n'y a pas non plus de message de revendication, seulement un étrange coup de téléphone à la police de Carpentras le vendredi matin. Dans un méli-mélo de français et d'arabe, quelqu'un explique qu'un groupuscule encore inconnu appelé Mohammed el-Boukina est derrière la profanation. Mais il est immédiatement évident qu'il s'agit d'un canular.

Il est clair dès le départ que la profanation brutale du cimetière juif n'est pas un acte aveugle. Personne sur un coup de tête, ne déplace plusieurs pierres tombales pesant quelques centaines de kilos. Le granit et le marbre sont lourds et ne peuvent être bougés facilement. En outre, l'odeur de putréfaction en ouvrant la première tombe aurait probablement découragé tout profanateur spontané. Ici, les auteurs étaient forcément préparés et entraînés à des découvertes peu agréables et capables de gérer le dégoût. Surtout lorsque le corps de l'octogénaire a été retiré de sa sépulture...

Dans les jours qui suivent, six skinheads sympathisants du Front National sont arrêtés. Dans la ville voisine d'Avignon, par exemple, les policiers interrogent un skinhead de 25 ans. Mais tous ont des alibis en béton pour la nuit du 9 au 10 mai. Cette date est une erreur de jugement, cependant, comme il s'avérera plus tard. Car en fait, les auteurs ont commis leur horrible forfait dans la nuit du 8 mai au 9 mai, mais il n'a été découvert que le 10 mai, pour la raison déjà mentionnée des 40 jours d'attente après Pâques. Pour le moment cependant, personne ne le sait.

Les choses continuent à mijoter dans la région de Carpentras. À Avignon, par exemple, des boutiques appartenant à des propriétaires juifs sont barbouillées de croix gammées ; une enseignante qui parle à sa classe de l'affaire du cimetière est frappée si violemment qu'elle doit être hospitalisée.

Plus l'enquête traîne, plus les rumeurs font surface. D'une part, il y a des spéculations selon lesquelles des célébrités locales organisent des fêtes nocturnes dans des cimetières afin de s'amuser dans une ambiance glauque. Variante souvent mentionnée, les messes noires célébrées par la jeunesse locale dans le cadre de jeux de rôle qui se déroulent dans les cimetières. Comme le fils du maire de la ville est un passionné de jeux de rôle, il est soupçonné ainsi que certains de ses amis. Par conséquent, les jeux de rôle sont désormais regardés d'un œil critique dans tout le pays et soupçonnés de manipuler le cerveau des joueurs.

Le fait est que l'enquête fait du sur-place pendant des années. La situation est difficile, car la guerre politique continue de faire rage dans l'opinion publique, chacun se renvoyant la balle en matière de responsabilité.

L'avocat de la famille Germon fait une apparition très médiatique dans une émission de télévision en 1990. Agitant une enveloppe dans la main, il déclare que le cousin de Félix Germon connaît les profanateurs du cimetière. Il va remettre les noms des coupables à la police pour qu'ils soient enfin traduits en justice. Cela s'avère n'être que du vent. Peut-être même n'y avait-il rien du tout dans l'enveloppe.

La rumeur d'un jeu de rôle particulièrement pervers prend son essor en 1995, cinq ans après la profanation de Carpentras, lorsqu'une jeune femme nommée Jessie Foulon se présente. Elle affirme que des orgies ont été organisées à plusieurs reprises dans le cimetière dans le cadre de jeux de rôle. La profanation en faisait partie. Au cours d'un de ces événements, elle aurait été droguée et violée. Foulon affirme également qu'en 1992, les participants à cette même orgie ont assassiné une jeune femme, Alexandra Berrus. Elle a été droguée et violée, puis abandonnée devant son immeuble.

Cette histoire choquante rencontre un vif intérêt de la part du public et est rapidement diffusée. Mais il est clair, au moins aussi rapidement, que ce n'est que de la fantaisie. Foulon s'avère être une mythomane pathologique. Elle a le plus grand mal à séparer son imagination débordante de la réalité et profite de l'occasion pour satisfaire sa soif de notoriété.

Pendant ce temps l'affaire a d'autres répercussions. Sylvie Mottes, la juge d'instruction chargée de l'enquête, subit une pression si forte qu'elle est non seulement retirée de l'affaire, mais tombe malade pendant une longue période. Entre autres choses, elle perd tous ses cheveux. Ceux qui l'accusent lui reprochent son inaction. Mais même lorsque la responsabilité de l'enquête est transféré de Carpentras à Marseille, aucun progrès réel n'est réalisé.

Il faut six ans pour que l'enquête judiciaire progresse de manière notable. Et l'on réalise alors à quel point les enquêteurs ont été proches de la solution. Si proche, en fait, que c'en est presque douloureux.

Mais tout commence par une surprise.

Le 30 juillet 1996, un jeune homme se présente à l'improviste au commissariat d'Avignon. Il a 26 ans, est agent de sécurité et se nomme Yannick Garnier. Ce qu'il a à dire étonne d'abord les policiers. Le garçon semble un peu théâtral lorsqu'il annonce qu'il doit se débarrasser d'un secret et qu'il veut changer complètement de vie car il est tombé amoureux d'une femme à laquelle il ne veut pas mentir. Les policiers sont sceptiques, mais lui demandent quand même de s'expliquer. Garnier, ancien skinhead, leur fait des aveux totalement inattendus : il a commis avec quatre complices la profanation du cimetière de Carpentras. Il donne à la police les noms de ses acolytes, qui sont immédiatement arrêtés. Il s'agit d'Olivier Fimbry, Patrick Laonegro et Bertrand Nouveau. Un autre complice Jean-Claude Gos échappe à cette arrestation, car il est mort trois ans plus tôt dans un accident de moto à Avignon.

Pour les policiers, ce développement totalement inattendu a dû être ressenti comme une véritable délivrance ! Mais cela montre aussi à quel point ils étaient déjà proches de la vérité sans pouvoir refermer le piège. Les auteurs sont en effet issus des milieux de droite ! Gos, chef du groupe à l'époque est un ancien militant d'un parti nationaliste au slogan révélateur « La France d'abord, toujours blanche ! ». Il avait été arrêté le 11 mai 1990 mais relâché 24 heures plus tard faute de preuves !

Les circonstances de la mort de Gos sont également très étranges. Rachid Belkir, un homme de 36 ans, était au volant de la voiture qui a percuté la moto de Gos. Il a disparu sans laisser de trace après l'accident, pour réapparaître, littéralement, en 1995. La police l'a en effet repêché dans le Rhône, avec deux lourdes pierres aux pieds. Belkir avait été tué de deux balles dans la poitrine avant d'être jeté dans le fleuve. Comme il avait des liens avec des trafiquants de drogue, la police a supposé qu'il s'agissait d'un règlement de compte lié à la drogue.

Garnier en tout cas est très bavard. Il a touché le fond dans sa vie et n'a plus rien à perdre. Il n'a pas eu de chance comme agent de sécurité et ne peut plus trouver d'emploi. Cela entraîne sa déchéance sociale. Il vit dans un appartement meublé, mais il ne peut plus payer le loyer. Le lundi 29 juillet, il a reçu un avis d'expulsion, et le 30, il doit quitter l'appartement pour de bon. Garnier n'a plus rien ni personne, il n'a plus rien à perdre et a décidé de libérer enfin sa conscience. C'est pourquoi il est allé à la police.

Pendant une heure et demie, il raconte son histoire à l'inspecteur Dominique Gines et le policier informe directement le directeur de la police à Paris, Yves Bertrand. Dès que les trois complices sont arrêtés, ils avouent également. Cela ouvre la voie à un procès qui mettra enfin un terme à cette extraordinaire affaire.

À ce stade, cependant, une chose est d'ores et déjà acquise : si les auteurs sont manifestement des extrémistes de droite, ils n'ont aucun lien avec le Front national.

Le procès contre les quatre hommes s'ouvre huit mois plus tard à Marseille devant le tribunal correctionnel de la ville. La juge se nomme Monique Sakri. Il s'agit d'un événement médiatique, suivi attentivement et avec impatience par le public qui se demande qui a fait ça et pourquoi. À cet égard, un fardeau très particulier pèse sur la justice, car le pays veut que les profanateurs rendent des comptes. Dans une certaine mesure, l'ordre du jour comprend également la manière de traiter les tendances d'extrême droite dans la société.

Le procès dure une semaine. Lors d'une audience publique et très controversée, les témoins sont interrogés et les faits font l'objet d'une enquête approfondie. La juge Sakri sait qu'elle ne doit pas faire la moindre erreur. Il apparaît rapidement que la profanation du cimetière n'est pas une idée spontanée, mais qu'elle a été planifiée dans les moindres détails. Au cours des interrogatoires il s'avère que Gos, le chef du petit groupe, pensait déjà à commettre un tel acte bien avant la nuit du 8 au 9 mai. Dès 1989, il parle du cimetière de Carpentras à son ami de longue date, Olivier Fimbry, et lui fait part de ses réflexions. En se séparant ce jour-là, les deux hommes s'étaient promis qu'un jour ils feraient quelque chose de vraiment grand et sensationnel.

Le 30 avril 1990 est une date fatidique qui marque le début des développements inquiétants qui ont suivi. C'est l'anniversaire de la mort d'Adolf Hitler, un jour important de commémoration pour Gos et Fimbry, et ils ont une idée : ils veulent tous deux célébrer cet anniversaire de manière extraordinaire, d'une manière digne de leur idole. C'est ainsi que naît le plan mis en œuvre le soir du 8 mai. Les deux hommes veulent saccager le cimetière et déterrer un corps. Comme ils se doutent qu'ils auront besoin d'aide, ils font appel à leur ami Patrick Laonegro, qui accepte de se joindre à eux. Par ailleurs, deux stagiaires d'Avignon sont également impliqués dans cette « opération commando » : Yannick Garnier et Bertrand Nouveau.

C'est un groupe de choc qui s'est constitué et il a un réel potentiel de violence. Jean-Claude Gos en est le leader incontesté. Il a déjà deux condamnations à son actif, dont une pour coups et blessures. Parce qu'il jugeait trop laxiste le parcours suivi par le parti néonazi PNFE, dont lui et Laonegro sont membres, les deux hommes en ont démissionné. Avec le soldat de métier Fimbry, le groupe a mis en place quelque chose qui lui est propre. Ils ont loué une salle à Saint-Saturnin-lès-Avignon pour se retrouver lors de séances d'entraînement de boxe. Ils portent également une sorte d'uniforme skinhead, c'est une idée de Gos, qui comprend un bracelet avec des symboles nazis. Nouveau et Garnier ont rejoint le groupe plus tard. Garnier, colosse d'1,96 m, est d'abord séduit par le côté viril, mais lorsque Gos lui met entre les mains sa version du livre « Mein Kampf » d'Adolf Hitler, il est choqué. Malgré tout, il ne quitte pas le groupe et reste même dans les parages lorsque la profanation du cimetière est planifiée.

L'action est soigneusement préparée. La date est fixée à la nuit du 8 au 9 mai. Donc, juste avant la fin des 40 jours de non-visite du cimetière juif. Le groupe sait que c'est un moment très calme. Ils ont pensé à des vêtements adaptés pour ne pas laisser de traces. Les baskets et les gants sont obligatoires et des cagoules ont été fabriquées à partir de manches de T-shirts. Lorsque Garnier dit qu'il préfère porter ses vêtements normaux, Gos panique complètement. Garnier finit par céder. Équipés de pelles, de pioches et de barres à mine, les cinq hommes se rendent au cimetière vers minuit. Aucun d'eux n'a plus de 25 ans au moment des faits.

Ce qui est dit alors à l'audience est à la limite du supportable pour le public. Leur objectif principal est de découvrir un cadavre approprié qui n'est pas resté enterré trop longtemps, car Gos a prévu quelque chose de spécial. Ils commencent donc par fouiller au hasard un certain nombre de tombes pour trouver un corps qui a été enterré le 30 avril (jour de l'anniversaire de la mort d'Hitler). L'ouverture de la tombe qu'ils ont repéré est un fiasco. Malgré tous leurs efforts, ils ne parviennent pas à déplacer la dalle. Elle est trop lourde, même pour cinq jeunes hommes. Mais ils ne veulent pas partir avant d'avoir accompli ce pour quoi ils sont venus. Ils arrivent maintenant devant la tombe de Félix Germon. Comme celle-ci n'a pas de plaque commémorative, l'enterrement doit être récent. Ça pourrait aller. Alors les cinq hommes creusent la terre jusqu'à ce qu'ils découvrent le cercueil. Comme ils n'ont pas de cordes pour le sortir, ils cherchent quelque chose sur place. Dans une cabane à outils du cimetière, ils découvrent un tuyau d'arrosage. Lorsque le cercueil est exhumé, ils l'ouvrent et se trouvent devant le corps de Germon, un vieux monsieur de quatre-vingts ans. Comment ont-ils vécu cette expérience ? Qu'ont-ils ressenti à ce moment-là ? Ont-ils ressenti quelque chose comme une hésitation face à l'éphémère ? Gos, en tout cas, n'est pas impressionné. Peut-être même est-il pris d'une sorte de folie puisqu'il tente d'empaler le cadavre avec un mât de parasol. Il veut en fait l'utiliser pour redresser le corps et l'exposer comme un monument répugnant et odieux ? Mais il ne réussit pas et il abandonne son plan.

Les cinq néo-nazis ont passé plus de deux heures dans le cimetière. Quand ils le quittent, Laonegro leur dit une fois de plus « Nous ne parlerons jamais de ça à personne, ni à nos copines, ni à nos mères ! » et ils le jurent. Puis Nouveau et Garnier retournent à Avignon ; les autres se débarrassent des bonnets, des gants et des chaussures dans des bennes à ordures le long de la route et rentrent chez eux.

Ce n'est que deux jours plus tard que Garnier réalise vraiment ce qu'il a fait. Assis sur le canapé chez sa mère, il regarde à la télévision Joxe se rendre sur les lieux à Carpentras. Le jeune homme, qui vient de terminer son service militaire et espère un avenir agréable avec petite amie et appartement, est choqué.

Après la profanation, le groupe s'est dispersé. Nouveau s'engage dans la Légion étrangère pendant quelques mois, puis il fait amende honorable et commence une nouvelle vie en tant qu'ouvrier dans une usine de polystyrène. En 1993, il se marie et a rapidement un enfant. De même, Laonegro prend un emploi de vendeur dans un supermarché près de Perpignan. Lui aussi se marie et a rapidement une progéniture.

Le 24 avril 1997, le verdict est enfin prononcé dans l'affaire de la profanation du cimetière juif de Carpentras et du cadavre de Félix Germon. Olivier Fimbry et Patrick Laonegro sont condamnés à deux ans de prison. Yannick Garnier, en raison de ses remords et de ses aveux, est condamné à une peine de vingt mois, tout comme Bertrand Nouveau, dont on a constaté qu'il avait une personnalité instable et une tendance à la dépendance.
Dans son verdict, le juge a souligné que le crime n'était pas seulement « abominable en soi, mais qu'il a également été commis pour l'un des motifs les plus mauvais et les plus vils » : l'antisémitisme.

Après les actes de Carpentras, le président du RPR Jacques Chirac avait résumé la situation en disant : « Nous sommes tous en partie responsables. » En effet, plus qu'aucune autre affaire criminelle la profanation du cimetière juif a été marquée par des tactiques politiques, des retards et des manœuvres dilatoires. Au lieu d'encourager à la conduite d'une enquête rapide, il y a eu une succession de démentis, de tentatives pour minimiser l'affaire en la faisant passer pour une farce de garçons idiots ou pour discréditer les jeunes qui jouent à des jeux de rôle inoffensifs comme Donjons et Dragons.
Bien que la loi Gayssot contre l'antisémitisme, le racisme et la xénophobie soit entrée en vigueur le 13 juillet 1990, le Front National de Jean Marie Le Pen a connu un grand essor au fil des

ans. En 1995 encore, Le Pen se montrait confiant et exigeait des excuses de la part des autres partis pour l'avoir associé, lui ou son parti, aux auteurs de l'attentat de Carpentras. Même après le procès et le verdict, Le Pen a catégoriquement nié que son parti porte une quelconque responsabilité dans le scandale. Sa cote de popularité a alors chuté. Pas pour très longtemps toutefois.

La ville de Carpentras continue d'être connue comme un bastion du Front National ; en 2012, Marion Maréchal-Le Pen, la nièce du fondateur Jean-Marie Le Pen, a réussi à se faire élire par les habitants comme députée au Parlement. Au sud de la France, la Provence reste « brune ».

Chapitre 13

Femme fatale

(Par Alexander Apeitos / Vrai Crime - Podcast)

C'est l'été 1889 à Paris. La ville de l'amour, des rêveurs et des esprits libres accueille la dixième exposition universelle. Elle met l'accent sur le centenaire de la Révolution française pour rappeler au monde que les Français se sont battus pour leurs droits et se sont libérés de la monarchie.

En 1889, Paris doit faire face à de nouveaux défis. La ville est l'un des grands centres urbains de l'Europe et se développe incroyablement vite. Tout change et avant que l'on ne s'en rende compte, tout est à nouveau différent.

Michel Eyraud est un petit escroc minable et menteur, un délinquant, un bon à rien. Il se décrit comme un aventurier, vivant de ses histoires à dormir debout et de ses demi-vérités. Pour gagner sa vie, il joue et il vole. Ce fils de commerçants est né le 30 mars 1843 à Saint Etienne. Il s'est marié à 27 ans. Sa femme en avait 19 ans à l'époque et elle a rapidement compris ce que signifie être l'épouse de Michel Eyraud. Il la frappe et l'humilie, boit beaucoup trop d'alcool et finit par disparaître, un jour, sans bruit. Il réapparaît à Paris, une ville où il espère enfin mettre un pied dans la bonne société. Mais il n'y parvient pas et se retrouve rapidement pris dans la pègre parisienne. Rejeté par le monde qu'il convoite malgré ses efforts, il est vite connu comme un chien fou pour ses activités illégales.

C'est alors qu'il rencontre un soir, Gabrielle Bompard, 21 ans. Cette fille d'un ouvrier métallurgiste vient du nord de la France. C'est une jeune femme aux mœurs légères qui essaie de se conformer aux règles de la société et de devenir ce que tout le monde attend d'elle. Mais Gabrielle est mal élevée, dévergondée et égoïste. Exactement le genre de jeune femme que personne ne voudrait avoir pour fille à cette époque.
Dans sa ville natale, sa mauvaise réputation la poursuit. La pression sociale pesant lourdement sur ses parents, au début de l'année 1889, ils envoient leur fille unique dans un établissement psychiatrique où elle doit être rééduquée pour devenir une femme « correcte ».

Gabrielle qui ne veut être ni dirigée, ni mise en cage finit par s'enfuir. C'est ainsi qu'au cours de l'été 1889, cette petite jeune femme aux cheveux noirs se retrouve à Paris. La ville où elle espère pouvoir vivre comme elle en a envie.

Lorsque Gabrielle Bompard rencontre Michel Eyraud, ils ont une chose en commun : ils ont besoin d'argent. Tous deux sont persuadés que leur place n'est pas dans ce caniveau où ils vivent actuellement et dont ils essaient, tant bien que mal, de sortir. La jeune Gabrielle est fascinée par les histoires de Michel, et encore plus par son côté mauvais garçon. Tout est si excitant avec lui et semble si facile. Il leur suffit de fouiller dans quelques poches ou de rafler quelque argent sur un comptoir et c'est assez pour passer la journée. Pas beaucoup plus, cependant.

L'argent et les bijoux volés ne suffisent pas pour s'élever dans la société. Il leur faut beaucoup plus. C'est alors qu'ils élaborent un plan qui pourra les sortir tous deux du caniveau pour de bon.

Gabrielle va séduire un homme riche et l'attirer dans son appartement du 8e arrondissement, rue Tronson-du-Coudray. Elle prendra l'homme au piège quand il sera assis sur le canapé, en enroulant un foulard de soie autour de son cou.

Michel sera caché derrière une tenture pendant tout ce temps. Sur un signe de Gabrielle, il sortira, attachera le foulard à un crochet et, avec une poulie, il remontera la victime au bout d'une corde enroulée à une poutre. Le cou de l'homme se brisera, comme lors une pendaison. Ils pourront alors vider les poches du mort.

Gabrielle et Michel trouvent rapidement la victime parfaite. Il s'agit de l'huissier Toussaint-Augustin Gouffé, 49 ans dont la réputation de coureur de jupons n'est plus à faire. En plus, il se vante d'avoir beaucoup d'argent qu'il garde en grande partie sur lui. Gouffé et Gabrielle se sont déjà rencontrés. Il a montré un grand intérêt pour la jeune femme et lorsqu'elle l'invite chez elle le 26 juillet 1889, il ne dit pas non.

Tout est prêt. La corde est enroulée autour de la poutre du plafond, Michel attend derrière le rideau de la fenêtre et Gabrielle commence à nouer tendrement le foulard de soie autour du cou de Gouffé. À son signal, Michel sort de derrière le rideau et tente de passer le crochet dans foulard, mais la victime recule. L'homme se débat, se défend à coups de poing et de pied et finit par se retrouver couché sur le dos. Michel Eyraud est au-dessus de lui, il met ses mains sont autour du cou de Gouffé et serre fort, de plus en plus fort, longtemps. Finalement l'huissier ne bouge plus. Après une brève pause pour respirer, Michel et Gabrielle se rendent compte que l'homme est bel et bien mort.

C'est la cupidité pure qui a poussé Gabrielle Bompard et Michel Eyraud au meurtre. Bien sûr, leur plan n'a pas fonctionné comme prévu, mais le résultat est le même pour eux. Leur victime est morte et ils sont maintenant beaucoup plus riches.

Hélas, à leur grande déception, Gouffé n'a pas un seul franc sur lui. Au lieu d'un beau butin, il leur reste le cadavre d'un homme connu à Paris dont ils doivent se débarrasser au plus vite. Il n'y a pas de temps à perdre. Gabrielle et Michel enveloppent le corps dans un grand drap, qu'ils lient avec une corde de 7 mètres. Puis ils mettent le cadavre dans grande une malle en bois.

Maintenant, il faut faire vite. Gabrielle et Michel prennent des billets de train et, le 27 juillet 1889, ils apportent la malle à la gare de Lyon. Ils la mettent dans la voiture à bagages.

Arrivés à Lyon quelques heures plus tard, ils louent une voiture à cheval et prennent la route de Vernaison, au sud de Lyon. Dans un endroit isolé, ils laissent la malle dévaler une pente. Elle se fracasse un peu plus bas et des éclats de bois se dispersent sous les grands arbres.

Deux jours plus tard, le 29 juillet 1889, les proches de l'huissier signalent sa disparition.

Le 13 août 1889, le cantonnier Denis Coffy se présente à la gendarmerie de Millery. Il a remarqué une odeur pestilentielle sur la petite route allant de Vernaison à Millery. A l'endroit cité, les gendarmes aperçoivent un grand sac en tissu dans un buisson. L'odeur insupportable vient de là. Lorsqu'ils ouvrent le sac, ils trouvent le corps d'un homme en état de décomposition.

Le 14 août, une première autopsie est pratiquée sur le cadavre. Il en ressort que la victime doit être morte depuis trois à cinq semaines et qu'elle a été tuée par strangulation.

Le 15 août 1889, un chercheur d'escargots trouve les morceaux de la boîte en bois et prévient les gendarmes. Les enquêteurs arrivent rapidement sur les lieux. Il s'est passé peu de temps après la découverte du corps de l'inconnu et tout indice, aussi peu spectaculaire soit-il, est utile et peut conduire à la résolution de l'affaire.

Les gendarmes remarquent immédiatement la terrible odeur qui se dégage les éclats de bois. La même que celle du sac mortuaire qui a été trouvé deux jours auparavant. Il doit forcément y avoir un lien. Lorsqu'ils découvrent une étiquette indiquant que la malle a voyagé de Paris à Lyon, l'enquête fait soudain un grand pas en avant. Le parquet de Lyon transmet les informations et les preuves au parquet de Paris, qui charge l'enquêteur Marie-François Goron de résoudre cette affaire de meurtre.

Le détective soupçonne un lien entre la disparition de Gouffé le 29 juillet et la découverte du corps à Lyon. Mais il n'a pas de preuves.

Les choses vont se clarifier le 13 novembre 1889, lorsque le docteur Alexandre Lacassagne, médecin légiste, pratique une nouvelle autopsie du corps conservé dans du formol, et qui n'a toujours pas été identifié. Il a recours à une méthode peu conventionnelle à l'époque pour établir le lien entre le corps et l'homme disparu. Il compare les cheveux du mort avec ceux trouvés dans le peigne de Gouffé. Il est également capable de distinguer une blessure sur le dos du cadavre qui correspond à une douleur dont se plaignait régulièrement Gouffé. Les soupçons se confirment et les constatations ne laissent pratiquement aucun doute sur le fait que le mort de la malle en bois est l'huissier Toussaint-Augustin Gouffé de Paris, disparu sans laisser de traces.

A Paris, les enquêteurs découvrent au même moment que Gouffé a été vu avec deux escrocs très connus - Michel Eyraud et sa maîtresse Gabrielle Bompard. Les investigations suivantes révèlent que les individus ont quitté Paris précipitamment le 27 juillet 1889. En outre, la police trouve un menuisier londonien qui confirme avoir vendu une grande malle en bois à Michel et Gabrielle.

Pendant ce temps, après s'être débarrassés du corps, Gabrielle et Michel ont fui ensemble aux États-Unis et se sont installés à San Francisco. Là-bas, cependant, la vie n'est pas meilleure qu'à Paris. Ils gardent la tête hors de l'eau en allant de vols en escroqueries diverses et décident même de réitérer le coup raté de Paris.

Mais une fois de plus, rien ne se passe comme prévu. Gabrielle tombe amoureuse de sa victime, quitte Michel et revient en France. À cette époque, elle est déjà recherchée et est finalement arrêtée le 22 janvier 1890. La jeune femme nie d'abord toute accusation d'implication dans le meurtre de Gouffé, puis elle passe aux aveux et insiste sur le fait qu'elle a été attirée dans un piège par Michel Eyraud. Elle donne tous les détails aux enquêteurs, en commençant par la façon dont ils ont planifié et finalement exécuté le meurtre, et en terminant par sa fuite à San Francisco.

Michel Eyraud, quant à lui, est passé par le Canada et le Mexique avant de se rendre à Cuba où il vit dans un refuge pour indigents. Il est arrêté sur un marché en juin 1890 après avoir tenté de revendre un manteau volé.

Gabrielle Bompard et Michel Eyraud sont jugés à Paris en décembre 1890. Michel est condamné à être guillotiné. La sentence est exécutée le 3 février 1891 par le bourreau Luis Deibler.

Gabrielle, quant à elle, est devenue une petite célébrité au cours du procès. Sa jeune beauté plaide pour son innocence aux yeux de beaucoup.

Jour après jour, la presse attend de voir quelle robe elle portera au tribunal et comment elle coiffera ses cheveux. Au procès, son avocat Henry Robert plaide la folie. Gabrielle aurait été hypnotisée par Michel Eyraud et n'aurait pas réalisé dans quel projet cruel elle était entraînée.

C'est une tactique efficace, car l'hypnose est très populaire à Paris dans ces années-là. Gabrielle s'en sort avec les circonstances atténuantes. Elle échappe donc à la mort et est condamnée à 20 ans de prison (on disait travaux forcés à l'époque). Elle purge sa peine à la prison pour femmes de Nanterre, puis à Clermont.

Gabrielle est libérée dès 1905, pour bonne conduite. Elle est encore une petite célébrité à cette époque et gagne sa vie comme danseuse dans un théâtre. Son histoire attire de nombreux spectateurs. Est-elle dérangée par le fait qu'elle doive son succès au meurtre d'un huissier ? Peu de gens ont eu cette impression. Lorsqu'elle parle du meurtre, ce bout de femme d'1,50 m aux traits délicats apparaît froid, cruel et indifférent. Ce qui lui vaut d'être surnommée « petit démon » par la presse internationale.

La cruauté de ce meurtre commis par une jolie jeune femme de bonne famille, l'intérêt qu'il a suscité dans la presse de l'époque et la recherche spectaculaire des deux meurtriers font de l'affaire Gouffé l'une des plus populaires de la fin du XIXe siècle.

Gabrielle, la femme fatale est morte oubliée au début des années 1920.

Le docteur Alexandre Lacassagne, quant à lui, n'a pas seulement réussi à identifier le corps de Gouffé. Ses méthodes ont également permis de réaliser une percée dans le domaine de la médecine légale. Plusieurs des procédures qu'il a utilisées lors de ses autopsies sont aujourd'hui standard au cours des examens médico-légaux.

Chapitre 14

La douleur des images

Quoiqu'elle fasse, elle ne peut pas ouvrir les yeux. Son visage lui fait mal, il est gonflé, la peau est tendue. Le cœur de la jeune femme s'emballe, et pompe l'adrénaline de plus en plus vite dans le corps tremblant. Elle se bat pour respirer. Une sueur froide la recouvre. « Je suis attachée », cette idée flashe dans sa tête. « Mais qu'est-ce qui se passe, bon sang ? »

Elle essaie de crier, mais le bâillon qui lui cisaille la bouche transforme son cri en grognement. Elle sent qu'elle n'est pas seule. Quelqu'un est là, quelqu'un qui lui veut du mal. Elle retient son souffle, écoute dans l'obscurité. Une panique sans fond menace de la submerger. Elle entend des pas lourds, qui se rapprochent. Elle se tortille sur la chaise à laquelle elle est attachée, essayant d'échapper à ce qui l'attend. Aucune chance. Une odeur d'après-rasage lui monte aux narines alors que la douleur fulgurante d'une lame de couteau s'enfonçant dans sa joue la traverse brutalement.

Le matin du 30 mars 2003, les pompiers de Meyrargues près d'Aix-en-Provence, reçoivent un appel d'urgence. Un incendie s'est déclaré dans l'un des quartiers résidentiels. Un peloton de pompiers se met en route sans perdre de temps. Qui sait, il y a peut-être des gens dans la maison en feu ou bien les flammes peuvent se propager aux maisons voisines. Les pompiers ne savent jamais à quoi s'attendre lors d'une mission, mais les images qu'ils vont voir resteront gravées dans leur mémoire pendant longtemps.

Après avoir éteint le feu et évité des dégâts importants, deux pompiers rentrent dans la maison. Parfois, des braises couvent sans qu'on le remarque et l'incendie peut repartir. Il faut vérifier. En entrant dans la première pièce, l'un des pompiers voit un cadavre carbonisé allongé sur un lit. Il se tourne vers son collègue et secoue la tête. Ils ne peuvent rien faire de plus. Les deux hommes sont expérimentés et se rendent immédiatement compte que quelque chose ne va pas. Le deuxième pompier se dirige vers la pièce suivante. Il s'agit manifestement d'un bureau. Il n'y a personne. Dans la pièce suivante, une chambre, les deux hommes découvrent un autre cadavre sur le lit. Encore une fois, il est trop tard. Mais que s'est-il passé dans cette maison ? Après avoir inspecté les autres pièces, ils rejoignent leurs camarades à l'extérieur. « Nous n'avons pas trouvé de feu couvant, mais nous avons trouvé deux cadavres. Il faut informer la police pour qu'elle vienne jeter un coup d'œil. » Visiblement bouleversé, l'un des pompiers ajoute quelque chose qu'il n'a jamais eu à dire de toute sa carrière : « Les deux corps sont attachés. »

Ce n'est pas un simple incendie. Il devient rapidement clair qu'un crime a eu lieu dans cette maison.

Lorsque la police judiciaire arrive sur les lieux, leurs collègues de la gendarmerie finissent de boucler le périmètre de la propriété avec du ruban jaune et noir. Les enquêteurs entrent dans la maison. D'abord, ils vont dans la première pièce, juste à côté de la porte d'entrée. C'est ici, ont dit les pompiers, que se trouve le premier cadavre. Les policiers voient le corps d'une femme entièrement vêtue, allongé sur le lit. Elle est attachée aux chevilles et aux genoux avec du ruban adhésif noir. Ses mains sont attachées derrière son dos. Un morceau de ruban adhésif est collé sur les yeux. Un bâillon est coincé dans la bouche. La gorge de cette femme d'âge mûr porte une profonde entaille.

Entre-temps, un parent et un collègue de travail de l'une des victimes sont arrivés permettant aux enquêteurs d'établir rapidement l'identité des deux corps. Le premier est celui de Chantal d'Amato, 54 ans ; l'autre est celui de sa fille, Audrey d'Amato, 24 ans. La jeune femme se trouve dans la deuxième chambre de la maison et les enquêteurs remarquent immédiatement des différences dans la position des corps. Elle est allongée la tête au fond du lit, les jambes légèrement écartées. Les mains de la jolie jeune femme sont solidement attachées devant elle à l'aide d'un câble. À la différence de sa mère, elle n'a pas été bâillonnée mais elle a également un grand morceau de ruban adhésif sur les yeux. Les enquêteurs remarquent un autre détail : contrairement à celui de Chantal, le corps d'Audrey porte de nombreux coups de couteau. Les enquêteurs sont choqués par la cruauté du crime. Comment un être humain peut-il être capable d'une telle chose ?

Les deux corps sont transportés à l'Institut médico-légal de Marseille afin de déterminer la cause et l'heure du décès. Chantal est autopsiée la première. Le légiste détermine que la blessure béante sur sa gorge a été faite avec un couteau. En raison de l'étendue et de la précision de la coupure, le médecin légiste estime que la lame du couteau mesurait entre 12 et 15 cm. Il peut déterminer que l'auteur a manié son arme de gauche à droite. Il soupçonne le tueur de s'être tenu derrière sa victime, de lui avoir tiré la tête en arrière par les cheveux, en tenant le couteau dans la main droite, puis de lui avoir infligé cette énorme coupure. Il a ainsi tranché la carotide ce qui a entraîné la mort. En poursuivant l'autopsie il fait une découverte importante pour la reconstitution ultérieure du crime : à l'arrière de la tête de Chantal il remarque une ecchymose prononcée. La victime a dû recevoir un coup violent sur le crâne par derrière. En raison de l'hématome, le légiste est certain que ce coup lui a été infligé avant sa mort. En effet, si Chantal était déjà morte lors de ce coup violent, un tel hématome n'aurait pas pu se former. En raison de la chute rapide de la pression sanguine due à l'égorgement, le sang n'aurait pas circulé suffisamment dans la tête. Comme le tueur a frappé violemment la tête de sa victime et que le médecin ne trouve aucune lésion défensive caractéristique sur le corps de Chantal, celle-ci devait être inconsciente lorsque le tueur a terminé son travail. C'est tout à fait possible. Le médecin légiste secoue la tête et soupire.

Ensuite, il examine la belle jeune fille. Le corps d'Audrey présente 17 coups de couteau au visage, quatre autres sont répartis sur le torse, deux au niveau de la carotide et deux sur la cage thoracique. Il pense que les deux derniers coups de couteau ont entraîné sa mort, probablement après de longues minutes d'une lutte désespérée pour survivre. Il estime la durée de la torture à 20-30 minutes, mais il ne peut en être sûr. Il peut seulement dire aux enquêteurs que le tueur a torturé la jeune femme en lui infligeant des blessures assez légères. Il n'a porté les deux coups mortels que lorsqu'il a décidé d'en finir. Les hématomes sur les chevilles de la victime indiquent qu'Audrey était attachée pendant la séance de torture. Cependant, le bâillon a apparemment été enlevé par le tueur pendant son crime. Les poignets ont étés liés si étroitement avec un cordon électrique que des bleus se sont développés.

En outre, il note que le tueur n'a infligé de sévices sexuels à aucune des deux femmes et qu'elles étaient déjà mortes quand le feu a éclaté. En observant leurs poumons, il peut exclure la possibilité qu'elles aient inhalé de la fumée. Le dernier examen consiste à étudier le contenu de l'estomac des cadavres. Les restes d'aliments sont analysés et, sur la base des différents cycles digestifs, le médecin écrit dans le rapport d'autopsie que les aliments présents dans le tube digestif de la fille étaient encore bien visibles. La digestion de la mère était plus avancée d'environ quatre heures. Quant à la chronologie des meurtres, il conclut que la mort est survenue d'abord chez la jeune femme et beaucoup plus tard chez sa mère.

Les enquêteurs sont stupéfaits par la brutalité des actes. Si Chantal d'Amato n'était pas inconsciente, elle a dû entendre la torture cruelle infligée à sa fille et son meurtre brutal. C'est une pensée presque insupportable. Pourtant, c'est cette même pensée qui pousse tous les enquêteurs à chercher énergiquement la personne responsable de cet acte monstrueux. Après avoir étudié le rapport d'autopsie, les policiers ont le sentiment indubitable que la fille était la cible principale du tueur. L'autre femme étant une victime collatérale. Bien sûr, elle a été tuée aussi, mais le tueur n'a pas été aussi impitoyable avec elle qu'avec sa fille.

Pendant que l'autopsie a lieu, le domicile des victimes est minutieusement inspecté par les techniciens de la police scientifique et les enquêteurs. Après une première visite du logement, ils ont pu exclure la thèse du vol. Rien n'a disparu dans la maison. Une autre découverte laisse les experts perplexes : il n'y a aucun signe d'effraction. Comment le tueur est-il entré dans la maison ? Et comment est-il parti ? Le jeu de clés d'Audrey est toujours à l'intérieur, dans la serrure cylindrique. La porte était verrouillée et les fenêtres fermées lorsque les pompiers sont arrivés. Les experts trouvent rapidement la réponse à cette question : la porte vitrée de la véranda du salon était ouverte et le volet roulant électrique était baissé. Il n'y a qu'une seule explication possible : après son acte, le tueur a actionné l'interrupteur du volet roulant qui met quelques secondes à descendre complètement.

Pendant ce laps de temps, il a dû quitter les lieux par la porte de la véranda.

Lors de la fouille du bureau, les enquêteurs découvrent autre chose. Il y a une chaise au milieu de la pièce. Sur le tapis, ils trouvent un morceau de ruban adhésif et un rouleau vide ; c'est avec ce même ruban adhésif que le tueur a ligoté et bâillonné la mère et la fille. Cependant, en raison de l'incendie, la maison est très endommagé et les enquêteurs ne découvrent aucun autre indice. Afin d'en savoir plus sur le déroulement du crime, ils consultent un expert en traces de sang. Son but est de découvrir où la mère et la fille ont été tuées. Afin de rendre le sang visible, l'expert pulvérise toutes les surfaces avec le Blue Star, un agent contenant du luminol. Ensuite, les pièces sont plongées dans le noir complet. À l'aide de lampes de poche à lumière noire, qui émettent une lumière UV bleutée, les pièces sont ensuite parcourues minutieusement. Là où il y a du sang, la solution contenant le luminol commence à briller en bleu.

Dans la chambre d'Audrey, l'expert ne détecte aucune trace de sang ; dans la chambre de la mère, seules deux petites traces de sang clignotent en bleu à la tête du lit. Armé d'une lampe de poche, l'expert se fraye un chemin dans le bureau, au milieu duquel se trouve toujours la chaise. « Mon Dieu ! » s'exclame-t-il alors qu'il passe la lampe sur le siège. Les bras de la chaise, le dossier et le sol s'illuminent en bleu. « C'est donc ici que tu es morte... », murmure-t-il. Une analyse ADN effectuée plus tard montrera que le sang sur la chaise est bien celui d'Audrey. Dans le petit couloir entre le bureau et les chambres, il y a d'autres traces de sang sur le sol et les murs. Ceci permet aux enquêteurs de retracer le parcours du tueur avec les corps.

L'étage inférieur a ensuite été incendié, probablement pour détruire toute trace du crime. Il n'y a aucun doute : les femmes ont souffert un martyre avant de mourir. Le 8 avril 2003, le parquet d'Aix-en-Provence ouvre une information judiciaire pour meurtre, actes de torture et de cruauté.

Au cours de l'enquête minutieuse qui suit ce crime d'une terrible brutalité, la police interroge les voisins et les connaissances de Chantal et Audrey pour reconstituer les dernières heures de leur vie. Chantal a passé le week-end avec son compagnon. Le couple a visité une propriété, car il souhaite depuis longtemps emménager ensemble. Le dimanche soir, Chantal est rentrée à son domicile vers 20 heures. Vers 21h30, certains voisins l'ont vue promener son chien dans le lotissement, comme elle le fait tous les soirs. Peu après, à 21 h 45, elle a envoyé des textos à son compagnon, confirmant combien leur week-end ensemble a été agréable. Un peu avant 22 heures Chantal appelle son ex-compagnon pour lui souhaiter un bon anniversaire. L'appel ne dure que quelques minutes.

Sa fille Audrey a passé le week-end sur la Côte d'Azur avec son petit ami. Le dimanche soir, elle dépose le jeune homme à Marseille et lui dit au revoir, en précisant qu'elle rentre chez elle. Une fois à la maison, elle verrouille la porte de l'intérieur, car les deux femmes n'ont pas l'intention de ressortir. Entre 22h20 et 22h45, le couple d'amoureux échange encore quelques textos. « J'ai passé un week-end magique ! Je t'aime ! », est l'un des derniers messages qu'elle envoie.

Les enquêteurs peuvent reconstituer la séquence du crime comme suit à partir des indices qu'ils ont recueillis : alors que Chantal promène son chien le soir du 30 avril 2003, le tueur s'introduit dans la maison des deux femmes par la porte d'entrée qui n'est pas verrouillée, et s'y cache. Après que la mère soit rentrée chez elle et ait passé son dernier coup de fil, le tueur sort de sa cachette et la frappe d'un coup massif à l'arrière du crâne. Chantal a dû s'effondrer, inconsciente. Il traîne le corps dans le bureau, l'attache et la bâillonne avec le ruban adhésif qu'il a apporté avec lui. Il se cache ensuite sous une couverture dans le bureau. Après l'arrivée de la jeune fille à la maison, l'homme tout de noir vêtu, avec de grosses chaussures et une cagoule sur la tête, attend le bon moment pour se jeter sur sa véritable cible.

Il sort enfin du bureau et se dirige vers la chambre d'Audrey. La jeune femme l'aperçoit, mais il a l'effet de surprise pour lui et il la frappe brutalement au visage avec son poing. Elle s'effondre, inconsciente. L'agresseur la traîne dans le couloir jusqu'au bureau et la hisse sur la chaise qu'il a placée au milieu de la pièce. Il fixe ses chevilles aux pieds de la chaise avec le ruban adhésif, colle un grand morceau de ruban adhésif sur ses yeux et la bâillonne. Cependant, il est à court de ruban adhésif, il en a utilisé beaucoup trop pour ligoter Chantal. Il arrache le cordon du téléphone, le coupe avec le couteau qu'il a sur lui, et attache solidement les poignets de la jeune femme. Finalement, Audrey reprend conscience. Apparemment, l'agresseur veut l'entendre, car il lui enlève le bâillon. Les enquêteurs n'ont aucun doute sur le fait que le tueur a joué un jeu sadique avec elle. Les nombreuses coupures qu'il lui inflige, notamment au visage, ont pour seul but la torturer avant qu'il ne la tue finalement d'un coup de couteau profond et ciblé.

Les enquêteurs sont certains que le tueur a non seulement voulu la faire souffrir en lui infligeant des blessures au visage, mais aussi détruire sa beauté. Après avoir terminé son travail, il traîne le corps de la jeune femme dans sa chambre et la couche sur son lit. Il revient ensuite dans le bureau, saisit par les cheveux la mère allongée, attachée et bâillonnée et lui tranche la gorge. Les enquêteurs espèrent que la femme était encore inconsciente à ce moment-là et qu'elle n'a pas eu à entendre l'agonie et les cris de douleur de sa fille. Le tueur traîne également Chantal à travers le couloir jusqu'à sa chambre et l'installe sur son lit. Il allume ensuite un feu et disparaît par la porte vitrée de la véranda.

Les enquêteurs et les experts parviennent à reconstituer le déroulement des événements mais se posent toujours la question : pourquoi le tueur a-t-il commis ce crime horrible ? Quel est son motif ? D'où vient cette rage meurtrière ? Pourquoi a-t-il torturé Audrey si impitoyablement ? Le comportement du tueur s'écarte à bien des égards des affaires de meurtre sur lesquelles les policiers ont travaillé jusqu'à présent.

Afin de donner un nouvel élan à l'enquête, ils demandent l'aide des experts de l'Institut de recherche criminelle du tout nouveau Département des sciences du comportement. Ces derniers vont devoir apporter des éclaircissements sur la manière dont le crime a été commis et sur la psychologie du tueur. Ces spécialistes se concentrent sur ce que l'on appelle le profilage, un domaine d'expertise mis au point dans les années 1950 aux États-Unis par le FBI. L'analyse détaillée de la scène de crime, du déroulement des événements et des victimes leur permet de créer un profil du tueur, qui aidera les enquêteurs de la brigade criminelle à identifier le coupable. Le Département des sciences du comportement envoie un de ses profilers à Meyrargues. Tout auteur de crime laisse une sorte de trace psychologique sur les lieux, qui fournit des informations sur sa personnalité et son comportement dans la vie quotidienne. Pour ce faire, les différentes situations avant, pendant et après le crime sont examinées et évaluées.

Tout d'abord, le profiler étudie le rapport d'autopsie des deux femmes assassinées et confirme les soupçons des enquêteurs : le tueur est à rechercher dans l'environnement de la jeune femme. Le tueur a assassiné la mère de sang-froid simplement parce qu'elle se trouvait là au mauvais moment. En revanche, il a pris beaucoup de temps pour torturer Audrey et a révélé un grand degré de sadisme. Son but est de voir sa victime souffrir. L'expert tire cette conclusion à partir de la multitude de blessures que le tueur a infligées à la jeune femme. Il ne l'a pas lâchée, ce qui démontre une profonde haine envers elle. Elle a dû déclencher en lui des sentiments violents qui l'ont poussé à la torturer. Une sorte de vengeance. Le profiler explique qu'il a couvert les yeux de ses victimes parce qu'il se sentait humilié si on le regardait trop longtemps. Il soupçonne également le tueur d'avoir lutté contre lui-même avant de céder à son envie de commettre ce crime. Cette envie a dû le travailler pendant longtemps. Il semble être très renfermé et solitaire, ce qui lui laisse le temps de penser constamment à son problème avec Audrey. Cette rumination permanente a dû aggraver les choses. Il s'est mis littéralement en situation. Après cette analyse, les enquêteurs sont censés rechercher un homme discret, pas un frimeur ou un éventreur spectaculaire. Le meurtrier a commis son crime apparemment sans émotion. L'expert voit donc une certaine forme de perversion dans ses actions.

Le résultat de l'analyse comportementale suggère aussi que le tueur a dû se préparer à son crime. Un acte purement passionnel peut être exclu sans risque de se tromper. Il a dû observer les deux femmes et leurs habitudes pendant un certain temps, sinon il n'aurait pas pu accéder à la maison sans se faire voir, ni sans laisser de traces d'effraction. En outre, le profiler note que l'absence de l'arme du crime en dit long sur l'homme recherché. Il a le couteau sur lui quand il entre dans l'appartement et il l'emporte après le crime. Cela fait partie de son plan, sinon il aurait pu prendre un couteau dans la cuisine et le laisser derrière lui. Ce comportement fait penser à un tueur bien organisé, ayant des tendances psychopathiques. L'expert précise aux enquêteurs qu'une personne qui fait autant de préparatifs a probablement déjà tué dans le passé ; il se peut même que cette personne ait déjà été condamnée sans que dans son environnement actuel personne n'en sache rien.

Malgré les indices découverts sur la scène du crime et l'analyse détaillée du comportement, les enquêteurs piétinent pendant un an jusqu'au 4 avril 2004. Ce jour-là l'équipe d'Aix-en-Provence qui travaille sur le dossier reçoit un appel des gendarmes d'une ville voisine. Ils viennent d'arrêter Ponce Gaudissard, un homme de 47 ans, qui a proféré des menaces de mort et tenté de violer son ancienne belle-sœur. La manière dont le violeur s'y est pris interroge les policiers. Ils ont donc décidé de contacter les enquêteurs de la criminelle chargés de l'affaire d'Amato. Il y a des similitudes avec le meurtre d'une mère et de sa fille à Meyrargues. Les enquêteurs effectuent immédiatement une comparaison des données et font une découverte cruciale : l'homme arrêté travaillait comme chauffeur de bus pour la même compagnie de transport qu'Audrey au moment des meurtres ! Un an auparavant, le chauffeur de bus s'était installé à Aix-en-Provence après l'échec de son mariage. Il a un fils qui vit avec sa mère.

Son entourage décrit Gaudissard comme un homme précis, qui travaille bien, qui est ponctuel et fiable. Certains témoins notent qu'il a toujours une apparence soignée, allant jusqu'à se manucurer les ongles. Quelles que soient les personnes interrogées par les enquêteurs, toutes disent que Gaudissard est une personne très sympathique. Sauf qu'elles sont incapables de dire où il vit. Il n'invite jamais personne. Parfois son fils vient lui rendre visite. Ses seuls autres contacts sont avec ses collègues de travail. Déjà, les enquêteurs remarquent que Ponce Gaudissard semble être structuré de manière similaire à ce que le rapport de l'analyste comportemental leur a suggéré.

Un autre élément correspond au profil du tueur : le discret chauffeur de bus a déjà fait l'objet de plusieurs condamnations pénales. Par exemple, il a harcelé une femme pendant des années avant qu'un jour de 1995, alors qu'elle était seule dans son appartement avec son enfant, il ne fasse irruption et n'abuse d'elle brutalement. Le violeur a été condamné à dix ans de prison, mais il n'a pas purgé la totalité de sa peine. Lors de ce crime, ainsi que lors de la tentative de viol de son ancienne belle-sœur, l'homme avait la tête couverte d'une cagoule noire et portait un couteau.

Le 12 février 2004, près de onze mois après le meurtre brutal de Chantal et Audrey d'Amato, Gaudissard est remis aux enquêteurs d'Aix-en-Provence. Lors de la perquisition de son studio, les enquêteurs saisissent des jumelles et du ruban adhésif du même type que celui utilisé dans le meurtre de la mère et de la fille à Meyrargues.

Après de longs interrogatoires, les enquêteurs parviennent à reconstituer le mobile de ce crime. En fouillant sur son lieu de travail, ils tombent sur une lettre qui a été remise à l'employeur de Gaudissard six jours avant le meurtre des deux femmes. Il s'agit d'une demande de saisie sur salaire en référence au viol qu'il a commis en 1995. La somme de 22 400 euros doit être versée par le condamné à un fonds de garantie pour les victimes. C'est Audrey d'Amato, la secrétaire, qui était en charge de ce processus de saisie sur salaire. Elle était donc au courant de son passé criminel. Elle a cherché à avoir avec lui une conversation concernant la saisie sur salaire. Le chauffeur de bus s'est senti humilié et c'est ce qui a signé sa condamnation à mort.

Gaudissard n'avouera pas le meurtre de la mère et de la fille lors des nombreux interrogatoires. Une seule fois, dans un accès de faiblesse, il dira aux enquêteurs : « Je ne me sens pas coupable. » Mais ces derniers en sont certains : ils ont devant eux un violeur et un meurtrier.

Le premier jour de juillet 2008, Ponce Gaudissard est traduit devant la cour et condamné à 30 ans de prison, avec une période de sureté de 20 ans. Le meurtrier fait appel. Un nouveau procès a lieu en mars 2011 et il est condamné à la prison à perpétuité, assortie d'une période de sureté de 22 ans. Gaudissard reçoit la sentence sans émotion.

Un proche des deux femmes assassinées racontera plus tard ce que lui a dit l'un des inspecteurs alors que l'enquête était encore en cours : « Vous portez la douleur d'un frère et d'un oncle.

Nous portons la douleur des images. Je vous promets que je n'aurai pas de repos tant que nous n'aurons pas trouvé l'assassin de votre sœur et de votre nièce. »
Il a tenu parole.

Chapitre 15

Voulez-vous boire quelque chose?

(Par Tim Elser)

**

Marcel Guillaume

Le 24 mars 1933, à deux heures du matin, monsieur Mayeul, au numéro neuf de la rue de Madagascar dans le 12e arrondissement de Paris, est brusquement tiré de son sommeil. Quelqu'un n'a-t-il pas crié à l'aide il y a quelques secondes ?

Encore à moitié endormi, il s'efforce de percevoir les bruits environnants, mais le silence est total. A-t-il imaginé les cris ? Font-ils partie d'un de ces rêves où l'on ne peut distinguer la réalité de l'illusion ?

À peine a-t-il terminé de se poser la question qu'il entend une voix affolée venant de dehors.

« Au secours, papa ! Il y a le feu, il y a le feu ! »

C'est la voix d'une jeune femme, cela ne fait aucun doute. Il est également certain maintenant que monsieur Mayeul n'a pas imaginé des voix dans son sommeil. Il se lève et se précipite dans l'escalier sombre, mais à son grand étonnement, le silence est à nouveau total. Il n'y a pas non plus la moindre trace de feu.

« Sûrement une fausse alerte », pense Mayeul, un peu déconcerté. Après un dernier regard attentif sur l'étroite cage d'escalier avec ses marches de bois, il rentre dans son appartement et revient se coucher.

Dix minutes plus tard, alors que monsieur Mayeul vient à peine de se rendormir, son sommeil est à nouveau interrompu par des coups frappés à la porte. Dans le silence de la nuit, ce martèlement ressemble à des coups de canon. En toute hâte, l'homme enfile une robe de chambre et se précipite pour ouvrir la porte de son logement. Il se retrouve alors face à une jeune femme en chemise de nuit, aux cheveux bruns et courts et aux lèvres fines. Elle semble en détresse. Il s'agit de Violette, 18 ans, la fille de ses voisins, les Nozière.

« Violette ! qu'est-ce qui ne va pas ?

- Venez vite, s'il vous plaît ! Ma mère ne respire pas et mon père est inconscient !

- Grand Dieu ! que s'est-il passé ?

- Apparemment un... un court-circuit, il y a de la fumée partout, balbutie Violette. Aidez-moi !

- Bien sûr, je viens » dit Mayeul.

Il suit la jeune femme dans l'appartement voisin.

Baptiste Nozière, le père de Violette, est allongé à plat ventre devant un rideau en feu qui sépare la chambre du couloir. Apparemment, il s'est évanoui en essayant d'arracher le rideau. Sa femme Germaine est allongée sur le lit, entièrement habillée et, elle aussi, apparemment inconsciente. Monsieur Mayeul éteint le feu et va chercher de l'aide. Une brève enquête menée par les pompiers révèle qu'un court-circuit n'a pas pu entraîner l'incendie. Cependant, aucune recherche supplémentaire n'est effectuée.

Baptiste Nozière sort indemne de l'accident et reprend rapidement conscience. Sa femme Germaine, est admise à l'hôpital pour avoir inhalé de la fumée. Elle en sort deux semaines plus tard, le 4 avril 1933.

Pour remercier monsieur Mayeul, les Nozière lui offrent une bouteille de vin. Ils ne peuvent pas savoir à ce moment-là que ce voisin serviable va bientôt être appelé à leur sauver la vie une nouvelle fois.

La chaleur accablante en cette matinée du 23 août 1933 n'est pas inhabituelle pour les Parisiens ; l'air déjà brûlant se mêle aux gaz d'échappement des voitures et de nombreux passants portent leur veste sur le bras pour se rendre au travail. Dans les cafés qui bordent les boulevards, les gens sont assis en train de lire le journal du matin. Certains fument la pipe, discutent nonchalamment avec leur voisin ou mordent dans un croissant devant un café au lait.

Chez lui, monsieur Mayeul aussi est assis à sa table pour prendre son petit-déjeuner. Devant lui, fume une tasse de café et à côté des croissants dorés sont enveloppés dans une serviette. Son attention est attiré par un titre de la dernière édition du quotidien « l'Humanité ». L'article évoque la mort d'un employé des chemins de fer de 48 ans et les blessures subies par sa femme. Apparemment, le couple a tenté de se suicider.

L'article indique aussi que la fille du couple a découvert les corps de ses parents dans leur appartement situé dans l'arrière-cour du numéro neuf de la rue de Madagascar, dans le 12e arrondissement de Paris, dans la nuit du 21 au 22 août 1933. La jeune femme s'est alors précipitée, paniquée, chez un voisin, qui a immédiatement alerté les services d'urgence.

À ce moment-là, monsieur Mayeul arrête sa lecture, se lève et regarde dehors, perdu dans ses pensées. Son regard s'attarde sur une fenêtre située en face, dont la balustrade est ornée de ferronneries.

Il est à nouveau environ deux heures du matin lorsqu'il est tiré du sommeil par un coup sec. Comme il l'a fait cinq mois auparavant, monsieur Mayeul se lève, enfile sa robe de chambre, court vers la porte. Devant lui se tient une Violette bouleversée, vêtue seulement de sa chemise de nuit qui l'implore : « Venez vite, s'il vous plaît ! Il y a une odeur de gaz dans notre appartement ! »

Monsieur Mayeul se précipite et sent immédiatement une forte odeur de gaz dans la cage d'escalier. En entrant dans l'appartement des Nozière, il prend soin de ne pas allumer la lumière, car la moindre étincelle pourrait provoquer une explosion. Dans l'obscurité totale, il se dirige vers une fenêtre du salon et l'ouvre en grand. Il se rend ensuite dans la cuisine et ferme le robinet du gaz. Ce n'est que lorsque la pièce est complètement aérée que monsieur Mayeul ose allumer le plafonnier. Ce qu'il voit alors est une scène terrible.

Baptiste Nozière est allongé en chemise de nuit sur le sol à côté du grand lit double, les jambes tordues. Ses mains s'agrippent à un pied du lit. Sa femme Germaine, toute maigre et frêle, la peur encore inscrite sur le visage, est allongée sur le lit, les mains croisées, comme si elle avait attendu la mort avec calme.

Lorsque Violette voit les corps sans vie de ses parents, elle se sent si mal que monsieur Mayeul doit l'emmener dans son appartement. Puis il se précipite chez le concierge qui prévient les secours.

« Je rendais visite à des amis ce soir », explique Violette qui, avec monsieur Mayeul et plusieurs voisins, attend dans la cage d'escalier l'arrivée d'une ambulance. « Quand je suis rentrée chez moi et que j'ai ouvert la porte, j'ai senti une horrible odeur.

J'ai pensé que c'était de la nourriture avariée ou quelque chose comme ça, puis j'ai vu que le tuyau de gaz de la cuisine avait été coupé et que le robinet était ouvert. J'ai appelé mes parents, mais je n'ai pas eu de réponse. J'ai cherché dans l'appartement et j'ai trouvé leurs corps. Je les ai secoués mais ils n'ont pas répondu ! » Violette éclate en sanglots. Juste à ce moment-là, la police et l'ambulance arrivent dans la rue de Madagascar.

Pendant qu'un médecin examine les corps de Baptiste et Germaine, Violette fait sa déposition à un policier en uniforme. Elle lui dit qu'elle n'est pratiquement pas rentrée chez elle ces derniers temps et qu'elle ne peut pas expliquer pourquoi ses parents ont tenté de se suicider. Elle cite les problèmes d'argent comme un motif possible.

Pendant ce temps, le médecin ne peut que conclure à la mort de Baptiste Nozière. Son corps couvert d'un drap est emporté sur une civière peu après. Germaine Nozière est également déclarée morte. Pourtant au moment où le médecin s'apprête à recouvrir son corps d'un drap, il s'arrête.

« Vite, apportez-moi un miroir ! », lance-t-il à l'un des policiers. Lorsque le miroir est placé sous le nez de Germaine, une légère buée se forme à sa surface. Les policiers n'en reviennent pas : « Cette femme est encore en vie ! Conduisez-la à l'hôpital, vite ! »

Germaine est immédiatement transportée à l'hôpital Saint-Antoine, situé à proximité. Elle est dans un état critique et les médecins luttent pour la garder en vie jusqu'aux premières heures du matin. Puis - lentement mais sûrement - son état se stabilise.

Pendant ce temps, le commissaire adjoint Gaston Mozer de la préfecture de police de Paris arrive au numéro neuf de la rue de Madagascar pour mener son enquête de routine. Il ne trouve rien d'extraordinaire : à première vue, l'affaire est simple. Le couple Nozière a, pour une raison ou une autre, décidé d'ouvrir le robinet de gaz et de mettre fin à sa vie.

Cependant, aucun des voisins ne peut expliquer pourquoi Baptiste et Germaine ont tenté un suicide commun. On savait, certes, que Violette les avait parfois mis en colère, en particulier lorsqu'elle avait quitté la maison il n'y a pas si longtemps, mais était-ce vraiment une raison de se suicider ?

Violette ayant mentionné que ses parents se plaignaient de problèmes d'argent, les voisins sont interrogés là-dessus, mais aucun des locataires n'en a entendu parler. Baptiste avait un bon salaire en tant que mécanicien à la compagnie de chemin de fer Paris-Lyon-Méditerranée. Les enquêtes ont révélé par la suite qu'il avait placé quelque 180 000 francs à la banque. Une belle somme qui, en cas de décès des deux parents, reviendrait à leur fille. En dehors de cela, la famille vivait modestement.

Lorsque l'inspecteur Mozer s'enquiert de Violette pour l'interroger sur les prétendus problèmes d'argent de ses parents, la jeune femme est introuvable. Selon certains voisins elle a dévalé les escaliers en pleurant avant de savoir que sa mère était encore en vie. « Très bien. Elle va sûrement se montrer demain matin, se dit Mozer en haussant les épaules. C'est dommage que nous ne puissions pas lui faire savoir que sa mère a survécu au drame. »

Une fouille rapide de l'appartement ne permet pas de trouver de l'argent, mais l'inspecteur découvre plusieurs livrets bancaires dans un tiroir de la commode. Après une inspection minutieuse, ils ne présentent rien d'anormal.

Une chose toutefois intrigue Mozer : les restes du repas sont encore sur la table de la cuisine et celle-ci a été mise pour trois personnes. Il est tout à fait possible que le couple ait décidé de se suicider immédiatement après le repas et qu'il n'ait pas débarrassé la table - mais qui était assis avec eux ? Violette peut-être !

Selon le concierge cependant, ni la jeune femme ni aucun des autres occupants de l'immeuble n'est entré ou sorti avant l'heure du dîner. Même monsieur Mayeul, qui s'était couché environ une heure avant que Violette ne frappe à sa porte, insiste sur le fait qu'il n'a pas entendu le moindre bruit provenant de l'appartement voisin de toute la soirée, et encore moins le bruit d'un dîner en famille. En fait, presque tous les voisins déclarent n'avoir pas vu les Nozière une seule fois ce jour-là.

Malgré les questions qu'il se pose, l'inspecteur expérimenté qu'est Mozer est convaincu que toutes ces incohérences seront éclaircies dans les jours à venir - et il ne va pas être déçu.

Dès le lendemain matin, un rapport arrive à la préfecture de police de Paris qui donne un tout autre éclairage à l'affaire. Selon les médecins de l'hôpital Saint-Antoine, Germaine Nozière ne souffrait pas des effets du gaz inhalé, comme on l'avait d'abord cru, mais d'une dose mortelle de Véronal - un précurseur du Barbital, un somnifère désormais bien connu.

En effet, la quantité de gaz qui s'est répandue dans l'appartement était trop faible pour avoir entraîné la mort du couple, déclarent-ils. Toujours selon les médecins, Germaine n'aurait probablement pas été capable d'ouvrir le robinet de gaz toute seule. Elle devait déjà être sous l'influence du médicament.

Les hommes de la préfecture de police de Paris confient l'affaire au juge d'instruction Lanom, qui ordonne immédiatement une autopsie du corps de Baptiste par le docteur Paul de l'Institut médico-légal. Ce dernier constate que le mécanicien est mort d'une overdose massive de Veronal.

Ce qui semblait n'être que le simple suicide d'un couple se transforme en un double meurtre brutal. L'affaire prend de telles proportions que la Brigade Criminelle est appelée à intervenir.

Marcel Guillaume du Quai des Orfèvres, siège de la police judiciaire de Paris, prend l'enquête en charge. L'inspecteur souhaite parler de toute urgence à Violette, mais la jeune femme n'a toujours pas réapparu. En son absence, plusieurs hommes de la police judiciaire, ainsi que l'équipe de la police scientifique de l'époque, mènent une enquête approfondie dans l'appartement des Nozière.

Les hommes trouvent des traces de Veronal dans deux verres à vin. Le troisième verre porte des empreintes digitales, mais elles sont tellement brouillées qu'elles ne peuvent être identifiées. Dans la corbeille à papier il y a une ordonnance signée d'un médecin, le docteur Henri Déron, à destination de Baptiste et Germaine. Sur cette ordonnance, il leur conseille de prendre la poudre qu'il a jointe. Selon lui, ce médicament les aidera à soulager leurs maux de tête. Interrogé plus tard par l'inspecteur Guillaume, le médecin témoignera que le billet est un faux et qu'il ne connaissait pas Baptiste et Germaine, mais que Violette avait souvent été traitée dans son cabinet pour une anémie.

En quête d'autres indices, les enquêteurs trouvent dans le tiroir d'une commode un paquet de lettres d'amour adressées à Violette. L'expéditeur est un certain Louis Pierre du Quartier Latin dans le 5e arrondissement de Paris. Dans ses dernières lettres, envoyées depuis la station de vacances des Sables-d'Olonne en Vendée, Pierre parle d'un mariage possible avec Violette.

Alors que la police vendéenne est chargée de contacter Louis Pierre, Guillaume trouve sa résidence supposée au

Quartier Latin. Bien qu'il n'y ait personne dans l'appartement, l'inspecteur apprend par le concierge et quelques voisins que Pierre est un étudiant en droit issu d'un milieu aisé. Il s'adonne à l'art et est également connu pour être un jeune homme plutôt extravagant. Selon les voisins, sa petite amie est toujours vêtue de tenues flamboyantes, elle s'appelle Violette Nozière, et lui a rendu visite fréquemment au cours des dernières semaines et des derniers mois.

Les hommes de Guillaume, quant à eux, visitent les cafés voisins et posent de nombreuses questions aux clients. En chemin, ils croisent une jeune femme blonde, Madeleine Debize, qui prétend être la plus proche amie de Violette. Elle assure aux inspecteurs qu'en aucun cas Violette n'a dîné avec ses parents le soir du 21 août 1933.

« Nous étions à une fête avec des camarades de classe, raconte Debize. Vers dix-sept heures, nous avons dîné dans une petite brasserie, là-haut dans la rue. Ensuite, nous sommes allés danser au Bal Tabarin, le cabaret de la rue Victor-Massé.
- Et à quelle heure avez-vous quitté la fête ?
- Il devait être environ onze heures. Nous étions très fatiguées et Violette voulait passer la nuit chez ses parents. Ecoutez, inspecteur, je ne sais pas de quoi vous accusez mon amie et pourquoi vous êtes après elle. Mais je vous assure que je n'ai jamais perdu Violette de vue de toute la soirée. Vers 11h30, elle m'a laissé sur le Boulevard Saint-Germain. Avant cela, elle m'a donné cent francs, car je n'avais pas beaucoup d'argent sur moi. »

Debize est même capable de reconstituer le quotidien de Violette :
« Elle a déjeuné en compagnie d'un jeune artiste, dans un café du boulevard Haussmann. Ensuite elle a passé la majeure

partie de l'après-midi à se promener dans le Quartier latin avec deux étudiants égyptiens dans leur nouvelle voiture. »

Pendant ce temps, rue de Madagascar, l'inspecteur Guillaume, ainsi que son collègue, l'inspecteur Gripois, se voient présenter une image très différente de Violette. Les amis et les voisins des Nozière se sont rassemblés autour des deux policiers dans l'escalier de l'immeuble. Alors que personne ne sait où se trouve la fille de Baptiste et Germaine, certaines histoires surprenantes du passé de Violette sont déballées.

« Violette a souffert de maladies constantes pendant son enfance, dit Monsieur Mayeul. Ses parents l'ont ensuite envoyée vivre chez sa grand-mère à Neuvy-sur-Loire, où est née Madame Nozière, pour récupérer. »

« Baptiste et Germaine n'ont jamais réussi à la dompter correctement, ajoute une femme qui se révèle être une amie de longue date de la famille. Ils se sont tous deux sacrifiés pour leur fille et l'ont vraiment gâtée. Ils lui ont donné la meilleure éducation possible au Lycée Sophie Germain. Et qu'est-ce qu'elle en a fait ? Rien ! Une honte ! »
Que voulez-vous dire par « Elle n'en a rien fait ? demande Guillaume. Pouvez-vous expliquer un peu mieux ? »

« Violette est simplement devenue très attirante beaucoup trop tôt, poursuit la femme. À 13 ans, elle en paraissait 16 ; elle est grande et mince, avec des hanches étroites et des petits seins. Cela faisait tourner la tête des garçons. Violette appréciait l'attention et aimait être admirée. Plus tard, elle a commencé à courir après les hommes et elle en changeait souvent. Finalement, il paraît qu'elle acceptait même de l'argent lors des rendez-vous. Enfin, vous voyez ce que je veux dire. »

Guillaume voit très bien.

Il poursuit son interrogatoire pendant une bonne heure et apprend, entre autres, que Violette s'est disputée avec ses parents à de nombreuses reprises. Elle revendique son droit à se débrouiller seule et à être indépendante, ce que Baptiste et Germaine ne veulent en aucun cas accepter. Par conséquent, Violette va et vient constamment, tantôt chez ses parents, tantôt chez des amis, tantôt chez ses amants. Elle ne se rend rue de Madagascar que lorsqu'elle est à court d'argent.

Alors que l'enquête sur l'affaire Nozière bat son plein, le jeune étudiant en droit Louis Pierre revient à Paris. Dès son arrivée, il est interrogé par la police. Le garçon est nerveux et pâle. Il avoue que Violette et lui sont amis depuis environ un an. Il raconte que lorsque Baptiste et Germaine on découvert les lettres d'amour, ils ont interdit catégoriquement à leur fille de rencontrer Louis. Ce dernier a alors promis de l'épouser et Violette s'est installée chez lui.

En outre, le sournois Louis avoue que Violette a parfois reçu de l'argent d'autres hommes et l'a soutenu financièrement lorsque ses parents ont supprimé son allocation.

Lorsqu'on lui demande s'il sait où elle se trouve, il affirme : « Je ne l'ai pas vue depuis la semaine dernière, et je ne sais pas où elle est. Mais l'autre jour, elle a mentionné une chose amusante dans une lettre : elle avait soi-disant hérité d'un peu d'argent et caressait maintenant l'idée d'acheter une voiture pour venir me chercher ! »

Désormais, la recherche de Violette est la priorité absolue des enquêteurs. Mais au fur et à mesure que les premières informations sur ses récentes allées et venues arrivent, il semble impossible que la jeune femme ait un quelconque rapport avec l'empoisonnement de ses parents le 21 août 1933.

Pour autant que l'on puisse en juger, Violette s'est rendue pour la dernière fois rue de Madagascar le dimanche après-midi. Elle a ensuite passé la soirée dans les cafés de Montmartre.

Bien que la jeune femme semble avoir un alibi fiable, Guillaume souhaite plus que jamais discuter avec elle. Il veut qu'elle lui explique d'où vient la grosse somme d'argent qu'elle a dépensée sans compter. Selon certains voisins, Baptiste avait toujours de l'argent liquide à la maison, mais pas un seul billet n'a été trouvé dans l'appartement.

Pour aussi cohérentes que soient les preuves réunies jusqu'ici, une chose travaille quand même Guillaume : Baptiste, le père de Violette, ne s'est pas présenté à son travail le lundi 21 août 1933. Selon son employeur, la dernière fois que cela s'est produit, remonte a plus de dix ans. Quelle était donc la raison de l'absence du mécanicien ? Avait-il passé la journée avec le mystérieux invité du dîner ?

Le lendemain matin une bonne nouvelle arrive de l'hôpital Saint-Antoine : Germaine Nozière est sortie du coma, elle a gagné la bataille.

Après avoir appris la mort de son mari, elle accuse ouvertement sa fille Violette d'une voix faible. Violette leur a donné du Veronal en prétendant que c'était un autre médicament prescrit par le docteur Déron pour les maux de tête.

L'empoisonnement a eu lieu dans l'après-midi du 20 août 1933, après qu'ils aient mangé ensemble, et non dans la soirée du 21 août, comme les enquêteurs l'avaient supposé. Le couple était donc dans le coma depuis une trentaine d'heures avant que le somnifère ne tue Baptiste.

Germaine indique également que 3 000 francs attendent dans la commode d'être déposés à la banque et qu'il manque 1 000 francs dans l'ourlet de sa robe. On sait donc maintenant où Violette a trouvé l'argent pour sa nuit fastueuse.

« Cette jeune femme est plus fourbe que le diable ! » s'indigne Guillaume.

La recherche de Violette s'étend maintenant à tout le pays. La police est aidée par la presse et la population est obsédée par ce crime, comme elle ne l'a pas été depuis de nombreuses années. Plusieurs personnes demandent une exécution publique de la meurtrière au sang froid.

Le 29 août 1933, plus d'une semaine après avoir accompli son œuvre macabre, Violette est localisée par un mécanicien. L'homme, nommé Henri Dubec, rapporte à la police judiciaire qu'il a rencontré une jeune femme vêtue de noir, prétendant s'appeler Christiane d'Arfeuille, et il lui a donné rendez-vous pour la nuit suivante. Vu son apparence et la sobriété de sa conversation, il est sûr qu'il s'agit bien de la Violette Nozière que la police recherche.

Les soupçons émis par jeune homme sont confirmés : Christiane d'Arfeuille et Violette Nozière sont une seule et même personne. Lorsque la brune et longiligne jeune femme arrive à 20h30 à la Brasserie de la Bière Brune, avenue de la Motte-Picquet, lieu de rendez-vous convenu, ce n'est pas Henri Dubec qui l'attend, mais deux inspecteurs qui placent la jeune fille de 18 ans en garde à vue.

Pendant ce temps, à quelques kilomètres de là, l'inspecteur Guillaume est assis dans son bureau du Quai des Orfèvres et regarde, perdu dans ses pensées, le Pont Saint-Michel, où autobus et taxis se succèdent à un rythme régulier. L'horloge en marbre sur son bureau indique huit heures et demie et un fond de café est encore dans sa tasse. Au cours des dernières heures, Guillaume a tellement fumé sa pipe que l'air est bleuté autour de lui. De plus, sa gorge irritée lui fait mal. Néanmoins, il continue de fumer en observant les allées et venues sur le pont.

Ses inspecteurs ont-ils déjà localisé la jeune femme nommée Christiane d'Arfeuille et vérifié son identité ? Est-il possible qu'elle soit effectivement Violette Nozière ou est-ce simplement une jeune femme qui lui ressemble ?

Un coup discret à la porte de son bureau le ramène à la réalité. « Entrez ! »

La porte s'ouvre et l'inspecteur Gripois entre dans la pièce.

« Chef, on la tient !

- Avez-vous vérifié son identité ?

- Oui. C'est bien Mademoiselle Nozière !

- Bien, bien, très bien, dit Guillaume. Amenez-la dans mon bureau immédiatement. »

Il sait qu'il lui est interdit de l'interroger tant que le juge d'instruction n'est pas arrivé au Quai des Orfèvres, mais une tension joyeuse monte en lui ; un peu comme un enfant qui attend fébrilement de déballer ses cadeaux le matin de Noël. Le juge d'instruction ne serait sûrement pas contre le fait qu'il ait d'avance une petite discussion avec la suspecte.

Lorsque Violette est assise dans son bureau un peu plus tard, Guillaume sent que la jeune fille est prête à parler. Elle est assise sur une chaise devant le bureau de Guillaume, la tête penchée enfouie dans l'épais col de fourrure de son manteau.

« Voulez-vous boire quelque chose ?

- Non.

- Vraiment, vous ne voulez rien ? Notre conversation pourrait durer longtemps.

- Pourquoi ? demande Violette avec désinvolture. Je n'ai rien à vous dire.

- Je ne suis pas d'accord, rétorque Guillaume en frottant une allumette pour allumer sa pipe. Vous voyez, Violette, j'ai vu des choses très compliquées dans mon métier de policier. Mais aucune affaire ne m'a laissé avec autant de points d'interrogation que la vôtre. Vous venez d'une bonne famille, vous avez été éduquée dans l'une des meilleures écoles de Paris et vous avez été choyée par vos parents. Pourtant, vous avez tenté deux fois de les tuer et avez disparu de la surface de la terre pendant une semaine après votre seconde tentative. Pourquoi avez-vous commis cet acte terrible ?

- La mort de mes parents a été un...

- N'essayez pas de me mener par le bout du nez, l'arrête Guillaume en levant la main. Votre mère est sortie du coma il y a quelques jours et vous a clairement identifié comme l'auteur du crime.

Les yeux de Violette s'élargissent.

- Ma mère a survécu ? demande-t-elle.

Et l'inspecteur entend à son ton qu'elle s'efforce de cacher son effroi.

- En effet, dit-il, en continuant d'observer son visage fin. De plus, nous avons trouvé des traces de Véronal dans le corps de votre père - un somnifère qui, au-delà d'une certaine dose, peut avoir des conséquences mortelles. »

Violette semble maintenant se rendre compte que l'inspecteur sait beaucoup de choses, car les dernières couleurs de son visage s'estompent. « D'accord, murmure-t-elle, je les ai tués. »

Pas un muscle ne bouge sur le visage de Guillaume. Mais l'enfant en lui a finalement été autorisé à déballer les cadeaux.

« Alors je vous le redemande, pourquoi avez-vous commis cet acte terrible ? »

La jeune femme hésite un moment avant de finalement s'ouvrir à l'inspecteur. Elle lui dit qu'au départ, elle voulait seulement tuer son père et donner une petite quantité de

Veronal à sa mère. « Pour que la justice n'ait pas de soupçons si elle allait au bout des choses », explique Violette.

Lorsque Guillaume lui demande pourquoi elle a voulu tuer son père, la jeune fille lui fait une réponse surprenante : « Quand on allait chez ma grand-mère à Neuvy-sur-Loire pour les vacances, il abusait sexuellement de moi. » L'affaire serait allée si loin que Baptiste aurait mis sa fille enceinte et menacé de la tuer si elle en parlait à qui que ce soit. Cependant les examens effectués par un médecin révèlent que Violette n'a jamais été enceinte. La jeune femme nie aussi avoir volé de l'argent de ses parents. « Un professeur de la Sorbonne m'a donné 3 000 francs », explique-t-elle, mais cette affirmation s'avère également être un mensonge.

À 23 h 55, le juge d'instruction arrive au Quai des Orfèvres. Après que Violette ait réitéré ses aveux devant lui, il ordonne immédiatement son arrestation. « Jusqu'à l'ouverture du procès, vous serez placée dans une cellule de la Petite-Roquette », dit-il en convoquant deux inspecteurs qui saisissent la jeune fille sous les bras et l'entraînent hors du bureau. Sur le pas de la porte, cependant, Violette se retourne et regarde Guillaume d'un air suppliant.

« Je vous en prie ! Ne me mettez pas sous la guillotine s'écrie-t-elle. Je suis innocente ! »

« Votre sort n'est pas entre mes mains, répond le commissaire d'une voix calme. À partir de maintenant, c'est le jury seul qui décidera de ce qui va vous arriver. »

Plus d'un an plus tard, l'enquête policière sur l'affaire Nozière est terminée et Violette est déférée devant le juge Peyre de la cour d'assises de la Seine. Une foule en colère s'est rassemblée devant le palais de justice, exigeant que l'accusée soit guillotinée. Quelques mois auparavant, la foule avait déjà tenté de prendre d'assaut les murs de la Petite-

Roquette, c'est pourquoi Violette a été emmenée sous forte escorte.

Les aveux de Violette sont lus au début de l'audience. Ensuite, de nombreux témoins défilent et se prononcent en faveur de la culpabilité de l'accusée.

L'avocat de Violette fait valoir que de fortes émotions ont poussé sa cliente à empoisonner ses parents, car ils se seraient mis en travers de son chemin.

Enfin, Germaine Nozière elle-même prend la parole. D'après les mots qu'elle a adressés à Violette peu après son réveil du coma – « Je ne te pardonnerai pas tant que tu ne seras pas morte ! » - on pense que Germaine va se battre pour que Violette soit sévèrement punie. Mais à la surprise de tous les participants, c'est une femme éplorée qui pardonne à sa fille devant le jury et lui demande de faire preuve de clémence.

Les jurés cependant, sont loin d'être impressionnés par l'intervention de Germaine et, le 14 octobre 1934, Violette Nozière est déclarée coupable. Le juge Peyre la condamne à mort.

Depuis 1887, aucune femme n'a été guillotinée en France. Jeanne Thomas, est la dernière à avoir été guillotinée. Elle s'était effondrée en montant à l'échafaud et avait dû être traînée à la guillotine par les cheveux. Depuis lors, l'exécution des femmes en France n'existe plus que dans la loi.
Violette, après le prononcé de la sentence, est effondrée : « Je vous ai dit la vérité ! s'écrie-t-elle, en larmes. Cette sentence est une honte ! N'avez-vous même pas un soupçon de compassion? »

Apparemment, quelqu'un en France a compris les motivations de la jeune femme et va faire preuve de compassion. Deux mois plus tard, le jour de Noël 1934, le président Lebrun commue la peine de mort de Violette en prison à perpétuité. Elle sera libérée en 1945 et réhabilité en 1963. Violette Nozière mourra trois ans plus tard d'un cancer en 1966.

Pour Marcel Guillaume, l'affaire Nozière n'est finalement qu'une des nombreuses affaires criminelles sur lesquelles il a enquêté. Après son départ à la retraite, il s'est retiré à Tribehou dans la Manche, où il a publié ses mémoires sous la forme d'une série dans le quotidien Paris-Soir et cela jusqu'à sa mort en 1963. Guillaume y évoque, entre autres, sa vision du métier de policier :

« Le policier est paternel et indulgent. Il calme les affolements, pardonne à la faiblesse. Il réconforte, ramène l'espérance, parfois même le sourire: il éclaire, il console, il libère. »

Marcel Guillaume

Chapitre 16

L'expert-comptable discret

Suisse, 21 mars 2002, un jeudi. Dans la petite entreprise de Plan-Les-Ouates, dans la banlieue de Genève, une nouvelle journée commence pareille à toutes les autres. Les premiers employés arrivent généralement vers sept heures du matin et aujourd'hui une secrétaire est particulièrement ponctuelle. Elle est la première à se présenter au bureau. Elle prend le temps d'enlever sa veste, de ranger son sac dans l'armoire et d'ouvrir la fenêtre pour laisser entrer l'air frais. Alors qu'elle arrose rapidement les plantes sur le rebord de la fenêtre, elle entend les autres employés arriver et se diriger vers leur poste de travail. Comme il est d'usage que le premier arrivé se charge également du café, elle se rend dans la petite cuisine pour le préparer. La femme se dirige ensuite vers le bureau du comptable qui, de toute évidence, est déjà là puisqu'elle a vu sa voiture dans le parking. Il est également resté tard la veille, le mercredi. Il doit être fatigué, et a certainement besoin d'un bon café.

Comme il s'agit d'une petite entreprise, il n'y a pas assez de travail pour un comptable à plein temps. Jean-Raymond Blatti n'est donc présent que quelques heures par semaine. Raison pour laquelle, seuls quelques employés le connaissent un peu. La secrétaire a des rapports amicaux avec ce collègue sympathique et réservé. Elle sait donc que cet homme de 45 ans plutôt discret, avec sa grosse moustache, ses lunettes d'aviateur et ses cheveux soigneusement coupés qui laissent malgré tout deviner un début de calvitie, apprécie un bon café le matin et qu'il apprécie qu'on le lui apporte.

La secrétaire frappe brièvement à la porte du bureau de Blatti, puis entre dans la pièce. Un sourire poli aux lèvres, elle s'apprête à lui souhaiter le bonjour… Lorsqu'elle réalise vraiment ce qu'elle voit, sa respiration se bloque comme si on lui serrait la gorge puis elle pousse un grand cri qui résonne dans tous les bureaux. La vision est insupportable.

Jean-Raymond Blatti n'est pas assis à son bureau ou debout près du meuble de rangement des classeurs comme d'habitude. Cette fois, il est allongé sur le sol, derrière le bureau au milieu d'une énorme mare de sang. Les murs aussi sont éclaboussés de sang. Il porte des blessures à la tête. Les cheveux sont collés les uns aux autres, le cuir chevelu est en bouillie. L'homme est mort mais il a également subi des violences. Le regard de la secrétaire est attiré par un détail. Le tueur a sorti la chemise de Blatti de son pantalon et l'a à moitié déboutonnée. On voit le ventre du comptable et sur le ventre il est écrit au feutre en grosses lettres maladroites : « Sale violeur » ...

Vers 7h15, quinze minutes plus tard, la police genevoise est informée. Une équipe de deux policiers se rend directement dans la petite entreprise située à la périphérie de la ville. Tout ce qu'ils savent, c'est qu'un corps a été découvert dans un bureau de l'entreprise. Sur place, la situation est explosive. La secrétaire qui a découvert l'homme assassiné oscille entre pleurs et apathie. Elle est manifestement sous le choc, à tel point que par moment sa voix ne lui obéit plus et qu'elle n'arrive pas à sortir un mot. Heureusement, d'autres employés sont déjà dans le bureau et montrent le cadavre aux policiers qui réagissent immédiatement : ils sécurisent d'abord la scène de crime afin qu'aucune trace ne soit détruite, puis ils informent les collègues de la police judiciaire ainsi que la police scientifique. Il est déjà clair qu'il ne s'agit d'un cas ordinaire.

Peu de temps après, Olivier Cartier, chef de la police judiciaire de Genève, et l'inspecteur Pierre Rothenbühler prennent le relais. Le personnel de la police scientifique est déjà au travail. Les experts examinent minutieusement tous les recoins de la pièce pour trouver des traces. Rien, pas même le plus petit détail, n'est ignoré. Il est rapidement établi que l'assassinat de monsieur Blatti a été brutal. Il a plusieurs blessures profondes à l'arrière de la tête. Le tueur a frappé si fort qu'il y a des éclaboussures de sang sur les murs, même sur le mur opposé et sur la porte du bureau qui donne sur le couloir. Il est donc évident que l'assassin a non seulement frappé avec une grande force, mais aussi de manière répétée, car de telles éclaboussures, à plusieurs mètres de distance, ne se produisent que lorsque quelqu'un porte plusieurs coups successifs sur une plaie qui saigne déjà.

Le légiste a également été appelé. Il a pu déterminer que le crime à eu lieu la veille, pendant la soirée. Le sang sur la tête du comptable ayant déjà séché, il suppose que l'heure du décès se situe entre 21 heures et minuit le mercredi soir.

Les deux détectives chargés de l'enquête sont très intrigués par les deux mots mystérieux sur le ventre de Blatti, « Sale Violeur », écrits au feutre noir, le genre de marqueur que l'on trouve dans presque tous les bureaux. Jamais aucun des deux enquêteurs n'avait vu un tel message sur une scène de crime. Ils savent que de tels écrits sont rares sur un cadavre. Cela peut arriver lors de meurtres à priori un peu différents. Comme les crimes à motivation sexuelle, par exemple, les mutilations ou les actes rituels. Cette inscription rend ce meurtre encore plus étrange.

Puis ils examinent les lieux. C'est l'espace de travail typique d'une entreprise, un bureau, une chaise, quelques armoires. La pièce est visible de l'extérieur et n'a manifestement pas été saccagée. De même, il n'y a aucun signe d'effraction ou de lutte. Cependant, certains détails semblent indiquer que la victime a été surprise en train de travailler. La calculatrice est toujours allumée, l'écran affiche un chiffre : 118 630. Le téléphone portable et l'agenda du comptable sont également sur la table. Manifestement l'agenda n'a pas été touché depuis le meurtre, car il y a des éclaboussures de sang sur la page ouverte. Il y en a aussi sur la souris de l'ordinateur, qui est emportée pour une analyse ADN.

Après le bureau du comptable, les enquêteurs examinent les autres pièces. Tout semble en ordre. Cependant l'intuition particulière d'un criminaliste permet de trouver d'autres indices. L'expert remarque par exemple que le rouleau de serviettes dans les toilettes pour hommes est bizarrement enroulé. Par précaution, il le déroule un peu et… bingo ! Il tombe sur une tache de sang qui a manifestement été dissimulée. Le morceau de tissu est immédiatement découpé et envoyé au laboratoire pour une analyse ADN également.

Malgré une recherche approfondie, quelque chose manque toujours : l'arme du crime. Les enquêteurs auraient bien aimé la trouver afin d'obtenir des indices précieux. L'agresseur l'a-t-il emportée avec lui ?

L'autopsie de la victime est en cours à l'Institut médico-légal de Genève. Ce que l'on peut en retenir de plus impressionnant est la gravité des blessures à la tête. Quatre se trouvent à l'arrière de la tête, au niveau de l'os occipital. Trois d'entre elles présentent un schéma très similaire : les bords de la plaie sont nets, les marques sont approximativement en forme de Y ou de V. De plus, il y a une autre blessure à droite, circulaire celle-ci, qui traverse le cuir chevelu jusqu'à l'os du crâne. D'après les blessures, le tueur a utilisé un objet lourd, contondant, avec une extrémité bien particulière. Dans chaque cas, les marques sont uniques, le médecin légiste n'en a jamais vu de semblable auparavant. Il pense donc que l'arme du crime pourrait être un outil. La blessure circulaire pourrait avoir été occasionnée par une sorte de vis en relief.

D'autres blessures sont découvertes sur le cou de la victime, apparemment dues à un objet tranchant. Au total, il y a 17 plaies, dont certaines ont été infligées avec une telle force qu'elles ont sectionné le larynx du comptable.

La mort de Blatti conclut le légiste a finalement été causée par deux types de violence, les coups à la tête et les coupures. Les coups ont provoqué un œdème cérébral et l'homme est tombé dans le coma. Les blessures à la gorge ont ensuite entraîné un arrêt respiratoire. Il y a eu une brève lutte à mort avant que Blatti ne décède.

Sur la base de ces constatations, il est possible d'esquisser grossièrement une séquence d'événements : le comptable est d'abord frappé à l'arrière de la tête et tombe inconscient. Ensuite, l'agresseur essaie de lui trancher la gorge. A cause des coupures, le larynx est ouvert et Blatti meurt. L'auteur a utilisé deux armes différentes, l'une contondante et l'autre tranchante. Toutefois, une question cruciale se pose après l'examen médico-légal : Blatti connaissait-il son assassin ? A-t-il été pris complètement par surprise par l'attaque ? En effet ses mains et ses avant-bras, ne portent aucun signe de défense.

Les enquêteurs sont désemparés et se concentrent d'abord sur l'écriture sur le ventre de Blatti. La violence sexuelle a-t-elle joué un rôle dans le meurtre ? Blatti est-il un violeur ? Une victime ou ses proches se sont-ils vengés ? Est-ce pour cette raison qu'il a été tué ?

Afin d'y voir plus clair, le passé de Jean-Raymond Blatti est vérifié. L'enquête auprès de la police cantonale ne donne rien. Cet homme amical et réservé n'a jamais été lié à un crime sexuel. Il n'a comparu qu'une seule fois au tribunal jusqu'à présent en tant que plaignant pour son fils dans une affaire sans gravité. Blatti est décrit par tous ceux qui le connaissent comme une personne soignée, fiable et inoffensive. Il menait une vie simple et avait des prétentions modestes. Cette piste d'un possible crime sexuel est une impasse comme le découvrent vite les enquêteurs. Et maintenant ?

À un certain moment, les enquêteurs commencent à se demander si les mots « Sale Violeur » doivent vraiment être pris au sérieux. Le doute grandit. Se pourrait-il que l'agresseur ait juste essayé de les mettre sur une fausse piste ? A-t-il écrit cette accusation sur le ventre de la victime pour tromper tout le monde?

Les enquêteurs décident donc de revenir à la case départ et de reprendre l'affaire à zéro. Cette fois, ils se concentrent sur la séquence exacte des événements et reconstituent la journée du mercredi – la veille de la découverte du corps de Blatti et donc le jour où un tueur l'a impitoyablement massacré. Le comptable est arrivé au bureau à 8 heures du matin, son heure habituelle. Il avait beaucoup de travail ce jour-là et il voulait en particulier terminer les états financiers de la société. C'est pourquoi il est resté au bureau alors que les derniers membres du personnel administratif avaient quitté le bâtiment vers 18 heures ou 18 h 30, y compris la secrétaire qui allait trouver son corps le lendemain matin. À 18 h 50, le directeur de l'entreprise a finalement lui aussi quitté les locaux, laissant Blatti seul dans son bureau. Sur la base de l'analyse des données du téléphone ainsi que de son ordinateur, on peut établir que Blatti a utilisé l'ordinateur pour la dernière fois à 20h50. C'est à ce moment-là qu'il a modifié un fichier, après quoi plus aucun signe de vie.

Un nouvel examen minutieux des lieux permet de découvrir d'autres indices importants. Ainsi, les enquêteurs apprennent que les portes de l'entreprise sont verrouillées à 18h30. Quiconque veut entrer ou sortir plus tard, a besoin d'une clé. Cela ne laisse que deux possibilités : soit le comptable connaissait son assassin et l'a laissé entrer, soit le visiteur avait lui-même une clé du bâtiment. Ce qui correspondrait bien au fait que l'auteur du crime semblait manifestement connaître les lieux. Comme le bureau de Blatti est visible de tous côtés et que la table du comptable est également placée de manière à ce qu'il puisse voir non seulement le couloir mais aussi la porte d'entrée vitrée, il paraît clair qu'il a dû voir son agresseur arriver ! Et Blatti devait le connaître et n'avoir aucun soupçon ni crainte puisque l'intrus à pu se déplacer dans la pièce et se tenir dans son dos. Ces faits laissent clairement penser qu'il le connaissait ! Était-ce un des employés ? Un de ses collègues en savait-il plus qu'il ne l'avait admis jusqu'à présent ?

Pour le savoir, l'étape suivante consiste à convoquer tous les employés de l'entreprise. Tout le monde sera interrogé, sans exception, du personnel administratif aux employés de l'atelier. Mais les enquêteurs se heurtent rapidement à un nouveau problème car personne ne peut vraiment parler de Blatti. Très peu de personnes ont pu échanger quelques mots avec le comptable. Il ne travaille pour l'entreprise que depuis trois mois et demi et ne vient que deux jours par semaine. Comme Blatti est très réservé, il n'a eu que de rares contacts. Seul le directeur connaît un peu mieux le nouvel employé et apprécie ses compétences et le soin qu'il met dans son travail. Il indique que Blatti voulait faire avancer les choses, que son travail était important pour lui. Il était toujours désireux d'accomplir ses tâches vite et bien. S'agit-il d'une nouvelle impasse ? Non, parce que ces interrogatoires vont porter des fruits étonnants.

Le lendemain, les enquêteurs reçoivent une information importante : des ouvriers de l'atelier signalent qu'un outil a disparu. Il s'agit d'une barre utilisée pour faire fonctionner une grande scie circulaire destinée aux pièces métalliques. Quand ils décrivent la barre en question, les policiers sont immédiatement attentifs. Cela pourrait-il être l'arme du crime ? L'outil est une sorte de tuyau avec une clé à douille à son extrémité. Les enquêteurs demandent immédiatement à voir un outil identique et, effectivement, il y en a un autre. Il est directement envoyé à la police scientifique et la réponse fait l'effet d'une bombe : Oui ! L'outil manquant doit être l'une des armes du crime ! La clé à douille comporte une vis qui correspond exactement au trou retrouvé dans le crâne de l'homme assassiné.

Cela réduit considérablement le cercle des suspects. La police est maintenant certaine que le meurtrier de Blatti doit être un employé de l'entreprise. Mais l'affaire va prendre une tournure totalement inattendue qui va tout bouleverser.

Dès le premier interrogatoire de la secrétaire qui a découvert le corps de Blatti, le chef de l'enquête Olivier Cartier a eu une impression étrange. La vague sensation de l'avoir déjà rencontrée dans un autre contexte. Mais jusqu'à présent, il n'en avait pas tenu compte et avait balayé cette impression d'un revers de main comme une chose sans importance. Mais voilà qu'un éclair le traverse. En fait, il connaît déjà cette femme ! Il se souvient dans quel contexte il l'a vue pour la première fois. C'était il y a quatre mois. A l'époque, il lui avait parlé dans le cadre d'une affaire concernant aussi un employé de cette entreprise : le Français Henri Kosa.

Cet homme de 44 ans travaillait pour la même société suisse de la banlieue de Genève, mais vivait en France, dans la commune frontalière de Ville-La-Grand. Il avait lui aussi été agressé et la secrétaire en avait informé la police suisse. Ce détail

électrise immédiatement Cartier. Kosa est également comptable et il a été le prédécesseur immédiat de Jean-Raymond Blatti.
C'est une piste brûlante ! En effet, quelles sont les chances pour que deux employés de la même entreprise soient attaqués l'un après l'autre en si peu de temps ? Peut-on seulement parler de coïncidence ?

La police suisse contacte immédiatement ses collègues de Ville-La-Grand, en France. Ce qu'ils apprennent provoque un électrochoc. Apparemment Kosa a été la cible d'une tentative de meurtre quelques mois plus tôt. Au matin du 27 novembre 2001, alors qu'il s'apprêtait à partir pour son travail à Genève, il a été brutalement attaqué dans son garage et laissé pour mort, gisant dans son sang. Ce n'est que parce que sa femme l'a trouvé à temps que l'homme a pu être emmené, encore en vie, à l'hôpital de Genève. Il a été gravement blessé à la tête, l'agresseur l'ayant frappé 16 à 18 fois avec un marteau. Au cours des heures qui ont suivi, les médecins se sont battus pour le garder en vie, sans trop y croire.

Par miracle, l'homme a survécu, mais le traumatisme cranio-cérébral qu'il a subi a entraîné des séquelles neurologiques permanentes. Il n'est plus capable d'écrire ni de compter. Sa capacité à parler est également extrêmement limitée et son seul divertissement est la télévision.

Bien que les policiers aient recherché l'auteur de la tentative de meurtre, l'affaire Kosa n'a pu être résolu. Une chose est sûre toutefois : il s'agissait d'un guet-apens et le tueur connaissait bien le lieu de résidence et le quotidien de la victime. Tout cela plaide clairement en faveur d'un cambriolage.

Les informations dont disposent les enquêteurs genevois à ce stade sont plus que troublantes. Deux comptables de la même entreprise sont brutalement attaqués ce qui aboutit à un meurtre réussi et à une tentative de meurtre. Tout cela à moins de six mois d'intervalle. Les deux hommes ne se sont jamais rencontrés, car Blatti a pris le poste de comptable alors que son prédécesseur était déjà hospitalisé. À quel jeu diabolique joue-t-on ici ? Les deux hommes se ressemblaient beaucoup. Kosa porte également de grosses lunettes et une moustache. S'agit-il d'une erreur d'identité ? Ou, plus généralement, les comptables de l'entreprise genevoise sont-ils en danger de mort pour une raison encore inconnue ?

Sur la base de ces constatations, les enquêteurs pensent à un troisième homme en danger de mort potentiel. Henri Kosa n'a en fait été employé par l'entreprise qu'à titre transitoire avant que Blatti ne prenne le poste. Auparavant, c'est un certain Denis Lemasson qui occupait le poste de comptable au sein de l'entreprise.

Afin de protéger cet homme de 33 ans d'origine française, il lui est demandé de venir à Genève le plus rapidement possible. Mais lorsque les enquêteurs lui apprennent le meurtre brutal de Blatti, Lemasson réagit de manière très inattendue. Il reste parfaitement calme, ne montre pas la moindre trace d'émotion. Cela étonne beaucoup cette équipe d'enquêteurs chevronnés. En effet les autres employés de la petite entreprise genevoise ont été très choqués, certains ont même fondu en larmes. Mais pas Lemasson. Cela ne lui fait ni chaud, ni froid. Mais il y a plus surprenant encore : lorsque les policiers lui demandent ce qu'il faisait le mercredi soir où le meurtre a eu lieu, la réponse est inattendue. Lemasson leur dit franchement et directement qu'il a rencontré Blatti. Ou plutôt, qu'il voulait rencontrer Blatti. Les deux hommes s'étaient donné rendez-vous afin de finaliser les comptes de l'année précédente, pour lesquels Blatti lui avait demandé son soutien. Mais la rencontre n'a pas eu lieu ; Lemasson a été appelé par sa compagne parce que leur fille était tombée malade. Il a donc fait demi-tour et est rentré rapidement à son domicile en France, à une vingtaine de kilomètres de l'entreprise, sans voir Blatti. Il est arrivé au domicile familial vers 18h40. Il a ensuite dîné avec sa famille avant de coucher sa fille. Ensuite, Lemasson et sa compagne ont regardé la télévision avant d'aller se coucher.

Bien qu'à première vue l'histoire semble cohérente, les enquêteurs ont un mauvais pressentiment. Ils ne sont pas convaincus, peut-être en raison de leur longue expérience des crimes violents et des histoires qu'on leur présente souvent lors des enquêtes. Cartier et Rothenbühler ne croient pas le jeune Français et décident donc de le surveiller de plus près.

Le comptable est donc placé en garde à vue, tandis que, parallèlement, ils déposent une demande de mandat de perquisition auprès des autorités françaises. Cartier et Rothenbühler sont déterminés à fouiller la maison de Lemasson à Fillange. La demande est rapidement approuvée et les deux enquêteurs se rendent chez Lemasson avec une équipe de la police scientifique. Pourront-ils y découvrir des indices le reliant au meurtre de Blatti ou s'avèrera-t-il que cette piste potentielle ne mène une fois de plus nulle part ?

Les résultats de la recherche dans la maison sont en effet plutôt décevants. La femme de Lemasson confirme l'alibi de son mari pour la nuit de mercredi à jeudi. Le couple n'aurait pas quitté le domicile après qu'il soit revenu chez lui à 18h40. La police scientifique ne trouve rien non plus. Au moins au début. Car au dernier moment, alors que l'équipe est déjà en train de remballer le matériel, un enquêteur découvre une paire de chaussures de Lemasson qui porte des taches étranges, de petites éclaboussures brunâtres. Du sang, peut-être ?

Électrisés par cette découverte, les experts font immédiatement des tests pour voir s'il pourrait s'agir de sang humain. Ils mettent un peu de matière grattée sur les taches dans un des tubes qu'ils ont apportés avec eux et mélangent le tout. Ensuite, quelques petites gouttelettes sont mises sur la bandelette de test. La tension monte d'un cran alors que les enquêteurs attendent le résultat. Ils espèrent que cette fois, ils trouveront quelque chose qui les fera enfin avancer !

Puis le résultat arrive et ils en restent bouche bée. Du sang humain est bien présent sur les chaussures de Lemasson !

Les enquêteurs comprennent immédiatement que les éclaboussures de sang doivent provenir de Blatti. Il ne peut y avoir d'autre explication. Mais pour éliminer tout doute, l'échantillon est envoyé directement au laboratoire pour une analyse ADN. L'attente des résultats se passe dans une atmosphère anxieuse et impatiente, bien que tout le monde soit raisonnablement optimiste et pense fermement avoir enfin découvert l'ultime indice reliant Lemasson au meurtre de Blatti.

Les conclusions de l'expert sont un grand choc. Le sang est bien celui d'un homme, mais pas celui de Jean-Raymond Blatti.

Il ne faut pas longtemps cependant pour qu'une idée germe. Et si le sang provenait plutôt d'Henri Kosa, le prédécesseur de Blatti ? L'homme qui a échappé de justesse à la mort lors de l'attaque brutale d'il y a quelques mois. Pour vérifier cette hypothèse, les détectives contactent la femme de Kosa qui les autorise à prélever un échantillon d'ADN de son mari. Immédiatement, un technicien est envoyé à l'hôpital de Genève où Kosa se trouve encore.

Nouvelle attente impatiente des résultats de l'analyse. Lorsqu'ils arrivent, l'équipe connait un moment de rédemption. L'éclaboussure sur la chaussure de Lemasson est bien le sang de Kosa ! Cela fait de l'homme de 33 ans le principal suspect dans l'attaque de son successeur.

Mais il y a un problème incontournable : les autorités suisses ne peuvent pas poursuivre l'enquête sur ce crime parce qu'il s'est produit sur le sol français, et que la victime et l'auteur éventuel sont des citoyens français. Les policiers suisses n'ont pas les moyens d'enquêter davantage.

En serrant les dents, les enquêteurs décident donc de se consacrer encore davantage à l'affaire du meurtre de Blatti. Ils sont plus que jamais certains que Lemasson l'a tué, mais les preuves irréfutables manquent encore. Pour l'instant, rien ne permet de le relier à Blatti, et on ne sait rien de son mobile. Il ne reste plus qu'à chercher de nouvelles preuves et c'est là que réapparaît soudainement la souris d'ordinateur de Blatti.

Le lendemain du meurtre, les experts de la police scientifique avait découvert sur la souris des éclaboussures de sang provenant de deux hommes. Un profil ADN correspondait à celui de Blatti, mais le second n'avait pu être identifié. A ce moment-là la perplexité était de mise, mais maintenant l'enquête a avancé et éclaboussures de sang inconnu sont comparées avec celui de Lemasson. L'ADN correspond parfaitement !

Il est encore trop tôt pour que les enquêteurs crient victoire. En effet, malgré cette correspondance, il ne s'agit pas encore d'une preuve irréfutable. Lemasson a travaillé pour cette entreprise de la banlieue de Genève pendant près de deux ans, assis au même bureau que Blatti, utilisant peut-être le même ordinateur et la même souris. En prenant cela en compte, il était possible que l'ADN du Français se soit trouvé sur la souris d'une quelconque manière. En effet, l'ADN peut facilement être transféré d'une surface à l'autre par le toucher. En outre, aucune méthode n'a encore été mise au point pour déterminer depuis combien de temps un ADN est resté sur une surface.

L'enquête ne progresse vraiment que lorsque les données du téléphone portable de Lemasson sont enfin vérifiées de manière approfondie. Il a prétendu avoir été appelé par sa femme et avoir été informé de la maladie de son enfant alors qu'il était en route pour Genève. Au lieu de rencontrer Blatti dans les locaux de l'entreprise comme convenu, Lemasson aurait fait demi-tour et serait rentré chez lui vers 18 h 40. Il n'aurait ensuite pas quitté la maison. Mais un examen des enregistrements téléphoniques soulève quelques questions. Par exemple, le numéro de téléphone portable suisse de Lemasson a été composé plusieurs fois ce soir-là à partir du numéro de téléphone fixe français. Et ce pendant un long moment et à plusieurs reprises. Cela va à l'encontre de la première hypothèse, selon laquelle Lemasson aurait peut-être égaré son téléphone portable et l'aurait fait sonner pour le retrouver. Cela nécessiterait d'appeler une ou deux fois de suite, pas davantage. Que s'est-il passé ?

L'autre explication serait que Lemasson n'était pas à la maison ce soir-là comme lui et sa compagne l'ont affirmé. Peut-être sa compagne a-t-elle essayé de l'appeler plusieurs fois ... alors qu'il était en fait sur la route.

Les enquêteurs obtiennent ensuite des informations auprès des opérateurs chez lesquels le numéro de téléphone mobile suisse était enregistré. Les données révèlent quelque chose d'étonnant. Les lieux où le téléphone a borné sont sans ambiguïté : Lemasson devait se trouver à proximité de l'entreprise vers 18 h 40 ! Pour être plus précis, il se trouvait à proximité du lieu du crime entre 18 h 44 et 20 h 42 et le téléphone se trouvait dans la zone du parking pendant cette période. Mais ce n'est pas tout, à 21 h 58, le téléphone portable s'est de nouveau connecté à un relais situé à proximité du lieu du crime.

Cela réfute l'alibi du Français ! Il ment.

Lorsqu'il est confronté à ces résultats lors d'un interrogatoire et qu'il se rend compte qu'il s'est fait prendre, quelque chose d'inattendu se produit. En une minute, l'expression de l'homme, si indifférent jusque-là, change. Pour la première fois, il montre une émotion. Le regard est plus que menaçant, il est meurtrier. L'inspecteur Cartier décrira plus tard cette expression : « Pendant un instant, nous avons vu le monstre en lui. »

Mais ce minuscule et bref aperçu de la véritable personnalité de Denis Lemasson disparaît en une fraction de seconde. Il se rattrape rapidement et présente une nouvelle version. Oui, il a rencontré Blatti et tous deux ont discuté de questions comptables. Mais quand il est parti vers 21 heures, Blatti était toujours vivant et en bonne santé.

Cette histoire, cependant, ne correspond pas aux données de son téléphone portable. D'après ces dernières, il était toujours sur les lieux vers 21 h 58, soit au moins une heure plus tard. Mais Lemasson a, là encore, une explication : à la frontière, il s'est aperçu qu'il avait malencontreusement emporté un carnet de caisse. Il est revenu en voiture pour le donner à Blatti. Mais il l'a trouvé mort dans son bureau. Paniqué, il s'est enfui sans réfléchir. Craignant d'être accusé de meurtre, il a demandé à sa femme de lui fournir un alibi. Car, comme le révèle aujourd'hui le jeune homme, il a déjà un casier judiciaire. Il a déjà passé cinq ans en prison - pour meurtre. D'où les mensonges.

Ce que l'on va découvrir à présent choque autant les enquêteurs suisses que l'avocat engagé par Denis Lemasson. Il explique désespérément à son avocat qu'il craint d'être désigné comme bouc émissaire dans cette affaire en raison de son passé criminel. Adolescent, son demi-frère et lui ont tué son beau-père. « Personne ne croit quelqu'un qui a fait ça », dit Lemasson à l'avocat et il lui raconte ce qui s'est passé à l'époque :

Denis Lemasson est un enfant illégitime et il a été très proche de sa mère pendant son enfance. Il avait 14 ans, lorsqu'un nouvel homme est entré dans la vie de sa mère. Ils se sont mariés et ont emménagé ensemble. Son beau-père avait également un fils de 15 ans. Cette nouvelle situation familiale est extrêmement difficile pour le garçon : non seulement sa relation avec sa mère change radicalement mais, pour ne rien arranger, son beau-père s'immisce de plus en plus dans son éducation. Enfin, il assiste à l'admission de sa mère dans une clinique psychiatrique en raison d'une grave dépression, car les relations dans le couple se sont fortement détériorée. Pour Denis, c'est clair : c'est la faute du beau-père ! Et il décide de faire payer cet homme.

Aidé par son demi-frère, Denis tue son beau-père un soir pendant qu'il est endormi. Les deux garçons poignardent l'homme plusieurs fois avec un couteau, puis le frappent avec la crosse d'un fusil pour l'achever. Ils transportent le cadavre dans le coffre de la voiture familiale jusqu'à une forêt et mettent le feu au véhicule. Tout ce qu'il en reste est une carcasse métallique calcinée.
À cette époque, Denis Lemasson n'a que 16 ans.

Les deux garçons sont rapidement reconnus coupables du crime mais comme ils sont encore mineurs, la loi s'applique. Denis est condamné à cinq ans. Pendant qu'il est en prison, il commence un apprentissage de comptable et le termine avec succès. Au moment de sa sortie, le pronostic sur son avenir est extrêmement positif ; et en effet, il parvient à mener une vie normale. Il travaille comme comptable, se marie et a un enfant. Il semble qu'il ait tourné la page sur son passé et son séjour en prison.

Lemasson, le parricide, clame son innocence à la police suisse. Il n'a jamais touché Blatti ou Kosa. Ils n'ont pas d'autre choix que de poursuivre leur enquête. Ils n'ont pas encore exploré toutes les pistes et l'une d'entre elle va donner des résultats décisifs. C'est la tache de sang sur le rouleau de serviette dans les toilettes des hommes. L'analyse montre qu'il s'agit du sang de Lemasson. Mais là encore, Lemasson a une explication : il se serait blessé à la main deux jours plus tôt, alors qu'il était au travail. Cependant, l'équipe de police scientifique est en mesure de prouver que cette affirmation est fausse. Ils mesurent minutieusement l'emplacement de la tache de sang sur le rouleau et utilisent un autre rouleau pour mesurer la distance parcourue en moyenne par chaque utilisation. D'après la longueur de serviette déroulé, la tache de sang n'a pu arriver là que pendant la nuit du crime !

Mais Lemasson n'avoue toujours pas. Bien qu'il soit clair qu'il a déjà menti plusieurs fois, bien qu'il se soit trouvé sur les lieux la nuit du crime, bien qu'il puisse être prouvé qu'il a saigné sur place à ce moment-là, il n'y a toujours pas de preuve concrète, ni de motif. Pourquoi Lemasson voulait-il tuer Blatti et Kosa ? Qu'est-ce qui se cache derrière toute cette affaire ? Qu'est-ce qui a échappé aux enquêteurs jusqu'à présent ?

Dans une tentative désespérée de faire enfin la lumière sur cette affaire, une autre perquisition est effectuée au domicile de Lemasson le 28 mars 2002, une semaine après le meurtre de Blatti. Cette fois, les enquêteurs retournent absolument tout pour ne rien manquer. Et c'est un succès. C'est même une sorte de révélation lorsqu'ils trouvent tout un tas de documents dans la maison de Denis Lemasson ; une disquette, des chèques, des factures, des documents comptables. Toutes choses qui auraient dû rester dans l'entreprise. Un comptable ne ramène pas ce genre de documents de travail à la maison. La disquette contient une facture qui, à première vue, est peu spectaculaire mais qui, après un examen approfondi, se révèle être un indice très explosif. Il s'agit de la facture d'une société pour laquelle Lemasson travaille. Lorsque les policiers demandent au responsable de cette entreprise de jeter un coup d'œil à la facture, ils reçoivent une réponse rapide, claire et sans ambiguïté : « Ce n'est pas à moi ! Le numéro de facture ne correspond pas. Nous ne sommes pas allés aussi loin dans la numérotation. »

Avec ça, les inspecteurs ont enfin le motif qu'ils cherchent depuis tout ce temps. Il semble que Lemasson ait émis de fausses factures. L'a-t-il fait pour se remplir les poches ? Si Kosa et Blatti, les successeurs de Lemasson dans l'entreprise genevoise, avaient découvert la fraude, cela expliquerait la violence des meurtres. L'escroc voulait empêcher les comptables de rendre public le détournement de fonds dont il était l'auteur.

Cette piste est suivie immédiatement. Des spécialistes financiers de la police judiciaire sont chargés d'examiner la comptabilité de l'entreprise. Pour ce faire, ils étudient les documents des cinq dernières années. Il ne leur faut pas longtemps pour découvrir les premières anomalies, suivies de beaucoup d'autres. Maintenant c'est clair : Lemasson a détourné des fonds à grande échelle. Son système était simple mais efficace : il émettait de fausses factures, puis transférait l'argent en ligne sur l'un de ses comptes privés ou le récupérait en espèces à la banque. Cela s'accompagne d'un autre détail qui saute aux yeux des enquêteurs. Les chèques de société trouvés sur Lemasson sont signés en blanc. Sauf que malheureusement, la signature n'est pas celle du directeur. Lemasson l'a imitée pour encaisser les chèques en cas de besoin.

Lorsque les chiffres leurs sont enfin présentés noir sur blanc, les enquêteurs ont le souffle coupé. En moins de deux ans, Lemasson a réussi à empocher 371 000 francs suisses (plus de 250 000 euros). Les détournement ont eu lieu entre 1999 et septembre 2001 et personne ne l'a remarqué ! Ce n'est que lorsque Kosa et Blatti ont découvert les irrégularités grâce à une enquête approfondie que le détournement de fonds, savamment orchestré et bien dissimulé, a menacé d'exploser. Et cela, Lemasson voulait l'empêcher à tout prix.

Ce fait est confirmé par Kosa, qui s'en souvient très bien. Il avait découvert les factures falsifiées et aurait dit à Lemasson : « Pour vous, les jeux sont faits. » D'une certaine manière, ces mots ont été le déclencheur de l'attaque contre Henri Kosa. Il devait être réduit au silence pour toujours.

Lorsque sa compagne a été interrogée à nouveau, il est apparu clairement que Lemasson ne menait pas une vie fastueuse, ne conduisait pas une grosse voiture et ne faisait pas de voyages extravagants. Non, rien de tout cela. Le témoignage de l'épouse malheureuse interpelle quand même les enquêteurs. Son mari avait l'habitude de traîner après le travail dans les bars des Pâquis, le quartier chaud de Genève. Il allait s'y amuser. Les habitués le connaissent bien, son surnom est le Baron ...

Le rapport psychiatrique établi sur Lemasson avant le procès révèle un fait sinistre : Lemasson est tout sauf un mari et un père de famille équilibré ; en fait, sa façade sereine dissimule une personnalité extrêmement dangereuse. L'expertise montre qu'il est totalement indifférent à toutes les émotions humaines. Il ne ressent rien. Même des années de réhabilitation n'y changeraient rien. Un traitement est impossible.

Avant même que le procès ne commence, Henri Kosa décède des suites de l'agression. Lemasson se retrouve avec un autre meurtre à son actif.

En 2004, le comptable meurtrier est condamné une première fois par un tribunal suisse à 15 ans de prison. Lors d'un deuxième procès, il avoue finalement ses crimes. Oui, il a tué Kosa et Blatti. Il est alors condamné à la prison à vie avec une période de sureté de 22 ans. Comme Lemasson doit purger les deux peines consécutivement, il restera derrière les barreaux pendant au moins 37 ans.

La question de savoir pourquoi Lemasson a quitté l'entreprise de Plan-Les-Ouates, dans la banlieue de Genève, reste ouverte. A-t-il estimé qu'il l'avait déjà suffisamment volée? A-t-il eu peur d'être découvert ? Ou bien a-t-il eu des remords et envisagé de commencer une nouvelle vie, plus honnête ?

Le fait est qu'en raison des fraudes et des meurtres commis par son père, l'enfant de Denis Lemasson devra désormais grandir sans père - comme il l'a fait lui-même.

Chapitre 17

Une fosse dans la forêt

Le samedi 18 juin 2011 est une journée agréable et chaude dans la petite ville de Tournon, située dans le département de l'Ardèche. C'est le début de l'été et c'est un jour idéal pour sortir entre amis. Mais Marie-Jeanne Meyer, 17 ans, a passé cette journée de samedi à étudier. Lundi, elle a un important examen de français et cette jolie jeune fille sportive et ambitieuse aux cheveux noirs mi-longs a bien l'intention de le réussir et de réussir dans la vie en général.

Mais vers la fin de l'après-midi, Marie-Jeanne a besoin de faire une pause. Sa tête est en ébullition et ses yeux brûlent derrière ses lunettes à monture en plastique noir. La jeune fille décide d'aller courir ; elle pourra toujours continuer de travailler plus tard. Le jogging est un excellent moyen de se vider la tête et de se déconnecter un peu. C'est pourquoi aller courir dans la forêt voisine lui permet de se défouler. Ces sorties font partie de son rituel quotidien. Mais pour ne pas s'ennuyer, elle change toujours un peu d'itinéraire. Son parcours n'est jamais le même deux jours de suite.

Ce jour-là, Marie-Jeanne est censée s'occuper de sa petite sœur, Marie-Céline, 11 ans. Leurs parents ne sont pas à la maison ; Jean-Philippe Meyer, leur père, travaille, et leur mère doit rencontrer des amis dans un restaurant du coin. L'adolescente prévoit de sortir environ une heure. Elle est sûre que sa petite sœur se débrouillera toute seule pendant ce court moment. Elle enfile ses vêtements de sport et emprunte le lecteur MP3 de Marie-Céline pour écouter de la musique en courant. À 18 heures, la jeune fille part joyeusement vers les collines. Elle se retourne vers sa petite sœur avec un sourire radieux et lui fait un signe. Puis elle s'éloigne.

Vers 20 heures, Jean-Philippe Meyer reçoit un appel téléphonique. Il entend une voix inquiète et a immédiatement la chair de poule. Instinctivement, il comprend que quelque chose ne va pas ! À l'autre bout du fil, le petit ami de sa fille Marie-Jeanne, âgé de 17 ans, explique qu'il n'a pas réussi à la joindre depuis environ deux heures. Jean-Philippe sent un frisson lui parcourir l'échine. Cela ne ressemble pas à sa fille ! Marie-Jeanne, malgré son jeune âge, est très responsable. Elle n'est jamais resté aussi longtemps sans donner de nouvelles ! Elle n'a jamais manqué un rendez-vous et quand elle en a un, elle est à l'heure.

Inquiet, le père réagit immédiatement. Il se dit que Marie-Jeanne a dû avoir un accident pendant son jogging et qu'elle a besoin d'aide. Il ne peut pas expliquer autrement ce comportement inhabituel. Il fait encore jour mais la nuit va bientôt tomber. Il prend une lampe frontale et part à la recherche de sa fille. Il suit le parcours qu'elle emprunte habituellement dans cette zone forestière au milieu des collines escarpées.

Les heures qui suivent sont remplies d'angoisse pour Jean-Philippe Meyer. Il court dans les chemins en appelant Marie-Jeanne à grands cris. Il se dit qu'elle est peut-être couchée quelque part dans les broussailles. Elle est peut-être inconsciente.

L'homme fouille fébrilement les sous-bois, éclaire chaque buisson. Sa fille est forcément quelque part !

Mais vers 23 heures, il s'avoue vaincu. Il ne trouve nulle part la moindre trace de Marie-Jeanne. Il comprend qu'il a besoin d'aide de toute urgence. Qui sait comment va sa fille ? Peut-être a-t-elle besoin de soins et de se rendre d'urgence à l'hôpital ! Il contacte la gendarmerie et demande de l'aide.

Même si, au départ, les gendarmes pensent à une fugue, ils se rendent immédiatement au domicile de la famille Meyer. Ils fouillent d'abord la chambre de la jeune fille. Tout est normal : c'est une chambre typique d'adolescente qui donne l'impression que son occupante est au coin de la rue et va rentrer d'une minute à l'autre en demandant ce qui se passe. Ici et là, il y a des vêtements et des livres négligemment jetés, probablement dans l'idée de les ranger plus tard et rien ne manque dans les armoires. Mais les gendarmes font quand même une découverte inquiétante : le téléphone portable de Marie-Jeanne est toujours là ! Même si, en arrivant ils étaient dubitatifs et soupçonnaient une fugue « banale », une chose semble claire désormais : la situation est grave. En effet aucun adolescent ne s'enfuirait sans son téléphone. Que s'est-il passé ?

Les gendarmes interrogent ensuite les parents de Marie-Jeanne. Mais ils n'ont rien remarqué d'inhabituel dans les heures précédant la disparition de leur fille. Tout était normal. Marie-Céline, sa petite sœur, qui a passé les dernières heures avec la jeune fille, déclare également que rien de particulier ne s'est produit au cours de ce samedi après-midi. Il n'y a pas eu d'appel téléphonique, personne n'a sonné à la porte. Tout le monde est désemparé.

Par précaution, les enquêteurs s'informent auprès des hôpitaux voisins. Une jeune fille correspondant à la description a-t-elle été admise au cours des dernières heures ? Cette tentative n'aboutit pas non plus. Donc, peu après minuit et demi, les gendarmes décident de fouiller la zone. Pendant deux bonnes heures, ils passent la forêt au peigne fin, mais sans résultat. Finalement la recherche est interrompue à 2h30 du matin, au moins pour le moment.

Jean-Philippe Meyer ne se résigne pas à baisser les bras. Il se dit que sa petite fille est quelque part dans les collines couvertes de forêt, impuissante, gelée, terrifiée. Il continue donc à chercher seul pendant des heures. Il crie son nom sans cesse, espérant obtenir une réponse. Mais la forêt reste silencieuse et sombre. Pas de « Je suis là, papa ! Aide-moi ! ». Pas de « Enfin ! J'ai cru que tu ne viendrais jamais ! ». Rien, aucun bruit, le silence absolu.

Les recherches reprennent le lendemain matin. Le parquet ordonne une enquête et, peu de temps après, les données bancaires et téléphoniques sont fiévreusement analysées. Sans succès. Marie-Jeanne n'a téléphoné à personne et n'a pas retiré ou déposé d'argent. Un peu plus tard, les images de toutes les caméras de surveillance qui existent à Tournon sont visionnées. Mais encore une fois, rien. Il n'y a aucune trace de la jeune fille nulle part. Rien. C'est comme si Marie-Jeanne avait disparu de la surface de la terre.

Cette incertitude est terrible pour la famille Meyer qui se raccroche à de petits brins d'espoir. Tant que Marie-Jeanne n'est pas retrouvée, c'est forcément qu'elle est encore en vie ! Il faut qu'elle le soit ! L'autre possibilité, la plus horrible, est impensable pour des parents aimants.

Les gendarmes intensifient leur enquête. Ils savent combien le temps est précieux dans ce genre d'affaire. Chaque minute compte et peut faire la différence entre retrouver Marie-Jeanne vivante ou morte. C'est pourquoi ils demandent l'aide des journaux et magazines de la région. Les appels lancés dans la presse apportent quelques informations. Y a-t-il un indice parmi celles-ci qui expliquerait où se trouve Marie-Jeanne ? Les enquêteurs vérifient tout, mais seules quelques pistes semblent fiables. Un homme assure avoir vu Marie-Jeanne dans le bus. Un autre indique qu'un jeune homme attendait dans une voiture près de la zone boisée. Mais, au bout du compte aucune nouvelle piste n'apparaît.

Par conséquent, les enquêteurs décident de ratisser la zone, mais cette fois en y mettant de gros moyens. Les gendarmes et policiers des communes voisines sont sollicités, de sorte que quelque 200 hommes et femmes arpentent le terrain. Rien n'est laissé au hasard. Même le Rhône est à nouveau fouillé par les plongeurs. Mais la triste réalité est que le troisième jour, le 21 juin, il n'y a toujours aucune trace de Marie-Jeanne.

Pourtant c'est ce mardi que l'affaire va connaître un tournant décisif ! Ce jour-là, un habitant de Tournon appelle la gendarmerie. Ce qu'il a à dire électrise immédiatement les enquêteurs. Instinctivement, ils savent que cette fois-ci, il peut s'agir d'une piste très intéressante. Ce que leur dit l'homme est-il la pièce manquante du puzzle ?

La nuit où la jeune fille a disparu, ce témoin a vu une lueur vive venant des bois. A mi-chemin entre la sortie du village et la maison de Marie-Jeanne. Comme cela ressemblait à un feu assez important, l'homme a alerté directement les pompiers. En effet, un feu de forêt peut avoir des conséquences désastreuses. Mais les pompiers n'ont rien trouvé. Comme l'homme de Tournon est sûr d'avoir vu quelque chose, il est allé jeter un coup d'œil.

Ce qui semble d'abord être le récit d'un habitant curieux, apporte cependant un nouvel élan à l'enquête jusqu'ici peu concluante. À l'endroit où il a vu la lueur d'un feu, il a trouvé une étrange fosse, à moitié recouverte par les broussailles. Comme si quelqu'un avait essayé de la dissimuler. Mais ce n'est pas tout ... Non loin de la fosse, il y avait une paire d'écouteurs sur le sol.

Les enquêteurs font-ils immédiatement le rapprochement avec le lecteur MP3 de la petite sœur, que Marie-Jeanne avait emporté lors de son jogging ? Ou veulent-ils simplement jouer la sécurité en vérifiant tout par précaution ? Une équipe se rend immédiatement sur place.

L'endroit décrit par l'homme est éloigné de la route. Le terrain est difficile, accidenté. Au fur et à mesure que les enquêteurs se frayent un chemin à travers les broussailles et les rochers, il devient clair que Marie-Jeanne ne serait jamais passé par là en faisant son jogging.

Mais les choses vont devenir encore plus étranges et aucun des enquêteurs n'aurait pu s'attendre à ce qu'il voit en arrivant à destination. Il y a une sorte de plateforme sur le sol au cœur de la forêt. Elle est rectangulaire, avec des lignes de démarcation nettes. Elle mesure environ 2,5 mètres sur 3 mètres. Au premier coup d'œil, il est évident que cette plate-forme n'est pas naturelle, elle est l'œuvre de quelqu'un. En réalité il s'agit d'une fosse remplie de pierres, puis cachée des regards indiscrets par des branches et des broussailles. Immédiatement, deux questions se posent : qui a creusé cette fosse et pourquoi ?

Les enquêteurs ont dû frissonner en ce début de journée d'été si paisible quand ils ont entendu un léger bourdonnement dans l'air. Des mouches tournent autour de la fosse et dans le sous-bois. De grosses mouches bleues en si grand nombre dans un tel endroit ne peuvent signifier qu'une chose...

Néanmoins, les policiers ne s'occupent pas directement de l'étrange fosse mais sécurisent d'abord les environs. Si c'est bien la scène d'un crime, la préservation des traces potentielles est prioritaire. Ils trouvent rapidement ce qu'ils recherchent.

À quelques mètres de la fosse, les gendarmes découvrent les écouteurs dont l'homme de Tournon leur a parlé. Mais ce n'est pas tout, ils trouvent aussi le lecteur MP3 qui va avec. La gorge des gendarmes se serre. Se doutent-ils déjà de ce qu'ils vont découvrir ici ? Plus ils se rapprochent de l'étrange fosse, plus ils trouvent d'objets qui n'ont rien à faire dans ces collines accidentées. Plusieurs allumettes, brûlées à des degrés différents. La lame d'un couteau auquel il manque le manche. Et aussi une paire de pinces, une scie, des bouteilles vides et un paquet vide de préservatifs. Quelqu'un a-t-il vécu ici ? Tout semble indiquer que l'endroit n'a été abandonné que récemment. Et cet endroit, déjà étrangement menaçant, devient de plus en plus sinistre et oppressant. Il est maintenant entouré d'une sorte d'une aura de mort diabolique.

Les gendarmes commencent enfin à examiner la fosse. Lentement ils enlèvent les branches et les broussailles, puis ils passent à la terre et aux pierres. Ils le font minutieusement afin de ne pas manquer ou détruire d'éventuels indices ou preuves. Chacun sait combien cela peut être important. Ils remarquent que de nombreuses pierres portent des traces de brûlure.
Lorsque toutes les pierres sont retirées, ils découvrent de terribles indices : ils voient d'abord une manche carbonisée, puis un morceau de soutien-gorge, enfin les restes d'une paire de lunettes. La monture est solide, noire. Aisément reconnaissable. Les enquêteurs sont de plus en plus inquiets et la situation devient extrêmement tendue. À juste raison car ils tombent maintenant sur des fragments d'os brûlés. Des ossements humains.

Apparemment, les gendarmes ont découvert la scène d'un horrible crime. Car un corps humain, ou du moins des parties de celui-ci, a été brûlé ici.

À partir de ce moment-là, les gendarmes de Tournon interrompent immédiatement l'opération et préviennent la cellule d'enquête criminelle de Grenoble. Il s'agit d'un cas pour leurs collègues. Sur la base de la description de la scène de crime, ils font venir en renfort les enquêteurs de la Gendarmerie Nationale. Le soir du 21 juin, les experts de la police scientifique tombent sur un corps carbonisé. Les pires craintes se réalisent !

Même les enquêteurs les plus endurcis sont choqués par la découverte. Ils ne voient heureusement pas souvent un tel tableau. D'abord les techniciens trouvent un crâne, puis un corps allongé sur le dos. Tous les membres ont disparus. Sur le torse se trouve une barre de fer que quelqu'un a manifestement voulu faire disparaître. Le corps est tellement calciné, qu'il n'est pas possible de dire s'il s'agit d'un homme, d'une femme, de quelqu'un de jeune ou d'âgé.

Les parents de Marie-Jeanne Meyer ont peur mais ils espèrent encore. Ils vont, à partir de maintenant, vivre l'horreur pure. On leur demande d'aller à Grenoble pour l'identification. La police soupçonne que ces restes humains pourraient être ceux de leur fille disparue. Mais d'abord, on leur montre les objets trouvés sur le lieu du crime, le reste de manche, le lecteur MP3, les lunettes. Puis vient la terrible question qui va créer une terrible certitude : les parents reconnaissent-ils ces objets ?

Oui.

Une réponse sèche et laconique qui concrétise leurs pires angoisses. Les parents de Marie-Jeanne ont-ils regardé les enquêteurs ou ont-ils dû se détourner pour faire face à une douleur désormais sans fin ? Se sont-ils effondrés ? Sont-ils restés calmes, comme hébétés ? Une seule chose est sûre : ce moment a dû être ressenti comme une vision de l'enfer. Parce que ces objets, ils les reconnaissent bien sûr. Sans hésitation.

Il reste maintenant une chose à faire : identifier les restes humains carbonisés. S'agit-il du corps de la jeune fille de 17 ans ? L'ADN extrait du torse brûlé est identique aux échantillons prélevés sur la brosse à dents de Marie-Jeanne. Il n'y a plus de retour en arrière possible face à la terrible réalité : Marie-Jeanne est morte. La jeune fille a été arrachée à la vie de la manière la plus horrible qui soit.

Alors que les parents sont dévastés, les détectives se posent déjà de nombreuses questions. Pourquoi cela est-il arrivé à Marie-Jeanne ? Elle était très appréciée, n'avait pas d'ennemis. Pourquoi cela s'est-il passé là, au milieu de ce terrain accidenté et rocailleux ? Pourquoi l'agresseur ne s'est-il pas contenté de la tuer ? Pourquoi brûler son corps au point de le rendre méconnaissable ? Et, dernière question mais non des moindres : qui est capable de commettre un crime aussi horrible ?

La nouvelle est un choc pour la ville de Tournon. C'est comme si la foudre avait frappé la commune. Toute vie est paralysée. Abasourdis, les habitants se demandent comment une telle chose a pu se produire. Ils se sentent impuissants et cette impuissance donne lieu à des rumeurs. Un bruit circule déjà selon lequel le site du crime, appelé le « Plateau du Diable », est peut-être le lieu de rencontre d'adorateurs de Satan qui ont eu besoin de Marie-Jeanne comme victime pour des rituels macabres ? Qui d'autre serait capable de faire une telle chose ?

Puis une vague de sympathie déferle. Toute la ville de Tournon se rassemble pour une marche funèbre à la mémoire de la jeune fille de 17 ans si brutalement arrachée à la vie. La famille en deuil reçoit du soutien de toutes parts. Mais malgré cela, la réalité des faits est infiniment difficile à supporter. Plus tard, les parents avoueront même qu'ils ont envisagé de mettre fin à leurs jours.

Deux jours plus tard, le 23 juin 2011, les restes de Marie-Jeanne sont autopsiés à l'Institut médico-légal de Saint-Étienne. Selon le rapport du médecin légiste, la jeune fille devait être nue lorsqu'elle a été brûlée. Aucune fibre de tissu n'est retrouvée sur son corps et le morceau de manche qui a été découvert ainsi que le soutien-gorge prouvent également qu'elle ne les portait pas lorsqu'elle a été brûlée. Les signes d'une agression sexuelle n'apparaissent pas lors de l'examen interne. Cependant, de nombreuses blessures à la tête sont visibles. Le crâne de l'adolescente est complètement écrasé, plusieurs fractures sont découvertes à l'arrière de la tête, ainsi qu'une autre à l'avant qui traverse le crâne. Le légiste est certain que ces blessures n'ont pas pu être infligées à mains nues. Son hypothèse est que la jeune fille a été frappée à plusieurs reprises à la tête avec la barre de fer qui a été retrouvée.

En outre, plusieurs côtes sont cassées au niveau de la cage thoracique. Des fractures probablement causées par une arme blanche. Ont-elles pu être infligées avec la lame de couteau sans manche, découverte sur le lieu du crime ?

Bien que l'examen post-mortem permette de constater diverses blessures, la cause de la mort ne peut être clairement établie. Par conséquent, une autre enquête est ordonnée. Cette fois, les morceaux d'os trouvés dans la fosse sont examinés. L'objectif est de déterminer si le corps a été découpé par le tueur avant d'être brûlé. Et effectivement, le médecin légiste tombe sur des traces importantes ! Sur un os de la cuisse, qui en raison de sa taille et de son épaisseur est moins carbonisé que les fragments plus petits, il découvre des traces biseautées. Un confrère également présent, assemble les morceaux d'os et reconnaît un schéma caractéristique : le cadavre a dû être découpé à la hache!

Ce travail de détail minutieux ressemble à un puzzle pour ceux qui s'en sont occupés, mais qu'ont dû ressentir les parents de Marie-Jeanne ? Ces derniers sont autorisés à consulter les dossiers contenant les résultats de l'enquête et sont ainsi informés de chaque détail macabre du meurtre.

Afin de déterminer l'heure de la mort, un entomologiste médico-légal examine les larves d'insectes trouvées dans le torse. Leur stade de développement fournit des indices décisifs. Pour que les mouches puissent pondre leurs œufs sur le cadavre, celui-ci devait déjà être suffisamment brûlé et refroidi le matin du 19 juin. Qu'est-ce que cela signifie pour l'affaire ? Marie-Jeanne a dû être assassinée peu après sa disparition.

Pendant ce temps, la police judiciaire de Grenoble procède à des relevés d'indices sur la scène de crime, en recherchant notamment de l'ADN, et fait une découverte absolument étonnante : le « Plateau du Diable » regorge de traces de l'auteur du crime ! Il y a des traces sur la hache, sur une allumette, sur les vêtements et sur le soutien-gorge. Le crime a-t-il été commis de façon tellement soudaine que l'auteur a agi sans réfléchir ? Les délinquants sexuels ou les tueurs en série sont généralement méticuleux et ne laissent aucune trace. De toute évidence, ce n'est pas un « professionnel » qui a commis cet acte.

Le 5 juillet 2011, les résultats sont enfin disponibles. Le profil génétique de la personne qui a assassiné Marie-Jeanne est déjà connu et enregistré dans la base de données génétiques nationale. C'est l'ADN d'un jeune homme, un marginal nommé Anthony Draoui et originaire de Tournon.

Ce jeune homme de 20 ans est bien connu de la police et de la gendarmerie locales, car il a attiré l'attention à plusieurs reprises. Anthony, qui a tendance à avoir un comportement violent, vivait jusqu'à présent avec sa mère, dont l'appartement se trouve à quelques centaines de mètres du « Plateau du Diable ». Cela fait d'Anthony Draoui le principal suspect.

La vie du jeune homme a apparemment été marquée par la violence depuis son plus jeune âge. Sa mère, alcoolique, le battait souvent quand il était petit. Il n'a aucun autre moyen que la violence pour exprimer sa colère et sa frustration. Plus il vieillit, plus il réagit brutalement lorsque quelque chose le déçoit. Récemment, il est même devenu agressif avec sa mère, comme celle-ci le précise aux enquêteurs, à tel point qu'elle l'a mis dehors il y a quelque temps. Cependant, elle l'a vu une dernière fois quand il est venu lui demander de l'argent. Elle lui a montré la porte. C'était le 19 juin. Le lendemain de la disparition de Marie-Jeanne Meyer.

Curieusement, il apparaît au cours de l'enquête que la police a arrêté Anthony le 18 juin 2011, date fatidique, mais l'a relâché peu après. Le jeune homme avait tenté de cambrioler un salon de coiffure. Il était seulement armé d'un épluche-légumes, et avait rapidement été maîtrisé par le propriétaire et remis à la police. Anthony était déjà fiché, mais il a été libéré. Une erreur terrible, c'est maintenant tellement évident !

La recherche du jeune homme est désormais lancée. Mais il ne rend pas la tâche facile aux enquêteurs. Anthony est sans domicile fixe, ne paie pas avec une carte de crédit et n'a pas de téléphone portable. La dernière trace de lui mène à un foyer pour sans-abri à Lyon, à 80 kilomètres de Tournon. Anthony y a passé la nuit du 23 au 24 juin. Depuis, il a disparu.

Bien que Draoui ait été officiellement placé sur la liste des personnes recherchées dès le 5 juillet 2011, il reste introuvable. Les craintes se multipliant sur le fait qu'il ait pu quitter la France, le juge d'instruction délivre finalement un mandat d'arrêt international le 7 octobre 2011. Mais il n'y a aucune trace nulle part du meurtrier présumé de la jeune joggeuse.

Près d'un an après le meurtre de Marie-Jeanne Meyer, l'affaire avance enfin. Le 7 juin 2012, un jeune SDF voyageant sans billet est arrêté dans un train, juste après la frontière espagnole. Le jeune homme prétend être russe. La police espagnole le transfère en France, où ses empreintes digitales sont relevées. Le résultat fait sensation : le prétendu Russe est en fait le très recherché Anthony Draoui !

Peu de temps après, il est traduit devant un magistrat à Avignon. Il affirme qu'il a séjourné en Espagne ces derniers mois, notamment à Barcelone, où il a travaillé pour un ferrailleur. Cependant, il ne fournit aucune preuve de ces affirmations. Il est possible qu'il ait inventé toute cette histoire !

Le magistrat pose enfin les questions qui intéressent tout le monde : où était Anthony le jour où Marie-Jeanne a disparu ? A-t-il quelque chose à voir avec ça ? Les personnes présentes retiennent leur souffle, car elles savent toutes qu'Anthony peut réagir violemment. Sans hésiter il répond nerveusement :

« J'ai vraiment, vraiment tout foiré... »
Et il semble qu'un poids énorme tombe de ses épaules.

Anthony Draoui avoue avoir campé dans les bois après avoir été mis à la porte par sa mère. Il a d'abord vécu dans une tente sur le « Plateau du Diable » puis il a ensuite décidé de construire sa propre maison. Il avait creusé une fosse pour les fondations, et à l'aide des outils qui ont été découverts il a commencé à couper du bois pour sa construction.

Oui, il a rencontré Marie-Jeanne pendant qu'elle faisait son jogging. Ils ont un peu discuté. Finalement, Anthony a demandé à l'adolescente si elle voulait voir où il habitait. D'une certaine façon, il avait l'impression que la communication passait bien entre eux. Comme Marie-Jeanne avait soif, elle l'a suivi dans la tente. Là, alors qu'ils étaient si près l'un de l'autre, Anthony a tenté d'embrasser la jeune fille mais elle l'a repoussé. Deux minutes plus tard, il a recommencé, mais Marie-Jeanne l'a à nouveau repoussé, plus violemment que la première fois. Alors dit-il, il a « pété les plombs ». Il a pris le couteau qui était dans la tente. Lorsque Marie-Jeanne a essayé de le lui prendre, le jeune homme l'a d'abord frappée au visage, puis il a complètement perdu le contrôle. Il l'a poignardée trois ou quatre fois.

A partir de là, le récit devient de plus en plus terrible. Anthony explique qu'il est d'abord sorti de la tente, complètement perdu, et que pendant ce temps la jeune fille s'est vidée de son sang. Des heures plus tard, il a sorti le corps, avec une seule obsession, le faire disparaître ! Il a donc décidé de le brûler.

Anthony a aspergé le corps avec du désherbant qu'il avait en stock. Il a continué toute la nuit ajoute-t-il, pour que le feu ne s'éteigne pas. Des heures se sont écoulées avant que tout ne soit réduit en cendres. Ensuite, il a posé la barre de fer et les outils sur les restes carbonisés et a recouvert le tout de pierres et de broussailles. « Pour tout faire disparaître », comme Anthony le précise au juge d'instruction. Il affirme à plusieurs reprises et de manière crédible qu'il n'a pas planifié tout cela, qu'il s'agissait d'un terrible accident et qu'il a ensuite paniqué.

Le jeune homme affirme également qu'il n'a pas démembré le corps. Il nie également avoir frappé Marie-Jeanne à la tête avec la barre de fer. Il dit encore et encore qu'il l'a seulement frappée au visage avec son poing. Est-ce à ce moment-là que ses lunettes se sont cassées ? Toutefois ces déclarations ne correspondent pas aux conclusions des médecins légistes. Est-ce qu'Anthony ment ? Et si oui, pour quelle raison ? Est-ce qu'il couvre un complice ?

Les proches de Marie-Jeanne ont également des doutes sur cette version. La jeune fille n'aurait jamais suivi un inconnu seule dans les bois. L'endroit où on a trouvé son corps n'était pas sur un de ses itinéraires habituels. A-t-elle été forcée d'y aller ? Ou bien a-t-elle été tuée ailleurs et apportée là, dans cet endroit isolé et impraticable ?

D'innombrables questions subsistent. À ce moment de l'enquête, personne n'est en mesure de comprendre ce qui a pu pousser Anthony Draoui à commettre ce crime. Une expertise psychiatrique est donc demandée et ses conclusions donnent à réfléchir. Le jeune homme ne présente ni trouble mental grave ni maladie mentale. Seul son contrôle émotionnel pose problème. Pour le dire simplement : il n'a jamais appris à contrôler ses émotions. Dès qu'il se sent frustré, il réagit immédiatement par la colère et la violence. Cela peut-il aller jusqu'au point de tuer quelqu'un ?

Anthony insiste sur le fait qu'il n'a pas planifié le crime et l'avis des experts le confirme. Marie-Jeanne est-elle morte uniquement parce que le jeune homme ne pouvait pas supporter le rejet ?

Pour la famille Meyer, déjà durement éprouvée, ces aveux sont un nouveau coup dur. Mais ils frappent particulièrement le père Jean-Philippe. Alors qu'il courait dans la forêt le soir du 18 juin, appelant désespérément sa fille, celle-ci gisait à quelques centaines de mètres, dans son sang. Agonisante, trop faible pour répondre. Et puis elle est morte alors qu'il aurait pu la sauver. Le père désespéré se débarrassera-t-il un jour de ces pensées ?

Le 4 octobre 2014 à Privas, Anthony Draoui est condamné devant les Assises de l'Ardèche pour le meurtre de Marie-Jeanne Meyer à 30 ans de réclusion criminelle avec une peine minimale de 20 ans. Afin qu'il ne soit pas automatiquement libéré après avoir purgé sa peine, une autre contrainte est imposée, comme c'est en général le cas pour les meurtriers les plus dangereux. Avant qu'il puisse être libéré, une commission médico-légale devra d'abord établir un pronostic quant au danger qu'il représente encore pour la société.

La famille Meyer est déçue. Même si Draoui, aujourd'hui âgé de 23 ans, murmure quelque chose à propos du « pardon » dans leur direction à la dernière minute du procès et prétend accepter le verdict, il n'assume toujours pas vraiment la responsabilité de ses actes.

Au lieu de cela, son avocat fait appel prenant pour argument que le jugement n'a pas suffisamment pris en compte son histoire personnelle. Son enfance violente et chaotique sous la garde d'une mère alcoolique qui le battait et l'a mis à la porte plusieurs fois. Cela peut-il être considéré comme des circonstances atténuantes dans un cas comme celui-ci ?

Le premier jour du procès en appel commence par une surprise : le procureur général veut augmenter la peine ! Il dispose d'informations nouvelles et importantes qui éclairent le caractère de l'accusé. En 2008, il a déjà été condamné pour avoir mis le feu à une école maternelle à La Laupie, près de Montélimar (Drôme). Il requiert la prison à perpétuité pour Draoui.

Lorsqu'on lui demande à trois reprises pourquoi il a fait appel, le jeune homme répond par monosyllabes : son avocat le lui a conseillé. Cette fois, physiquement, il est complètement différent du premier procès. Anthony a pris du poids, il est plus musclé. Il porte une barbe de trois jours. Il ne ressemble plus du tout à ce qu'il était lorsqu'il a été arrêté.

Le démembrement du corps est également abordé lors de cette audience. Au moment où le sujet arrive sur le tapis, Anthony prend la parole. Il n'a pas découpé le cadavre. En réponse aux remarques du médecin légiste, il répond simplement : « Avec tout le respect que je vous dois, vous avez tort. Je n'ai pas démembré Marie-Jeanne. Le démembrement a été causé par la crémation. »

Draoui exige également un nouveau rapport psychiatrique. Les experts en prison auraient diagnostiqué un trouble pathologique, contrairement à l'examen effectué en 2012. Cette demande est rejetée.

Pendant les trois jours du procès le jeune homme apparaît sans émotion. Lorsqu'il parle, c'est uniquement des faits. Au cours de l'après-midi du deuxième jour, la famille Meyer a la parole. En larmes, les deux parents et la petite sœur de Marie-Jeanne décrivent leur douleur. Ils parlent de « monstre » en parlant de lui. Marie-Céline lui demande pourquoi il a fait appel ? Pourquoi il a décidé de revenir au tribunal ?

Cette question semble déclencher quelque chose chez Anthony Draoui. Comme si elle avait actionné un interrupteur. Il répond à la petite sœur de Marie-Jeanne : « Pour que je puisse vous parler, pour qu'un jour vous puissiez me voir avec des yeux différents. »

En regardant les Meyer pour la toute première fois au cours du procès, il poursuit alors avec un long discours dans lequel il dit notamment : « Tous les jours, je demande à Marie-Jeanne de me pardonner... Tous les jours, je demande à Marie-Jeanne, à Dieu, à cette famille que j'ai brisée, de me pardonner. » S'il a décidé de faire appel, c'est pour avoir la chance de devenir peut-être une meilleure personne, pour avoir la possibilité de faire le bien. En regardant Marie-Céline, Anthony avoue aux parents : « Je suis choqué par la souffrance de votre fille, la haine qu'elle a pour moi. Ce n'est pas normal de ressentir cela à son âge... »

Le procureur général demande la peine maximale au troisième jour. L'avocat de la défense réplique en déclarant qu'il ne peut pas être puni aussi sévèrement qu'un criminel connu qui, avec sa femme, a enlevé, violé et tué plusieurs jeunes femmes. Anthony n'est pas un monstre ! De plus, l'avocat demande qu'il soit mis fin aux fantasmes de démembrement car cet acte n'a pas eu lieu ! Ce deuxième procès n'a pas permis de clarifier exactement ce qui s'est passé à Tournon le soir du 18 juin 2011. Cela sera-t-il jamais possible ?

Le verdict du procès en appel du 4 février 2016 alourdit la condamnation déjà sévère du procès en première instance. Draoui est condamné à la prison à vie, avec une peine minimale de 22 ans. Il fait également appel de ce verdict mais la demande n'est pas reçue à temps par la justice, comme le précise le quotidien le Dauphiné Libéré. La condamnation de seconde instance devient donc définitive. Anthony Draoui ne sera jamais libéré.

Pour le père de Marie-Jeanne Meyer, cependant, le cauchemar ne s'est pas arrêté. Il continue de se rendre à la fosse du « Plateau du Diable ». Il ne veut pas que l'endroit soit envahi par la végétation. Il veille sur les restes du corps de Marie-Jeanne, car aucun morceau de ses os, aussi minuscule soit-il, ne doit être laissé au fond du trou. C'est sa façon à lui de libérer sa fille de sa tombe.

Chapitre 18

Le jardin du diable

En ce 11 mars 1944, la cheminée de la villa du 21 rue Le Sueur à Paris dégage depuis la veille une fumée de plus en plus épaisse et malodorante. Les voisins s'alarment. Qu'est ce qui peut bien brûler pour empester ainsi tout l'air du quartier ? De toute façon, il n'est pas normal de brûler autant de charbon en mars, alors que les températures sont déjà douces ! Les voisins décident d'aller voir de plus près ce qui se passe. Lorsqu'ils arrivent devant la maison, ils découvrent un mot sur la porte d'entrée : « Je suis absent pour un mois ». Ils n'ont d'autre choix que d'appeler la police, qui arrive peu de temps après. À peine les policiers descendent-ils de leur moto qu'ils lèvent à leur tour le nez. Ça sent vraiment mauvais ! Immédiatement, certains voisins excités viennent les voir et leur rapportent que cette fumée noire et puante sort de la cheminée de la villa depuis hier et qu'ils sont très inquiets que ces émanations puissent être dangereuse pour leur santé.

« Qui habite là ? » demande l'un des policiers. « Le docteur Marcel Petiot », répondent les voisins en chœur. Les policiers appellent le docteur à son bureau. « Ne touchez à rien, je serai là dans un quart d'heure avec les clés », répond le médecin. En toute hâte, il enfourche son vélo et se rend à sa résidence secondaire, une villa de deux étages datant du XIXe siècle, située dans le riche 16e arrondissement de Paris.

Mais la fumée continue de sortir sans arrêt, et les policiers décident de ne pas attendre l'arrivée du propriétaire de la villa. Suspectant un feu de cheminée, ils alertent les pompiers. Les hommes entrent dans la villa par une fenêtre et cherchent la source du feu. Ils arrivent devant l'escalier de la cave. Ici, l'odeur est pestilentielle et la fumée est épaisse, noire ou vaguement jaunâtre. « Peut-être qu'un chat est tombé dans la cheminée ? » hasarde l'un des pompiers. « Eh bien, sortons cette pauvre bête », rétorque l'un des camarades, et ils commencent à descendre difficilement les marches étroites de la cave. Ce qu'ils voient une fois arrivés en bas ressemble à une scène de mauvais film d'horreur : juste devant eux, se dressent deux grands poêles à charbon de couleur noire. Des craquements bruyants, parfois de délicats crépitements, émanent des appareils qui grondent et s'ébrouent. Il n'y a plus de doute sur l'origine de la fumée noire et de la puanteur. Des crânes brûlent dans les fours. Le sol est jonché de restes humains : ici une tête, là une cage thoracique, dans un coin quelques cuisses empilées, dans un autre coin des bras coupés avec une précision chirurgicale. Et partout, beaucoup d'ossements humains éparpillés. Les pompiers se trouvent devant un charnier, au cœur de l'enfer sur terre.

Marcel André Henri Félix Petiot est né le 17 janvier 1897 à Auxerre. Il est le fils d'un employé des postes. Ses parents prennent grand soin du petit Marcel. À l'école, cependant, il attire l'attention des professeurs en raison de son tempérament agité. Il passe d'une chose à l'autre, se laisse distraire et est insolent. Il gère aussi l'argent d'une façon étrange pour son âge : il économise, puis dépense tout facilement, sans compter. Ce trait de caractère lui posera bien des problèmes plus tard dans la vie.

En 1912, sa mère meurt. Marcel a quinze ans. C'est une tante qui s'occupe de lui et de son frère Maurice, âgé de cinq ans. Elle gère aussi le ménage de la maison. En 1913, son père est muté dans une autre ville, Joigny, et s'y installe avec les deux garçons.

Marcel ne fréquente que brièvement l'établissement scolaire local avant d'être mis à la porte. Il est envoyé chez sa tante à Auxerre, où il revient dans son ancienne école. Peu de temps après, il se fait également exclure de cet établissement. La raison de ces mises à la porte ne peut être déterminée avec certitude rétrospectivement. Mais le garçon présente déjà des signes évidents de comportement inadapté. Il se raconte qu'il aurait tiré dans le plafond de l'école avec le revolver de son père et aurait volé du courrier dans les boîtes aux lettres du quartier. Sa tante rapporte même qu'il arrache les yeux des oiseaux.

Les changements d'école se suivent, jusqu'à ce que cet esprit troublé soit envoyé dans une école privée à Paris. Il en sort diplômé en 1915. Peut-être ses professeurs lui font-ils passer rapidement ses examens parce qu'on est en plein milieu de la Première Guerre mondiale et que le front a besoin d'hommes. Au début de l'année 1916, le jeune homme fait son service militaire dans l'infanterie. Au cours de la bataille de l'Aisne, Petiot est gravement blessé au pied par un éclat d'obus, il souffre aussi d'une intoxication au gaz et son état mental ne semble pas être au beau fixe non plus. Il est soigné à l'hôpital militaire d'Orléans et est finalement interné dans un hôpital psychiatrique à Fleury-les-Aubrais. Les psychiatres lui diagnostiquent diverses maladies mentales. Dieu seul sait pourquoi ce malade est revenu sur le front en juin 1918. Il va y rester trois semaines, puis ne supportant plus la guerre, il se tire une balle dans le pied. Une fois de plus, le combattant de première ligne est envoyé dans un établissement psychiatrique pour y être évalué. On lui diagnostique une grave dépression, un déséquilibre mental et une paranoïa. Par conséquent, Petiot est libéré de ses obligations militaires et reçoit une pension d'invalidité.

Il est maintenant temps d'apprendre un métier. Le jeune vétéran décide d'étudier la médecine et s'inscrit à l'université de Lyon. En tant qu'ancien combattant, son parcours est facilité. Après seulement huit mois d'études, il réussit tous les examens et rédige une excellente thèse. Il fait ensuite un stage dans un hôpital psychiatrique avant d'obtenir son diplôme en décembre 1921. En 1922, le jeune médecin s'installe dans la petite ville de Villeneuve-sur-Yonne pour y exercer ses talents. Ses patients payent les consultations et il reçoit le soutien d'un fonds médical d'État. Il n'est pas rare qu'il perçoive deux fois de l'argent pour les services qu'il fournit. Il se qualifie de « médecin des pauvres », puisqu'il soigne également les malades qui ne peuvent pas le payer. Il devient rapidement populaire auprès de ses patients. Mais il se soigne aussi lui-même en utilisant des narcotiques et sa kleptomanie devient vite le secret de polichinelle. En effet, lors des visites à domicile, Petiot a pris l'habitude de voler quelques babioles, sans valeur, pour le plaisir. Mais les malades pardonnent ces dérives à ce médecin miséricordieux et quand il se présente comme maire en 1926, il est élu à la tête de sa ville à une nette majorité.

Le maire-médecin a une jeune bonne, une certaine Louise Delaveau qui est la fille d'un de ses patients âgés. Cette femme séduisante accomplit les tâches ménagères. Peu après, elle tombe enceinte de lui. Mais l'enfant illégitime ne naîtra pas, car Louise disparaît sans laisser de trace en mai 1926. Certains habitants rapportent avoir vu le docteur charger un torse dans sa voiture. Louise est-elle la première victime de Marcel Petiot ? Personne ne le saura jamais, car tout comme la servante enceinte, le dossier de police sur sa disparition ne refera jamais surface. Le dossier à couverture bleue a miraculeusement disparu après que le médecin ait été interrogé à la gendarmerie locale...

Mais ce ne sont pas les seules choses étranges qui se produisent dans l'environnement de ce médecin et maire respecté. Il a une nouvelle maîtresse, mais celle-ci est assassinée et sa maison incendiée après le meurtre. Un témoin a vu le maire sur les lieux du crime au moment du meurtre et il souhaite rapporter ses observations à la gendarmerie. Mais il ne se passe rien, car le témoin en question meurt peu après dans des circonstances mystérieuses. L'homme souffrait de rhumatismes et avait reçu une injection contre la douleur trois heures avant sa mort... faite évidemment par Marcel Petiot qui avait également délivré le certificat de décès sur lequel était mentionné un anévrisme comme cause de la mort.

En 1927, le maire et médecin épouse Georgette Lablais, 23 ans, fille d'un riche propriétaire terrien. En avril de l'année suivante, elle donne naissance à leur unique enfant, Gérard. Tout semble parfait, mais le jeune père a une fois de plus les doigts crochus et, depuis son bureau, il détourne des fonds appartenant à la ville. Les plaintes à son sujet s'accumulent, si bien qu'en août 1931, il est démis de son poste de maire. La plupart des plaintes déposées contre lui concernent des vols ou des irrégularités financières. Mais cela ne signifie pas que sa carrière politique est terminée. Cinq semaines plus tard, le 18 octobre 1931, le docteur en médecine est nommé conseiller général de l'Yonne.

Mais ce nouveau mandat est également cahoteux. Moins d'un an plus tard, en août 1932, Petiot est accusé de siphonner l'électricité du village de Villeneuve-sur-Yonne. En 1933, il est condamné à 15 jours de prison et à une amende de 300 francs (environ 209 euros aujourd'hui). Il fait appel, ce qui fait durer la procédure un an de plus. Finalement, le verdict est en sa faveur : la peine de prison est suspendue et l'amende réduite à 100 francs.

Cette condamnation coûte à Petiot son siège au conseil général mais il ne s'en soucie guère car entre-temps, il s'est installé à Paris avec sa petite famille.

Dans la Ville Lumière, il se consacre à nouveau pleinement à son métier : la médecine. Il installe un petit cabinet au 66, rue Caumartin. Sur le panneau en laiton placé devant l'entrée et indiquant son activité, le docteur Petiot se vante de toutes sortes de talents. Un autre médecin se plaint de cette publicité abusive pour des traitements fantaisistes. Le médecin reçoit l'ordre de retirer sa plaque. Des rumeurs se répandent rapidement selon lesquelles il pratique des avortements dans son cabinet et a tendance à délivrer des ordonnances de drogues aux toxicomanes sous couvert de « cures ». Le docteur s'entoure également de personnages louches non sans en tirer des avantages. Dans les milieux concernés, tout le monde sait qu'il traite la syphilis sans déclarer le patient atteint de cette maladie chronique et contagieuse au service de santé. Cependant, ces pratiques illégales finissent par attirer l'œil des autorités et le médecin est bientôt inculpé de délits liés aux stupéfiants. Il crie au scandale ! Lui, le pauvre médecin de province a été abusé par les sombres figures de la pègre. Son ignorance et sa nature généreuse ont été exploitées. Il est évident qu'on lui a menti et que les ordonnances sont fausses ! Petiot s'emporte, gesticule, lance des termes techniques. Mais l'honorable juge n'est pas impressionné par tout ce cinéma. Il condamne le prévenu à un an de prison et à une amende de 10 000 francs (environ 7 000 euros). Il va sans dire que le condamné fait appel. Et effectivement, sa peine de prison est suspendue et l'amende est réduite à 2 400 francs (environ 670 euros). Avec un sourire suffisant, il verse les 2400 francs dans les coffres de la cour. Pas étonnant que l'amende ne lui fasse pas de mal financièrement. En 1939, il réalise un chiffre d'affaires de 500.000 francs (environ 350.000 euros) avec son cabinet. Faut-il préciser qu'il sait aussi comment tricher pour payer le moins d'impôts possible au trésor public !

Mais cette affaire finit par s'apaiser et la réputation du médecin condamné est presque entièrement rétablie. En fait, il est même nommé médecin agréé avec le pouvoir de délivrer des certificats de décès. Lorsque quelqu'un meurt, le docteur Petiot est présent. Et lorsque les services funéraires s'occupent du corps il en profite pour se servir. Après tout, un linceul n'a pas de poches.

Lorsqu'il vole un roman à l'étalage d'une librairie, il a droit a une autre comparution devant la justice. Il évoque au tribunal des troubles mentaux, causés par la Première Guerre mondiale. Il souffre de kleptomanie et chaque fois qu'il a une crise, il doit voler quelque chose. En conséquence, il est envoyé à nouveau dans un établissement psychiatrique. Il y reste huit mois, et il en sort avec une nouvelle idée… brillante.

Nous sommes à la fin de l'année 1940. Les nazis sont sur le point d'envahir la France. La persécution des Juifs est à son comble. Personne n'est en sécurité, même pas ceux qui se sont réfugiés dans la campagne française. Pour développer son infâme commerce, le docteur achète en mai 1941 pour la somme d'un demi-million de francs, une villa avec jardin, écurie et hangar dans la rue Le Sueur. Il engage des maçons pour réaliser quelques travaux supplémentaires. Un haut mur de pierre est construit autour de la propriété. Dans le hangar, il y a deux fosses septiques. Elles sont vidées, nettoyées et blanchies à la chaux. Afin de pouvoir lever et abaisser facilement les lourdes dalles de pierre qui scellent les fosses, une poulie est fixée au plafond. Les maçons se demandent pourquoi le docteur se consacre d'abord au jardin et à ces bâtiments délabrés, alors que la maison d'habitation en a davantage besoin. Mais ils finissent par ne plus poser de questions. Cet homme est médecin, il est intelligent et il sait ce qu'il fait. De plus, ils sont largement payés et ils arrêtent de se préoccuper des idées folles du propriétaire.

Dans le bâtiment bas en briques qui servait autrefois d'écurie, Petiot fait construire deux pièces. L'une des pièces fait à peine dix mètres carrés. Selon le docteur, ce sera une salle de consultation. La salle voisine, encore plus petite, accueillera des équipements d'examen. La pièce a une forme étrange à cause de l'espace disponible ; elle est triangulaire. Il y a un judas dans la porte insonorisée, de sorte que le médecin peut voir si tout fonctionne correctement. À l'intérieur de la pièce se trouve également une sonnette portant l'inscription « Salle de consultation ». Après de longs mois de labeur, les travaux sont enfin achevés en novembre 1941. Juste au bon moment. La situation se dégrade de plus en plus, la persécution des Juifs par les nazis est sans pitié. Ils ont besoin d'aide afin de quitter le pays pour échapper à une mort certaine.

Et voilà qu'arrive un drôle d'ange sous la forme d'un médecin respecté qui veut les aider à quitter la France. Il ne veut rien en retour, il est juste un homme compatissant. En outre, ce grand patriote déteste les Allemands qui apportent le désastre à son pays bien-aimé.

Joachim Guschinow, un juif polonais de 52 ans, négociant en fourrures, vit à Paris depuis longtemps. Il est marié à une jeune française. Financièrement, il se porte bien, ses affaires sont florissantes. Mais maintenant il a peur pour sa vie. Pour son avenir. Pas tellement pour sa femme, dont la vie est loin d'être aussi menacée que la sienne. Il doit partir. Il pense à l'Argentine. L'homme ne sait pas trop. Il a suffisamment d'argent pour fuir. Sa femme lui a dit clairement qu'elle ne voulait pas s'engager dans une fuite vers l'inconnu et qu'elle voulait rester dans son pays, à Paris, et poursuivre ses activités. Elle attendra son retour quand les nazis seront chassés et qu'il pourra rejoindre son foyer sans danger. Guschinow a des doutes. Sa jeune et jolie femme l'attendra-t-elle vraiment ? N'est-il pas plus probable qu'elle se console avec un homme plus jeune que lui dès qu'il sera parti ? Cette pensée insupportable le déchire de l'intérieur. Pendant des semaines, il hésite entre rester et partir. Il a besoin de parler à quelqu'un, une personne de l'extérieur. Le docteur Marcel Petiot lui semble être la bonne personne pour ça. Le marchand de fourrure connaît depuis longtemps l'honorable médecin. Madame Petiot lui a souvent acheté des manteaux ces dernières années. Et en effet, le bon docteur sait ce qu'il faut faire ! Guschinow éclate de joie. La conversation confidentielle l'a rassuré. Petiot lui a confirmé ce dont il essayait de se persuader depuis des mois : sa femme est quelqu'un de bien. Elle l'attendra. Partir est la seule solution s'il veut sauver sa vie. Coup de chance supplémentaire le respectable médecin lui confie être un résistant qui aide les gens à fuir ! Il dit à Guschinow exactement ce qu'il doit faire. Tout d'abord, se faire photographier pour un nouveau passeport. Il doit aussi liquider ses objets de valeur et les convertir en or, pierres précieuses et devises qu'il coudra ensuite dans ses vêtements. Comme bagage, le fugitif n'est autorisé à emporter que deux petites valises.

L'homme fait exactement ce que le docteur lui a dit. Le 2 janvier 1942, Petiot se présente le matin au domicile familial du négociant en fourrures et vérifie que tous les préparatifs ont été effectués selon ses instructions. Il est satisfait de ce qu'il voit. La fuite va réussir, ne vous inquiétez pas, dit-il. Le médecin fouille dans sa poche et en sort un billet de 100 francs, qu'il déchire sous les yeux du couple stupéfait. Il en remet une moitié à la femme et l'autre au fugitif. « Une fois arrivé sain et sauf en Argentine, envoyez votre moitié à votre femme. Si les deux moitiés correspondent, c'est que l'évasion a réussi », leur dit-il. Le soir, il conduira l'homme chez un collègue médecin qui lui administrera rapidement un vaccin contre les maladies tropicales. Sans cela, l'entrée en Argentine n'est pas autorisée. Ensuite, le soir même, Guschinow sera remis à un passeur fiable et digne de confiance.

Voici venue l'heure de la difficile séparation avec sa femme bien-aimée. La douleur n'est atténuée que par la certitude que le départ de Guschinow lui permettra d'échapper à la mort. « Tout cela passera, tout cela passera, chaque décembre est suivi d'un autre mai », dit une chanson populaire. C'est ainsi que le marchand disparaît dans l'obscurité avec ses deux petites valises, une dans chaque main. Après quelques minutes de marche, il arrive au point de rendez-vous convenu, en l'occurrence la villa du numéro 21 de la rue Le Sueur. A travers la cour plongée dans le noir, Petiot le conduit vers un bâtiment en briques. Finalement, il administrera lui-même le vaccin contre les maladies tropicales. Il ouvre une porte et demande à Guschinow de s'installer dans un fauteuil en cuir dans la « salle de consultation ». Ce dernier est étonné. Il connaît le cabinet médical de la rue Caumartin, meublé avec goût et modernité. Aucune comparaison avec cette cabane et ses meubles de mauvaise qualité. Le docteur Petiot s'installe derrière son bureau et explique à l'homme ce qui va suivre. Il va recevoir une vaccination complexe contre les maladies tropicales. L'injection n'est pas douloureuse mais, dans certains cas, le vaccin peut provoquer un léger malaise qui passe rapidement. Si Guschinow devait souffrir de cet effet secondaire, il pourrait récupérer un peu dans la salle de repos du « cabinet ». Petiot lui remet alors le certificat de vaccination qu'il doit présenter aux autorités d'immigration en Amérique du Sud. Le médecin demande à l'homme d'affaires de se rendre dans la salle de repos et de libérer un de ses bras. Pendant ce temps, le médecin prépare la vaccination.

« Je vais vous mettre un garrot pour que nous ayons une belle veine », explique-t-il à son patient en désinfectant la peau avant d'enfoncer l'aiguille dans la veine choisie. Lentement, il appuie sur le piston et vide le contenu dans le corps de Guschinow.

« Voilà ! dit le docteur Petiot, tout en enlevant le garrot, c'est fait. Allongez-vous et reposez-vous un peu. Je viens vous voir dans une minute. » Soulagé, l'homme s'allonge sur le canapé. « C'est fini », se dit-il encore quand soudain une douleur difficilement supportable lui traverse le corps. Il a les yeux exorbités sous l'effet du choc et de la souffrance. Son corps se couvre de sueur et il est secoué par des crampes. Il appelle le docteur qui n'entend pas. Le « patient » se lève du canapé avec ses dernières forces et se dirige vers la porte en titubant. Elle est fermée ! Non, pas seulement ça ! Il n'y a même pas de poignée à l'intérieur ! L'homme crie, supplie, gémit, pleure. De toutes ses forces, il frappe du poing sur la porte insonorisée. Du coin de l'œil, il aperçoit une sonnette, mais il a beau appuyer elle reste muette. Désespérément, il balaie la pièce du regard. Là ! il y a une autre porte ! Il s'approche en titubant, mais se rend compte que c'est un leurre. Le pauvre homme n'émet plus que des halètements avant de tomber sur le canapé et de rendre son dernier souffle.

Petiot, que les journaux baptiseront plus tard « Docteur Satan », se lance maintenant dans son œuvre diabolique. Il apporte le cadavre dans la villa avec une brouette. Là, il le déshabille et l'installe sur une longue table de cuisine. Il enfile un tablier en caoutchouc blanc et met des gants. Le docteur commence à découper le corps avec toutes sortes d'instruments chirurgicaux. Il laisse les membres amputés se vider de leur sang, tandis qu'il découpe également le torse en plusieurs morceaux. Le médecin enveloppe ensuite soigneusement les parties du corps dans du papier d'emballage et les range dans un sac. Au cours des prochains jours, Petiot se rendra dans différents quartiers situés au bord de la Seine et y jettera les morceaux de corps. La tête du défunt Guschinow sera repêchée dans la Seine un peu plus tard, mais l'eau l'a tellement fait gonfler que les experts médico-légaux seront incapables de l'identifier. Quelques jours plus tard, la veuve Guschinow, qui ne se doutait de rien, a pu enfin tenir dans ses mains le billet de 100 francs, signe que son mari était bien arrivé ...

Au cours de l'été 1942, des morceaux de corps sont découverts à plusieurs reprises par des promeneurs. La police judiciaire a la certitude qu'un tueur en série fait des ravages à Paris. Mais qui sont les morts ? Même si les restes d'un jeune garçon sont retrouvés, il n'y a aucun rapport concernant des personnes disparues. Pendant que la police s'interroge sur l'identité des victimes du tueur en série, la villa du Docteur Satan est envahie par les valises de ses victimes et les objets de valeur. Et il est loin d'en avoir assez. Bien au contraire.

Petiot, bien sûr, n'ignore pas que les parties du corps dont il se débarrasse réapparaissent peu à peu. En effet, presque tous les jours dans le journal, il y a des articles sur le mystérieux tueur. Il est désormais bien trop dangereux pour lui de transporter les restes démembrés de ses victimes à travers la ville, en autobus ou en métro, pour aller s'en débarrasser dans la Seine. La police et le public sont alarmés et vigilants. Mais comme beaucoup de tueurs en série, sa technique évolue. Il apprend. Il améliore ses stratégies. Quoi de plus logique que d'enterrer les corps dans des fosses, scellées par de lourdes dalles de pierre ? Parfait ! Moins de risques, moins de travail.

Petiot trouve aussi ses victimes potentielles de façon de plus en plus efficace. Le perruquier et coiffeur Verrier, dans un souci de bien faire, oriente vers le médecin des personnes persécutées qui doivent fuir. En tant que coiffeur, il a l'occasion d'entendre toutes sortes de choses sur les soucis et les difficultés de ses clients. Quand vous êtes un patriote avoué comme Verrier, il est certain de vos clients peuvent même vous confier un secret. On apprend rapidement que le coiffeur travaille avec un médecin qui aide les juifs persécutés à fuir le pays.

Cependant, le coiffeur et le médecin ont fait leurs calculs sans tenir compte des hommes de la Gestapo, la police secrète d'État des Nazis. Cette dernière n'aime pas du tout qu'on lui sucre ses prérogatives. Il est inacceptable que d'autres puissent décider de l'avenir des juifs. La Gestapo sait parfaitement qu'il y a des agents de la résistance à Paris et sa priorité est de les retrouver et de mettre fin à leurs activités. Un informateur est envoyé pour découvrir qui sont ces résistants qui sauvent des juifs. L'informateur découvre rapidement que le coiffeur Verrier est l'agent d'un médecin qui planifie et organise les évasions. La Gestapo décide de surveiller sa boutique.

Le 21 mai 1943, Verrier envoie un message au docteur Petiot. Il a un client dans sa boutique du nom de Dreyfus qui a besoin des services du bon docteur. Le médecin promet de passer chez le coiffeur vers midi et de s'occuper du reste. Les trois hommes ne peuvent pas se douter que la Gestapo surveille et le piège se referme rapidement.

Le jeune Dreyfus sert d'appât, même s'il ne le sait pas. Il s'est déjà échappé une fois et a été attrapé par les nazis et déporté au camp de Compiègne. Son prochain arrêt devait être le camp de la mort de Lublin. Mais sa femme, incapable d'accepter la disparition de son mari bien-aimé a remué ciel et enfer pour sauver sa vie. Elle a soudoyé plusieurs personnes haut placées. Elle a dépensé trois millions de francs (environ 460 000 euros) et a réussi à sauver son mari de l'extermination. En contrepartie Dreyfus a dû s'engager par écrit à se tenir à la disposition de la Gestapo. Mais le jeune homme veut se soustraire à cette obligation et s'échapper à nouveau.

Quelle que soit la manière dont elle s'y prend, la Gestapo apprend que Dreyfus a l'intention de s'échapper. Elle surveille tous ses mouvements. Désormais, il ne reste plus qu'à attendre quelques jours avant que l'homme ne parte vers son nouvel avenir, avec un lourd sac en cuir. Deux hommes le suivent discrètement. Ils voient le jeune homme entrer dans le salon de coiffure de Verrier et en sortir rapidement avec un individu aux cheveux noirs.

Ce doit être leur homme ! Les agents les suivent. Mais ils ne vont pas loin. Quelqu'un qu'ils connaissent les accoste. Le temps de lui faire comprendre qu'ils sont en mission et n'ont vraiment pas le temps de discuter, les deux hommes ont déjà disparu.

C'est ennuyeux, mais ce n'est pas une raison pour abandonner. Ils arrêtent le coiffeur et lui arrachent le nom du résistant qui aide les juifs à fuir : il s'agit de Marcel Petiot, pseudonyme : docteur Eugène. Pour Petiot, la journée se termine dans un cachot de la Gestapo ; pour le pauvre Dreyfus, dans la fosse blanchie à la chaux dans l'arrière-cour de la villa du docteur. Mais en fin de compte, la Gestapo n'a rien sur le docteur. Ils ignorent complètement que l'homme assis en face d'eux est responsable de l'assassinat de dizaines de Juifs.

Certes Petiot envisage brièvement de révéler son secret ; selon sa logique, il devrait avoir droit à une médaille. Mais il n'est quand même pas très sûr de lui et préfère se taire. Il va se passer plusieurs mois avant qu'il ne retrouve la liberté. Au cours de l'hiver 1943, il est devenu évident que les Alliés ne tarderont pas à libérer la France. Petiot doit maintenant se préoccuper de son avenir. Si ses meurtres sont découverts, il peut dire adieu au futur tout rose sur lequel il travaille. Il profite donc de son temps en prison pour se faire passer pour un résistant et réussit à gagner la confiance des membres de la Résistance emprisonnés avec lui. Il écoute attentivement ce que ces personnes ont vécu, les laisse parler tactique et organisation.

Le 8 février 1944, le moment est enfin venu. Petiot est libéré. Il doit lui aussi s'engager à servir d'informateur pour la Gestapo. Il le fait très volontiers, car il a besoin de sortir de prison de toute urgence ; il a encore beaucoup à faire. Il a compris les signes des temps et sait que bientôt la guerre se terminera et que la vie quotidienne reprendra normalement en France. Ce n'est qu'une question de temps avant que certaines personnes ne commencent à se demander pourquoi les réfugiés ne rentrent pas chez eux ? Il a des sueurs froides rien qu'à l'idée qu'ils puissent découvrir que l'aide qu'il leur a apportée pour s'échapper n'a été qu'un voyage vers la mort.

Pour éviter que cela arrive, il doit prendre des mesures : d'abord utiliser ses nouveaux contacts et se rapprocher de la Résistance. Ensuite, il faut mettre en sécurité l'argent et les objets de valeur volés. Et surtout, les nombreux cadavres stockés dans l'arrière-cour doivent disparaître.

Dès sa sortie de prison, Petiot se rend dans sa villa de la rue Le Sueur. « Docteur Petiot ! le salue sa voisine tout excitée. C'est bon de vous revoir ! Où étiez-vous passé depuis tout ce temps ? » Mais elle ne laisse pas répondre Petiot, d'ailleurs visiblement agacé, et se met à glousser : « Docteur, c'est terrible ! Figurez-vous que la Wehrmacht a réquisitionné votre maison ! Quelqu'un doit bien vous le dire ! Je suis tellement désolée pour vous ! Ils ont prévu de l'occuper le 1er avril ! »

Petiot est très inquiet. Le 1er avril est dans six semaines ! Il abandonne brutalement dans la rue la femme stupéfaite, entre en trombe dans la villa et claque la porte derrière lui. « Ne perds pas ton sang-froid », se dit-il en essayant tant bien que mal de se rassurer. Il se gratte le crâne.   « Je dois faire quelque chose maintenant. Tout de suite » , se répète-t-il. Il erre dans la villa délabrée jusqu'à ce qu'un éclair d'inspiration le frappe : « De la chaux vive ! Bien sûr c'est une idée brillante ! Je verserai la chaux sur les corps, ça fera sortir les liquides des tissus et après je brûlerai les cadavres dans les fours à charbon ! » Heureusement, Petiot a de bons contacts, et bientôt la chaux vive et le charbon s'accumulent dans son jardin. Il porte d'abord le charbon dans la cave avec une brouette, puis il verse la chaux vive sur les corps dans la fosse.

C'est à la fin de la première semaine de mars que le tueur, équipé d'un masque à gaz et de gants pour se protéger de la corrosion de la chaux, descend dans la fosse où se trouvent ses infortunées victimes. Il utilise la poulie pour hisser les corps en dehors du trou, les broie, les empile et les emmène un par un vers son crématorium privé dans le sous-sol de sa villa. En fait, tout se passe bien. Seule la fumée noire et malodorante lui donne un peu mal au ventre. Mais il ne peut pas se permettre de s'en inquiéter car il a un planning serré à respecter. Et c'est ce programme qui va faire commettre au tueur en série une erreur fatale : Petiot commence à alimenter les poêles à charbon avec les parties du corps dès le matin, afin d'être dans les temps .

C'est ainsi qu'arrive le 11 mars 1944, date fatidique, lorsque le voisin prévient la police en raison de la fumée noire et grasse et de la puanteur difficilement supportable. Lorsque Petiot arrive à la Villa des Horreurs sur son vélo, il passe à la vitesse supérieure. Il dit aux policiers qui gardent l'entrée de la maison qu'il est le frère du propriétaire. Ils le laissent passer. Il se dirige vers la cave, où il aperçoit trois policiers blêmes adossés au mur, épuisés. Les fours sont encore incandescents, des parties des corps sont intactes. « Êtes-vous des patriotes ? » demande-t-il aux policiers. Quelle question, bien sûr qu'ils le sont ! « Alors laissez-moi vous dire un secret », dit Petiot d'un ton de conspirateur, en désignant les morceaux de corps empilés. « Ceux-ci, messieurs, étaient tous des traitres ! Des collaborateurs méprisables des Allemands ! » Les trois hommes écarquillent les yeux tandis que Petiot continue son discours : « Ils ont été tués au nom de la Résistance ! ». Personne n'aurait osé s'opposer aux résistants à cette époque, et certainement pas de bons patriotes. Pas même des policiers. Le médecin porte son index droit à ses lèvres, fait demi-tour et quitte sans encombre la cave, la villa, puis la propriété.

Le tueur trouve d'abord refuge chez une connaissance. Il change d'apparence ; bientôt son visage s'orne d'une épaisse barbe. Il se procure une fausse identité et prétend désormais être médecin dans la Résistance. En fait, Petiot s'en sort pendant un certain temps. Le Docteur Satan vit même en liberté la libération de Paris par les Alliés le 29 août 1945. Toute la France connaît ses atrocités et garde un œil sur ce tueur, que même la Gestapo qualifiait de « fou dangereux ». Jusqu'au jour où un policier militaire le reconnaît dans la rue et parvient à l'arrêter.

C'est en mars 1946 que s'ouvre le procès contre le docteur Marcel Petiot. Plusieurs témoins sont appelés, principalement des familles des personnes tuées. Sur la base des preuves que les enquêteurs ont obtenues, la cour suppose qu'au moins 27 personnes ont été victimes du tueur en série, peut-être plus. Dans la villa du Docteur Satan, les policiers ont trouvé 76 valises, 57 paires de chaussures, des costumes, robes, chapeaux et sous-vêtements. Pendant le procès, l'accusé s'est montré têtu et obstiné... Le seul aveu qu'il ait fait : il avait agi au nom du groupe de résistants « Flytox » et tué « exactement 62 nazis et traîtres à la patrie. » Il est dommage pour lui que les résistants appelés à la barre assurent de manière crédible à la cour qu'ils n'ont jamais vu l'accusé de leur vie.

Le procès s'éternise pendant plusieurs semaines jusqu'à ce que le président du tribunal prononce son verdict. Une vie humaine contre celle d'au moins 27 personnes innocentes, persécutées et cruellement assassinées, qui ont entrepris un voyage sans retour.

Le 25 mai 1946, à 5h05, dans la cour de la prison de La Santé, le bourreau Jules-Henri Desfourneaux, conduit à la guillotine le condamné Marcel Petiot, alias Docteur Satan, pour son dernier voyage vers l'enfer. L'exécution se déroule à huis clos. Les derniers mots, prononcés calmement par le condamné : « Messieurs, vous feriez mieux de regarder ailleurs, ce ne sera pas beau à voir. »
Puis la lame tombe.

Conclusion de l'auteur

Cher lecteur,

Merci de tenir mon livre entre vos mains. C'est mon cinquième livre depuis juin 2019, et je vous invite à lire également tous les autres livres de la série. Ils ont tous été des best-sellers de la série True Crime jusqu'à présent.

Puis-je vous dire quelques mots de plus sur moi ?

Je passe chaque minute libre de ma vie à mon bureau, à faire des recherches, à écrire et à relire des textes. Mais il m'a fallu des années pour trouver le courage de publier mon premier livre. Probablement parce que je me suis moi-même mis en travers de mon cheminement personnel. Tout devait être parfait avant que je me lance et tant d'années ont passé avant que je ne décide de renoncer à la perfection et que je me dise « seul un bateau qui bouge peut avancer ». Je voulais écrire, publier et, si possible, vivre de ma plume même si mes livres ne sont pas absolument parfaits. Ce n'était pas une décision facile surtout quand on a une famille, mais le changement a été fructueux. Mes premiers droits d'auteur m'ont même permis de payer la note des vacances familiales.

Je n'ai délibérément pas suivi cette tradition bien établie qui conduit à recevoir une longue série de lettres de refus de la part des éditeurs. Au contraire, j'ai choisi une voie directe et j'ai reçu de nombreux encouragements de lecteurs touchés dont les réactions et les critiques m'ont incité à continuer d'écrire. Je lis chaque critique, et je suis profondément reconnaissant à tous ceux qui les écrivent. Si vous avez aimé mon livre, j'aimerais beaucoup que vous laissiez vous aussi, à votre tour, une critique. C'est probablement la seule façon dont vous pouvez me soutenir afin que de nombreux autres livres de cette série paraissent à l'avenir.

Je vous souhaite le meilleur.
Sincèrement vôtre,

Adrian Langenscheid

Instagram: @truecrimedeutschland

Facebook:
https://www.facebook.com/True-Crime-Deutschland-Adrian-Langenscheid

Recommandations

En France aussi, le bonheur de vivre peut s'arrêter brutalement. Parfois trop vite et souvent de manière cruelle et parfois aussi pour les raisons les plus étonnantes. Un cannibale est en liberté à Paris. À Toulouse, un inconnu joue au puzzle avec des morceaux de corps. Le premier tueur en série de France terrifie Lyon.

Après une querelle familiale, un massacre déclenche un scandale judiciaire. Un tueur itinérant laisse sa trace sanglante à travers le pays. Derrière les murs sécurisés

d'un pensionnat, une écolière meurt tragiquement. Un trio infernal passe un homme au mixeur à Nice. À Nice encore une tragédie continue d'occuper le monde jusqu'à aujourd'hui. Dans *True Crime France*, Eva-Maria Hartmann présente huit des affaires les plus terrifiantes de l'histoire criminelle française dans un langage intense et de façon réaliste.

Dans son podcast, Amélie emmène chaque dimanche ses auditeurs dans un tour du monde criminel d'un genre particulier. Des affaires pénales spectaculaires qui ont eu lieu en Allemagne et du monde entier y sont présentées régulièrement. Ce sont les côtés sombres et cruels de l'existence

humaine qui sont abordés. Tueurs en série, relations mortelles et bien d'autres affaires passionnantes. Les contextes psychologiques ne sont pas oubliés et sont analysés et présentés de façon claire.

Dans le podcast *True Crime*, Alexander Apeitos raconte tout, du totalement « mystérieux » au totalement « incroyable ». Chaque épisode, est consacré à de nouvelles affaires passionnantes et entraîne les auditeurs dans un voyage criminel à travers le temps. Bien qu'Alex ne soit ni journaliste, ni détective, ni médecin légiste, sa passion et son intérêt pour les véritables affaires criminelles sont évidents. D'une certaine manière, il ne peut pas s'empêcher de s'intéresser aux crimes bien réels. Un nombre croissant d'auditeurs enthousiastes le suivent. Cela vaut la peine de l'écouter !

Le premier podcast autrichien indépendant sur le vrai crime vous emmène dans le monde réel des tueurs. Franziska Singer et Amrei Baumgartl, deux animateurs célèbres et sympathiques du monde du cinéma et de la télévision,

racontent sans détour et avec éloquence des affaires criminelles bouleversantes qui se sont passées à Vienne et dans le monde entier. Ils y ajoutent l'esprit et le charme viennois, car l'humour aide à affronter les pires choses de la vie. C'est exactement l'objectif de ce podcast. Ne manquez pas de l'écouter ! Cela en vaut la peine.

249

Dans le podcast *Mordgeflüster*, Marie et Lisa racontent chaque

deux dimanches un vrai crime qui a eu lieu dans le monde. Ces deux filles originaires du Bas-Rhin plongent avec leurs auditeurs, dans des affaires toujours nouvelles, dans l'histoire des victimes et la psychologie des criminels. Un épisode sur cinq est une affaire classée. Grâce à la question chuchotée, que vous trouvez sur la page Instagram amoureusement conçue par les deux filles, les auditeurs peuvent participer aux épisodes. Vous êtes intéressé ? Alors vous devez absolument écouter Marie et Lisa.

Tim Elser

Tim Elser est né à Darmstadt en 1999 et travaille en tant que cinéaste et photographe depuis 2012. En 2016, il a lancé l'initiative « Droits des enfants à Eberstadt » et a été honoré par la ville de Darmstadt en 2017 pour son travail exemplaire. Elser télécharge régulièrement des courts métrages sur le thème des droits de l'enfant sur la chaîne YouTube de cette initiative. Au printemps 2018, son documentaire spécialement produit « Korrekter Asi - Leben im sozialen Brennpunkt » dans lequel il raconte la vie saisissante de l'ancien criminel particulièrement violent Driton Agosoji, y est également apparu.

Avec son premier ouvrage *Babineaux und die Geister der Vergangenheit* (Babineaux et les fantômes du passé), Elser a réalisé en 2019 un rêve d'enfant et a réussi à mettre un pied sur la scène littéraire allemande.

TRUE CRIME INTERNATIONAL:

La série de livres à succès
par Adrian Langenscheid

Son style reconnaissable et le succès de ses livres ont fait d'Adrian Langenscheid l'un des auteurs de True Crime les plus populaires en Allemagne. Vous avez aimé ce livre ? Alors n'hésitez pas à commander les autres livres et aidez d'autres lecteurs à se plonger dans le monde du vrai crime en rédigeant une critique.